OEUVRES

DE

MONTESQUIEU.

TOME III.

CHEZ HENRI FERET, LIBRAIRE,
PLACE DU PALAIS-ROYAL, GALERIE DE NEMOURS, N° 5.

IMPRIMERIE DE MARCHAND DU BREUIL,
RUE DE LA HARPE, N° 80.

OEUVRES
DE
MONTESQUIEU

AVEC

ELOGES, ANALYSES, COMMENTAIRES,

REMARQUES, NOTES, RÉFUTATIONS, IMITATIONS;

PAR

MM. DESTUTT DE TRACY, VILLEMAIN,

MEMBRES DE L'INSTITUT;

D'ALEMBERT, HELVÉTIUS, VOLTAIRE, CONDORCET ET BERTOLINI.

ESPRIT DES LOIS.

TOME II.

A PARIS,

CHEZ DALIBON, LIBRAIRE

DE S. A. R. MONSEIGNEUR LE DUC DE NEMOURS,

RUE HAUTEFEUILLE, N° 10.

M. DCCC. XXVII.

DE L'ESPRIT DES LOIS.

LIVRE XII.

DES LOIS QUI FORMENT LA LIBERTÉ POLITIQUE DANS SON RAPPORT AVEC LE CITOYEN.

CHAPITRE I.

Idée de ce livre.

Ce n'est pas assez d'avoir traité de la liberté politique dans son rapport avec la constitution; il faut la faire voir dans le rapport qu'elle a avec le citoyen.

J'ai dit que, dans le premier cas, elle est formée par une certaine distribution des trois pouvoirs; mais, dans le second, il faut la considérer sous une autre idée. Elle consiste dans la sûreté, ou dans l'opinion que l'on a de sa sûreté.

Il pourra arriver que la constitution sera libre, et que le citoyen ne le sera point : le citoyen pourra être libre, et la constitution ne l'être pas.

Dans ces cas, la constitution sera libre de droit, et non de fait; le citoyen sera libre de fait, et non pas de droit.

Il n'y a que la disposition des lois, et même des lois fondamentales, qui forme la liberté dans son rapport avec la constitution. Mais, dans le rapport avec le citoyen, des mœurs, des manières, des exemples reçus, peuvent la faire naître; et de certaines lois civiles la favoriser, comme nous allons voir dans ce livre-ci.

De plus, dans la plupart des états, la liberté étant plus gênée, choquée ou abattue, que leur constitution ne le demande, il est bon de parler des lois particulières qui, dans chaque constitution, peuvent aider ou choquer le principe de la liberté dont chacun d'eux peut être susceptible.

CHAPITRE II.

De la liberté du citoyen.

La liberté philosophique consiste dans l'exercice de sa volonté, ou du moins (s'il faut parler dans tous les systèmes) dans l'opinion où l'on est que l'on exerce sa volonté. La liberté politique consiste dans la sûreté, ou du moins dans l'opinion que l'on a de sa sûreté.

Cette sûreté n'est jamais plus attaquée que dans les accusations publiques ou privées. C'est donc de la bonté des lois criminelles que dépend principalement la liberté du citoyen.

Les lois criminelles n'ont pas été perfectionnées tout d'un coup. Dans les lieux mêmes où l'on a le plus cherché la liberté, on ne l'a pas toujours trouvée. Aristote[1] nous dit qu'à Cumes les parens de l'accusateur pouvoient être témoins. Sous les rois de Rome, la loi étoit si imparfaite que Servius Tullius prononça la sentence contre les enfans d'Ancus Martius, accusé d'avoir assassiné le roi son beau-père[2]. Sous les premiers rois des Francs, Clotaire fit une loi[3] pour qu'un accusé ne pût être condamné sans être ouï; ce qui prouve une pratique contraire dans quelque cas particulier, ou chez quelque peuple barbare. Ce fut Charondas qui introduisit les jugemens contre les faux témoignages[4]. Quand l'innocence des citoyens n'est pas assurée, la liberté ne l'est pas non plus.

Les connoissances que l'on a acquises dans quelques pays, et que l'on acquerra dans d'autres,

---

[1] Politique, liv. II.

[2] Tarquinius Priscus. Voyez Denys d'Halicarnasse, liv. IV.

[3] De l'an 560.

[4] Aristote, Polit., liv. II, chap. XII. Il donna ses lois à Thurium, dans la quatre-vingt-quatrième olympiade.

sur les règles les plus sûres que l'on puisse tenir dans les jugemens criminels, intéressent le genre humain plus qu'aucune chose qu'il y ait au monde.

Ce n'est que sur la pratique de ces connoissances que la liberté peut être fondée; et, dans un état qui auroit là-dessus les meilleures lois possibles, un homme à qui on feroit son procès, et qui devroit être pendu le lendemain, seroit plus libre qu'un bacha ne l'est en Turquie.

CHAPITRE III.

Continuation du même sujet.

Les lois qui font périr un homme sur la déposition d'un seul témoin sont fatales à la liberté. La raison en exige deux, parce qu'un témoin qui affirme, et un accusé qui nie, font un partage; et il faut un tiers pour le vider.

Les Grecs [1] et les Romains [2] exigeoient une voix de plus pour condamner. Nos lois françaises en demandent deux. Les Grecs prétendoient que leur usage avoit été établi par les dieux [3]; mais c'est le nôtre.

[1] Voyez Aristide, *orat. in Minervam.*
[2] Denys d'Halicarnasse, sur le jugement de Coriolan, liv. VII.
[3] *Minervæ calculus.*

CHAPITRE IV.

Que la liberté est favorisée par la nature des peines et leur proportion.

C'est le triomphe de la liberté, lorsque les lois criminelles tirent chaque peine de la nature particulière du crime. Tout l'arbitraire cesse ; la peine ne descend point du caprice du législateur, mais de la nature de la chose ; et ce n'est point l'homme qui fait violence à l'homme.

Il y a quatre sortes de crimes. Ceux de la première espèce choquent la religion ; ceux de la seconde, les mœurs ; ceux de la troisième, la tranquillité ; ceux de la quatrième, la sûreté des citoyens. Les peines que l'on inflige doivent dériver de la nature de chacune de ces espèces.

Je ne mets dans la classe des crimes qui intéressent la religion que ceux qui l'attaquent directement, comme sont tous les sacriléges simples. Car les crimes qui en troublent l'exercice sont de la nature de ceux qui choquent la tranquillité des citoyens ou leur sûreté, et doivent être renvoyés à ces classes.

Pour que la peine des sacriléges simples soit

tirée de la nature¹ de la chose, elle doit consister dans la privation de tous les avantages que donne la religion : l'expulsion hors des temples ; la privation de la société des fidèles, pour un temps ou pour toujours ; la fuite de leur présence, les exécrations, les détestations, les conjurations.

Dans les choses qui troublent la tranquillité ou la sûreté de l'état, les actions cachées sont du ressort de la justice humaine ; mais, dans celles qui blessent la divinité, là où il n'y a point d'action publique, il n'y a point de matière de crime : tout s'y passe entre l'homme et Dieu, qui sait la mesure et le temps de ses vengeances. Que si, confondant les choses, le magistrat recherche aussi le sacrilége caché, il porte une inquisition sur un genre d'action où elle n'est point nécessaire : il détruit la liberté des citoyens, en armant contre eux le zèle des consciences timides et celui des consciences hardies.

Le mal est venu de cette idée, qu'il faut venger la divinité. Mais il faut faire honorer la divinité, et ne la venger jamais. En effet, si l'on se conduisoit par cette dernière idée, quelle seroit la fin des supplices ? Si les lois des hommes ont à venger un être infini, elles se régleront sur son

¹ Saint Louis fit des lois si outrées contre ceux qui juroient, que le pape se crut obligé de l'en avertir. Ce prince modéra son zèle, et adoucit ses lois. Voyez ses ordonnances.

infinité, et non pas sur les foiblesses, sur les ignorances, sur les caprices de la nature humaine.

Un historien de Provence [1] rapporte un fait qui nous peint très-bien ce que peut produire sur des esprits foibles cette idée de venger la divinité. Un Juif, accusé d'avoir blasphémé contre la sainte Vierge, fut condamné à être écorché. Des chevaliers masqués, le couteau à la main, montèrent sur l'échafaud, et en chassèrent l'exécuteur, pour venger eux-mêmes l'honneur de la sainte Vierge.... Je ne veux point prévenir les réflexions du lecteur.

La seconde classe est des crimes qui sont contre les mœurs : telles sont la violation de la continence publique ou particulière, c'est-à-dire de la police sur la manière dont on doit jouir des plaisirs attachés à l'usage des sens et à l'union des corps. Les peines de ces crimes doivent encore être tirées de la nature de la chose. La privation des avantages que la société a attachés à la pureté des mœurs, les amendes, la honte, la contrainte de se cacher, l'infamie publique, l'expulsion hors de la ville et de la société, enfin toutes les peines qui sont de la juridiction correctionnelle, suffisent pour réprimer la témérité des deux sexes. En effet, ces choses sont moins fondées sur la

[1] Le P. Bougerel.

méchanceté que sur l'oubli ou le mépris de soi-même.

Il n'est ici question que des crimes qui intéressent uniquement les mœurs, non de ceux qui choquent aussi la sûreté publique, tels que l'enlèvement et le viol, qui sont de la quatrième espèce.

Les crimes de la troisième classe sont ceux qui choquent la tranquillité des citoyens; et les peines en doivent être tirées de la nature de la chose, et se rapporter à cette tranquillité, comme la privation, l'exil, les corrections, et autres peines qui ramènent les esprits inquiets, et les font rentrer dans l'ordre établi.

Je restreins les crimes contre la tranquillité aux choses qui contiennent une simple lésion de police: car celles qui, troublant la tranquillité, attaquent en même temps la sûreté, doivent être mises dans la quatrième classe.

Les peines de ces derniers crimes sont ce qu'on appelle des supplices. C'est une espèce de talion, qui fait que la société refuse la sûreté à un citoyen qui en a privé, ou qui a voulu en priver un autre. Cette peine est tirée de la nature de la chose, puisée dans la raison et dans les sources du bien et du mal. Un citoyen mérite la mort lorsqu'il a violé la sûreté au point qu'il a ôté la vie, ou qu'il a entrepris de l'ôter. Cette peine de mort est comme le remède de la société malade. Lorsqu'on viole la sûreté à l'égard des biens, il peut y avoir des raisons pour que la peine soit capitale : mais il vaudroit peut-être mieux, et il seroit plus de la nature, que la peine des crimes contre la sûreté des biens fût punie par la perte des biens. Et cela devroit être ainsi, si les fortunes étoient communes ou égales : mais, comme ce sont ceux qui n'ont point de biens qui attaquent plus volontiers celui des autres, il a fallu que la peine corporelle suppléât à la pécuniaire.

Tout ce que je dis est puisé dans la nature, et est très-favorable à liberté du citoyen.

CHAPITRE V.

De certaines accusations qui ont particulièrement besoin de modération et de prudence.

Maxime importante : il faut être très-circonspect dans la poursuite de la magie et de l'hérésie. L'accusation de ces deux crimes peut extrêmement choquer la liberté, et être la source d'une infinité de tyrannies, si le législateur ne sait la borner. Car, comme elle ne porte pas directement sur les actions d'un citoyen, mais plutôt sur l'idée que l'on s'est faite de son caractère, elle devient dangereuse à proportion de l'ignorance du peuple : et, pour lors, un citoyen est toujours en danger, parce que la meilleure conduite du monde, la morale la plus pure, la pratique de tous les devoirs, ne sont pas des garans contre les soupçons de ces crimes.

Sous Manuel Comnène, le protestator [1] fut accusé d'avoir conspiré contre l'empereur, et de s'être servi, pour cela, de certains secrets qui rendent les hommes invisibles. Il est dit, dans la vie de cet empereur [2], que l'on surprit Aaron lisant un livre de Salomon, dont la lecture faisoit paroître des légions de démons. Or, en supposant dans la magie une puissance qui arme l'enfer, et en partant de là, on regarde celui que l'on appelle un magicien comme l'homme du monde le plus propre à troubler et à renverser la société, et l'on est porté à le punir sans mesure.

L'indignation croît lorsque l'on met dans la magie le pouvoir de détruire la religion. L'histoire de Constantinople [3] nous apprend que, sur une révélation qu'avoit eue un évêque, qu'un miracle avoit cessé à cause de la magie d'un particulier, lui et son fils furent condamnés à mort. De combien de choses prodigieuses ce crime ne dépendoit-il pas? Qu'il ne soit pas rare qu'il y ait des révélations; que l'évêque en ait eu une; qu'elle

---

[1] Nicétas, Vie de Manuel Comnène, liv. IV.
[2] *Ibid.*
[3] Hist. de l'empereur Maurice, par Théophylacte, chap. xi

fût véritable; qu'il y eût eu un miracle; que ce miracle eût cessé; qu'il y eût de la magie; que la magie pût renverser la religion; que ce particulier fût magicien; qu'il eût fait enfin cet acte de magie.

L'empereur Théodore Lascaris attribuoit sa maladie à la magie. Ceux qui en étoient accusés n'avoient d'autre ressource que de manier un fer chaud sans se brûler. Il auroit été bon, chez les Grecs, d'être magicien, pour se justifier de la magie. Tel étoit l'excès de leur idiotisme, qu'au crime du monde le plus incertain ils joignoient les preuves les plus incertaines.

Sous le règne de Philippe-le-Long, les Juifs furent chassés de France, accusés d'avoir empoisonné les fontaines par le moyen des lépreux. Cette absurde accusation doit bien faire douter de toutes celles qui sont fondées sur la haine publique.

Je n'ai point dit ici qu'il ne falloit point punir l'hérésie; je dis qu'il faut être très-circonspect à la punir.

CHAPITRE VI.

Du crime contre nature.

A Dieu ne plaise que je veuille diminuer l'horreur que l'on a pour un crime que la religion, la morale et la politique condamnent tour à tour. Il faudroit le proscrire quand il ne feroit que donner à un sexe les foiblesses de l'autre, et préparer à une vieillesse infâme par une jeunesse honteuse. Ce que j'en dirai lui laissera toutes ses flétrissures, et ne portera que contre la tyrannie qui peut abuser de l'horreur même que l'on en doit avoir.

Comme la nature de ce crime est d'être caché, il est souvent arrivé que des législateurs l'ont puni sur la déposition d'un enfant : c'étoit ouvrir une porte bien large à la calomnie. « Justinien, dit « Procope [1], publia une loi contre ce crime; il fit « rechercher ceux qui en étoient coupables, non-« seulement depuis la loi, mais avant. La déposi-« tion d'un témoin, quelquefois d'un enfant, quel-« quefois d'un esclave, suffisoit, surtout contre « les riches, et contre ceux qui étoient de la fac-« tion des *verts.* »

[1] Histoire secrète.

Il est singulier que, parmi nous, trois crimes la magie, l'hérésie, et le crime contre nature, dont on pourroit prouver, du premier, qu'il n'existe pas; du second, qu'il est susceptible d'une infinité de distinctions, interprétations, limitations; du troisième, qu'il est très-souvent obscur, aient été tous trois punis de la peine du feu.

Je dirai bien que le crime contre nature ne fera jamais dans une société de grands progrès, si le peuple ne s'y trouve porté d'ailleurs par quelque coutume, comme chez les Grecs, où les jeunes gens faisoient tous leurs exercices nus; comme chez nous, où l'éducation domestique est hors d'usage; comme chez les Asiatiques, où des particuliers ont un grand nombre de femmes qu'ils méprisent, tandis que les autres n'en peuvent avoir. Que l'on ne prépare point ce crime, qu'on le proscrive par une police exacte, comme toutes les violations des mœurs; et l'on verra soudain la nature, ou défendre ses droits, ou les reprendre. Douce, aimable, charmante, elle a répandu les plaisirs d'une main libérale; et, en nous comblant de délices, elle nous prépare, par des enfans qui nous font, pour ainsi dire, renaître, à des satisfactions plus grandes que ces délices mêmes.

CHAPITRE VII.

Du crime de lèse-majesté.

Les lois de la Chine décident que quiconque manque de respect à l'empereur doit être puni de mort. Comme elles ne définissent pas ce que c'est que ce manquement de respect, tout peut fournir un prétexte pour ôter la vie à qui l'on veut, et exterminer la famille que l'on veut.

Deux personnes chargées de faire la gazette de la cour, ayant mis dans quelque fait des circonstances qui ne se trouvèrent pas vraies, on dit que, mentir dans une gazette de la cour, c'étoit manquer de respect à la cour; et on les fit mourir [1]. Un prince du sang ayant mis quelque note par mégarde sur un mémorial signé du pinceau rouge par l'empereur, on décida qu'il avoit manqué de respect à l'empereur : ce qui causa contre cette famille une des terribles persécutions dont l'histoire ait jamais parlé [2].

C'est assez que le crime de lèse-majesté soit vague pour que le gouvernement dégénère en

---

[1] Le P. Duhalde, tome I, page 43.
[2] Lettres du P. Parennin, dans les Lettres édifiantes.

despotisme. Je m'étendrai davantage là-dessus dans le livre *de la composition des lois.*

CHAPITRE VIII.

De la mauvaise application du nom de crime de sacrilége et de lèse-majesté.

C'est encore un violent abus de donner le nom de crime de lèse-majesté à une action qui ne l'est pas. Une loi des empereurs [1] poursuivoit comme sacriléges ceux qui mettoient en question le jugement du prince, et doutoient du mérite de ceux qu'il avoit choisis pour quelque emploi [2]. Ce furent bien le cabinet et les favoris qui établirent ce crime. Une autre loi avoit déclaré que ceux qui attentent contre les ministres et les officiers du prince sont criminels de lèse-majesté, comme s'ils attentoient contre le prince même [3]. Nous devons cette loi à deux princes [4] dont la foiblesse

---

[1] Gratien, Valentinien, et Théodose. C'est la troisième au code *de crimin. sacril.*

[2] *Sacrilegii instar est dubitare an is dignus sit quem elegerit imperator.* Ibid. Cette loi a servi de modèle à celle de Roger, dans les constitutions de Naples, tit. iv.

[3] La loi cinquième, au code *ad leg. jul. maj.*

[4] Arcadius et Honorius.

est célèbre dans l'histoire; deux princes qui furent menés par leurs ministres, comme les troupeaux sont conduits par les pasteurs; deux princes, esclaves dans le palais, enfans dans le conseil, étrangers aux armées, qui ne conservèrent l'empire que parce qu'ils le donnèrent tous les jours. Quelques-uns de ces favoris conspirèrent contre leurs empereurs. Ils firent plus : ils conspirèrent contre l'empire ; ils y appelèrent les barbares ; et, quand on voulut les arrêter, l'état étoit si foible qu'il fallut violer leur loi, et s'exposer au crime de lèse-majesté pour les punir.

C'est pourtant sur cette loi que se fondoit le rapporteur de monsieur de Cinq-Mars [1] lorsque, voulant prouver qu'il étoit coupable du crime de lèse-majesté pour avoir voulu chasser le cardinal de Richelieu des affaires, il dit : « Le crime qui « touche la personne des ministres des princes est « réputé, par des constitutions des empereurs, « de pareil poids que celui qui touche leur per- « sonne. Un ministre sert bien son prince et son « état ; on l'ôte à tous les deux : c'est comme si « l'on privoit le premier d'un bras [2], et le second « d'une partie de sa puissance. » Quand la servi-

---

[1] Mémoires de Montrésor, tom. I.

[2] *Nam ipsi pars corporis nostri sunt.* Même loi, au code *ad leg. jul. maj.*

tude elle-même viendroit sur la terre, elle ne parleroit pas autrement.

Une autre loi de Valentinien, Théodose, et Arcadius[1], déclare les faux monnoyeurs coupables du crime de lèse-majesté. Mais, n'étoit-ce pas confondre les idées des choses? Porter sur un autre crime le nom de lèse-majesté, n'est-ce pas diminuer l'horreur du crime de lèse-majesté?

CHAPITRE IX.

Continuation du même sujet.

Paulin ayant mandé à l'empereur Alexandre « qu'il se préparoit à poursuivre comme criminel « de lèse-majesté un juge qui avoit prononcé contre « ses ordonnances, l'empereur lui répondit que, « dans un siècle comme le sien, les crimes de lèse-« majesté indirects n'avoient point de lieu[2]. »

Faustinien ayant écrit au même empereur qu'ayant juré, par la vie du prince, qu'il ne pardonneroit jamais à son esclave, il se voyoit obligé de perpétuer sa colère, pour ne pas se rendre

---

[1] C'est la neuvième au code Théod. *de falsâ monetâ.*
[2] *Etiam ex aliis causis majestatis crimina cessant meo seculo.* Leg. 1, cod. *ad leg. jul. maj.*

coupable du crime de lèse-majesté : « Vous avez « pris de vaines terreurs[1], lui répondit l'empereur; « et vous ne connoissez pas mes maximes. »

Un sénatus-consulte[2] ordonna que celui qui avoit fondu des statues de l'empereur, qui auroient été réprouvées, ne seroit point coupable de lèse-majesté. Les empereurs Sévère et Antonin écrivirent à Pontius[3] que celui qui vendroit des statues de l'empereur non consacrées ne tomberoit point dans le crime de lèse-majesté. Les mêmes empereurs écrivirent à Julius Cassianus que celui qui jetteroit par hasard une pierre contre une statue de l'empereur ne devoit point être poursuivi comme criminel de lèse-majesté[4]. La loi Julie demandoit ces sortes de modifications; car elle avoit rendu coupables de lèse-majesté, non-seulement ceux qui fondoient les statues des empereurs, mais ceux qui commettoient quelque action semblable[5]; ce qui rendoit ce crime arbitraire. Quand on eut établi bien des crimes de lèse-majesté, il fallut nécessairement distinguer ces crimes. Aussi le jurisconsulte Ulpien, après

---

[1] *Alienam sectæ meæ, sollicitudinem concepisti.* Leg. 2, cod. *ad leg. jul. maj.*

[2] Voyez la loi IV, au ff. *ad leg. jul. maj.*

[3] Voyez la loi V, § 2, *ibid.*

[4] Voyez la loi V, § 1.

[5] *Aliudve quid simile admiserint.* Leg. VI, ff. *ibid.*

avoir dit que l'accusation du crime de lèse-majesté ne s'éteignoit point par la mort du coupable, ajoute-t-il que cela ne regarde pas tous [1] les crimes de lèse-majesté établis par la loi Julie, mais seulement celui qui contient un attentat contre l'empire, ou contre la vie de l'empereur.

CHAPITRE X.

Continuation du même sujet.

Une loi d'Angleterre, passée sous Henri VIII, déclaroit coupable de haute trahison tous ceux qui prédiroient la mort du roi. Cette loi étoit bien vague. Le despotisme est si terrible qu'il se tourne même contre ceux qui l'exercent. Dans la dernière maladie de ce roi, les médecins n'osèrent jamais dire qu'il fût en danger; et ils agirent sans doute en conséquence [2].

[1] Dans la loi dernière, ff. *ad leg. jul. de adulteriis.*
[2] Voyez l'Histoire de la réformation, par M. Burnet.

CHAPITRE XI.

Des pensées.

Un Marsias songea qu'il coupoit la gorge à Denys[1]. Celui-ci le fit mourir, disant qu'il n'y auroit pas songé la nuit s'il n'y eût pensé le jour. C'étoit une grande tyrannie : car, quand même il y auroit pensé, il n'avoit pas attenté[2]. Les lois ne se chargent de punir que les actions extérieures.

CHAPITRE XII.

Des paroles indiscrètes.

Rien ne rend encore le crime de lèse-majesté plus arbitraire que quand des paroles indiscrètes en deviennent la matière. Les discours sont si sujets à interprétation, il y a tant de différence entre l'indiscrétion et la malice, et il y en a si peu dans les expressions qu'elles emploient, que la loi ne peut guère soumettre les paroles à une peine ca-

---

[1] Plutarque, vie de Denys.
[2] Il faut que la pensée soit jointe à quelque sorte d'action.

pitale, à moins qu'elle ne déclare expressément celles qu'elle y soûmet [1].

Les paroles ne forment point un corps de délit, elles ne restent que dans l'idée. La plupart du temps elles ne signifient point par elles-mêmes, mais par le ton dont on les dit. Souvent, en redisant les mêmes paroles, on ne rend pas le même sens : ce sens dépend de la liaison qu'elles ont avec d'autres choses. Quelquefois le silence exprime plus que tous les discours. Il n'y a rien de si équivoque que tout cela. Comment donc en faire un crime de lèse-majesté? Partout où cette loi est établie, non-seulement la liberté n'est plus, mais son ombre même.

Dans le manifeste de la feue czarine, donné contre la famille d'Olgourouki [2], un de ces princes est condamné à mort, pour avoir proféré des paroles indécentes qui avoient du rapport à sa personne; un autre, pour avoir malignement interprété ses sages dispositions pour l'empire, et offensé sa personne sacrée par des paroles peu respectueuses.

Je ne prétends point diminuer l'indignation que l'on doit avoir contre ceux qui veulent flétrir

---

[1] *Si non tale sit delictum, in quod vel scriptura legis descendit, vel ad exemplum legis vindicandum est,* dit Modestinus dans la loi VII, § 3, *in fin.* ff. *ad leg. jul. maj.*

[2] En 1740.

la gloire de leur prince : mais je dirai bien que, si l'on veut modérer le despotisme, une simple punition correctionnelle conviendra mieux, dans ces occasions, qu'une accusation de lèse-majesté toujours terrible à l'innocence même [1].

Les actions ne sont pas de tous les jours; bien des gens peuvent les remarquer : une fausse accusation sur des faits peut être aisément éclaircie. Les paroles, qui sont jointes à une action, prennent la nature de cette action. Ainsi un homme qui va dans la place publique exhorter les sujets à la révolte, devient coupable de lèse-majesté, parce que les paroles sont jointes à l'action, et y participent. Ce ne sont point les paroles que l'on punit, mais une action commise dans laquelle on emploie les paroles. Elles ne deviennent des crimes que lorsqu'elles préparent, qu'elles accompagnent, ou qu'elles suivent une action criminelle. On renverse tout, si l'on fait des paroles un crime capital, au lieu de les regarder comme le signe d'un crime capital.

Les empereurs Théodose, Arcadius, et Honorius écrivirent à Ruffin, préfet du prétoire : « Si « quelqu'un parle mal de notre personne ou de « notre gouvernement, nous ne voulons point le

---

[1] *Nec lubricum linguæ ad pœnam facilè trahendum est.* Modestin, dans la loi VII, § 3, ff. *ad. leg. jul. maj.*

« punir[1] : s'il a parlé par légèreté, il faut le mé-
« priser; si c'est par folie, il faut le plaindre; si
« c'est une injure, il faut lui pardonner. Ainsi,
« laissant les choses dans leur entier, vous nous
« en donnerez connoissance, afin que nous ju-
« gions des paroles par les personnes, et que nous
« pesions bien si nous devons les soumettre au
« jugement, ou les négliger. »

CHAPITRE XIII.

Des écrits.

Les écrits contiennent quelque chose de plus permanent que les paroles; mais, lorsqu'ils ne préparent pas au crime de lèse-majesté, ils ne sont point une matière du crime de lèse-majesté.

Auguste et Tibère y attachèrent pourtant la peine de ce crime[2] : Auguste, à l'occasion de certains écrits faits contre des hommes et des femmes illustres; Tibère, à cause de ceux qu'il crut faits

[1] *Si id ex levitate processerit, contemnendum est; si ex insaniá miseratione dignissimum; si ab injuriá remittendum.* Leg. unicâ, cod. *si quis imperat. maled.*

[2] Tacite, Annales, liv. I, § 72. Cela continua sous les règnes suivans. Voyez la loi première, au code *de famosis libellis.*

contre lui. Rien ne fut plus fatal à la liberté romaine. Cremutius Cordus fut accusé, parce que dans ses annales il avoit appelé Cassius le dernier s Romains[1].

Les écrits satiriques ne sont guère connus dans les états despotiques, où l'abattement d'un côté, et l'ignorance de l'autre, ne donnent ni le talent ni la volonté d'en faire. Dans la démocratie on ne les empêche pas, par la raison même qui, dans le gouvernement d'un seul, les fait défendre. Comme ils sont ordinairement composés contre des gens puissans, ils flattent, dans la démocratie, la malignité du peuple qui gouverne. Dans la monarchie on les défend; mais on en fait plutôt un sujet de police que de crime. Ils peuvent amuser la malignité générale, consoler les mécontens, diminuer l'envie contre les places, donner au peuple la patience de souffrir, et le faire rire de ses souffrances.

L'aristocratie est le gouvernement qui proscrit le plus les ouvrages satiriques. Les magistrats y sont de petits souverains qui ne sont pas assez grands pour mépriser les injures. Si, dans la monarchie quelque trait va contre le monarque, il est si haut que le trait n'arrive point jusqu'à lui. Un seigneur aristocratique en est percé de part

[1] Tacite, Annales, liv. IV, § 34.

en part. Aussi les décemvirs, qui formoient une aristocratie, punirent-ils de mort les écrits satiriques [1].

CHAPITRE XIV.

Violation de la pudeur dans la punition des crimes.

Il y a des règles de pudeur observées chez presque toutes les nations du monde : il seroit absurde de les violer dans la punition des crimes, qui doit toujours avoir pour objet le rétablissement de l'ordre.

Les Orientaux, qui ont exposé des femmes à des éléphans dressés pour un abominable genre de supplice, ont-ils voulu faire violer la loi par la loi?

Un ancien usage des Romains défendoit de faire mourir les filles qui n'étoient pas nubiles. Tibère trouva l'expédient de les faire violer par le bourreau avant de les envoyer au supplice [a] : tyran subtil et cruel, il détruisoit les mœurs pour conserver les coutumes.

Lorsque la magistrature japonaise a fait exposer

---

[1] La loi des douze tables.
[a] Suetonius, *in Tiberio*, lib. III.

dans les places publiques les femmes nues, et les a obligées de marcher à la manière des bêtes, elle a fait frémir la pudeur[1] : mais, lorsqu'elle a voulu contraindre une mère... lorsqu'elle a voulu contraindre un fils... je ne puis achever, elle a fait frémir la nature même[2].

CHAPITRE XV.

De l'affranchissement de l'esclave pour accuser le maître.

Auguste établit que les esclaves de ceux qui auroient conspiré contre lui seroient vendus au public, afin qu'ils pussent déposer contre leur maître[3]. On ne doit rien négliger de ce qui mène à la découverte d'un grand crime. Ainsi, dans un état où il y a des esclaves, il est naturel qu'ils puissent être indicateurs; mais ils ne sauroient être témoins.

Vindex indiqua la conspiration faite en faveur de Tarquin : mais il ne fut pas témoin contre les enfans de Brutus. Il étoit juste de donner la li-

---

[1] Recueil des voyages qui ont servi à l'établissement de la compagnie des Indes, tome V, partie II.

[2] *Ibid.*, page 496.

[3] Dion, dans Xiphilin.

berté à celui qui avoit rendu un si grand service à sa patrie ; mais on ne la lui donna pas afin qu'il rendît ce service à sa patrie.

Aussi l'empereur Tacite ordonna-t-il que les esclaves ne seroient pas témoins contre leur maître, dans le crime même de lèse-majesté [1] : loi qui n'a pas été mise dans la compilation de Justinien.

CHAPITRE XVI.

Calomnie dans le crime de lèse-majesté.

Il faut rendre justice aux Césars : ils n'imaginèrent pas les premiers les tristes lois qu'ils firent. C'est Sylla [2] qui leur apprit qu'il ne falloit point punir les calomniateurs : bientôt on alla jusqu'à les récompenser [3].

[1] Flavius Vopiscus, dans sa vie.
[2] Sylla fit une loi de majesté dont il est parlé dans les oraisons de Cicéron, *pro Cluentio*, article 3 ; *in Pisonem*, article 21 ; deuxième contre Verrès, article 5 ; épîtres familières, liv. III, lettre 11. César et Auguste les insérèrent dans les lois Julies ; d'autres y ajoutèrent.
[3] *Et quo quis distinctior accusator, eo magis honores assequebatur, ac veluti sacrosanctus erat.* Tacite, Ann. liv. IV, § 36.

CHAPITRE XVII.

De la révélation des conspirations.

« Quand ton frère, ou ton fils, ou ta fille, ou
« ta femme bien-aimée, ou ton ami, qui est comme
« ton âme, te diront en secret, *Allons à d'autres*
« *dieux*, tu les lapideras : d'abord ta main sera
« sur lui, ensuite celle de tout le peuple. » Cette
loi du Deutéronome [1] ne peut être une loi civile
chez la plupart des peuples que nous connoissons, parce qu'elle y ouvriroit la porte à tous les
crimes.

La loi qui ordonne dans plusieurs états, sous
peine de la vie, de révéler les conspirations auxquelles même on n'a pas trempé, n'est guère
moins dure. Lorsqu'on la porte dans le gouvernement monarchique, il est très-convenable de la
restreindre.

Elle n'y doit être appliquée, dans toute sa sévérité, qu'au crime de lèse-majesté au premier
chef. Dans ces états, il est très-important de ne
point confondre les différens chefs de ce crime.

Au Japon, où les lois renversent toutes les idées

---

[1] Chap. xiii, versets 6, 7, 8 et 9.

de la raison humaine, le crime de non-révélation s'applique aux cas les plus ordinaires.

Une relation [1] nous parle de deux demoiselles qui furent enfermées jusqu'à la mort dans un coffre hérissé de pointes : l'une, pour avoir eu quelque intrigue de galanterie; l'autre, pour ne l'avoir pas révélée.

CHAPITRE XVIII.

Combien il est dangereux dans les républiques de trop punir le crime de lèse-majesté.

Quand une république est parvenue à détruire ceux qui vouloient la renverser, il faut se hâter de mettre fin aux vengeances, aux peines, et aux récompenses même.

On ne peut faire de grandes punitions, et par conséquent de grands changemens, sans mettre dans les mains de quelques citoyens un grand pouvoir. Il vaut donc mieux, dans ce cas, pardonner beaucoup que punir beaucoup, exiler peu qu'exiler beaucoup, laisser les biens que multiplier les confiscations. Sous prétexte de la ven-

---

[1] Recueil des voyages qui ont servi à l'établissement de la compagnie des Indes, page 423, liv. V, part. II.

geance de la république, on établiroit la tyrannie des vengeurs. Il n'est pas question de détruire celui qui domine, mais la domination. Il faut rentrer le plus tôt que l'on peut dans ce train ordinaire du gouvernement où les lois protégent tout, et ne s'arment contre personne.

Les Grecs ne mirent point de bornes aux vengeances qu'ils prirent des tyrans ou de ceux qu'ils soupçonnèrent de l'être. Ils firent mourir les enfans [1], quelquefois cinq des plus proches parens [2]. Ils chassèrent une infinité de familles. Leurs républiques en furent ébranlées; l'exil ou le retour des exilés furent toujours des époques qui marquèrent le changement de la constitution.

Les Romains furent plus sages. Lorsque Cassius fut condamné pour avoir aspiré à la tyrannie, on mit en question si l'on feroit mourir ses enfans : ils ne furent condamnés à aucune peine. « Ceux « qui ont voulu, dit Denys d'Halicarnasse [3], chan- « ger cette loi à la fin de la guerre des Marses et « de la guerre civile, et exclure des charges les « enfans des proscrits par Sylla, sont bien crimi- « nels. »

On voit dans les guerres de Marius et de Sylla

[1] Denys d'Halicarnasse, Antiquités romaines, liv. VIII.

[2] *Tyranno occiso, quinque ejus proximos cognatione magistratus necato.* Cicéron, *de Inventione*, lib. II.

[3] Liv. VIII, page 547.

jusqu'à quel point les âmes, chez les Romains, s'étoient peu à peu dépravées. Des choses si funestes firent croire qu'on ne les reverroit plus. Mais sous les triumvirs, on voulut être plus cruel, et le paroître moins : on est désolé de voir les sophismes qu'employa la cruauté. On trouve dans Appien[1] la formule des proscriptions. Vous diriez qu'on n'y a d'autre objet que le bien de la république, tant on y parle de sang-froid, tant on y montre d'avantages, tant les moyens que l'on prend sont préférables à d'autres, tant les riches seront en sûreté, tant le bas peuple sera tranquille, tant on craint de mettre en danger la vie des citoyens, tant on veut apaiser les soldats, tant enfin on sera heureux[2]. Rome étoit inondée de sang quand Lepidus triompha de l'Espagne; et, par une absurdité sans exemple, sous peine d'être proscrit[3], il ordonna de se réjouir.

[1] *Des guerres civiles*, liv. IV.
[2] *Quod felix faustumque sit.*
[3] *Sacris et epulis dent hunc diem : qui secùs faxit, inter proscriptos esto.*

CHAPITRE XIX.

Comment on suspend l'usage de la liberté dans la république.

Il y a, dans les états où l'on fait le plus de cas de la liberté, des lois qui la violent contre un seul pour la garder à tous. Tels sont, en Angleterre, les bills appelés d'*attainder*[1]. Ils se rapportent à ces lois d'Athènes, qui statuoient contre un particulier[2], pourvu qu'elles fussent faites par le suffrage de six mille citoyens. Ils se rapportent à ces lois qu'on faisoit à Rome contre des citoyens

---

[1] Il ne suffit pas, dans les tribunaux du royaume, qu'il y ait une preuve telle que les juges soient convaincus; il faut encore que cette preuve soit formelle, c'est-à-dire légale : et la loi demande qu'il y ait deux témoins contre l'accusé; une autre preuve ne suffiroit pas. Or, si un homme présumé coupable de ce qu'on appelle haut crime avoit trouvé le moyen d'écarter les témoins, de sorte qu'il fût impossible de le faire condamner par la loi, on pourroit porter contre lui un *bill* particulier d'*attainder*; c'est-à-dire faire une loi singulière sur sa personne. On y procède comme pour tous les autres *bills* : il faut qu'il passe dans deux chambres, et que le roi y donne son consentement; sans quoi il n'y a point de *bill*, c'est-à-dire de jugement. L'accusé peut faire parler ses avocats contre le *bill*; et on peut parler dans la chambre pour le *bill*.

[2] *Legem de singulari aliquo ne rogato, nisi sex millibus ita visum. Ex Andocide, de mysteriis.* C'est l'ostracisme.

particuliers, et qu'on appeloit *priviléges* [1]. Elles ne se faisoient que dans les grands états du peuple. Mais, de quelque manière que le peuple les donne, Cicéron veut qu'on les abolisse, parce que la force de la loi ne consiste qu'en ce qu'elle statue sur tout le monde [2]. J'avoue pourtant que l'usage des peuples les plus libres qui aient jamais été sur la terre me fait croire qu'il y a des cas où il faut mettre, pour un moment, un voile sur la liberté, comme l'on cache les statues des dieux.

CHAPITRE XX.

Des lois favorables à la liberté du citoyen dans la république.

Il arrive souvent dans les états populaires que les accusations sont publiques, et qu'il est permis à tout homme d'accuser qui il veut. Cela a fait établir des lois propres à défendre l'innocence des citoyens. A Athènes, l'accusateur qui n'avoit point pour lui la cinquième partie des suffrages payoit une amende de mille drachmes. Eschine, qui avoit accusé Ctésiphon, y fut condamné [3]. A Rome,

[1] *De privatis hominibus latæ.* Cicéron, *de leg.* lib. III.
[2] *Scitum est jussum in omnes.* Cicéron, *ibid.*
[3] Voyez Philostrate, liv. I, Vies des Sophistes, vie d'Eschine. Voyez aussi Plutarque et Photius.

l'injuste accusateur étoit noté d'infamie [1]; on lui imprimoit la lettre K sur le front. On donnoit des gardes à l'accusateur pour qu'il fût hors d'état de corrompre les juges ou les témoins [2].

J'ai déjà parlé de cette loi athénienne et romaine qui permettoit à l'accusé de se retirer avant le jugement.

CHAPITRE XXI.

De la cruauté des lois envers les débiteurs dans la république.

Un citoyen s'est déjà donné une assez grande supériorité sur un citoyen, en lui prêtant un argent que celui-ci n'a emprunté que pour s'en défaire, et que par conséquent il n'a plus. Que sera-ce dans une république, si les lois augmentent cette servitude encore davantage?

A Athènes et à Rome [3], il fut d'abord permis de vendre les débiteurs qui n'étoient pas en état de payer. Solon corrigea cet usage à Athènes [4]:

[1] Par la loi Remnia.
[2] Plutarque, au traité, *Comment on pourrait recevoir de l'utilité de ses ennemis.*
[3] [4] Plusieurs vendoient leurs enfans pour payer leurs dettes. Plutarque, vie de Solon.

il ordonna que personne ne seroit obligé par corps pour dettes civiles. Mais les décemvirs [1] ne réformèrent pas de même l'usage de Rome ; et, quoiqu'ils eussent devant les yeux le règlement de Solon, ils ne voulurent pas le suivre. Ce n'est pas le seul endroit de la loi des douze tables où l'on voit le dessein des décemvirs de choquer l'esprit de la démocratie.

Ces lois cruelles contre les débiteurs mirent bien des fois en danger la république romaine. Un homme couvert de plaies s'échappa de la maison de son créancier, et parut dans la place [2]. Le peuple s'émut à ce spectacle. D'autres citoyens, que leurs créanciers n'osoient plus retenir, sortirent de leurs cachots. On leur fit des promesses ; on y manqua : le peuple se retira sur le Mont-Sacré. Il n'obtint pas l'abrogation de ces lois, mais un magistrat pour le défendre. On sortoit de l'anarchie, on pensa tomber dans la tyrannie. Manlius, pour se rendre populaire, alloit retirer des mains des créanciers les citoyens qu'ils avoient réduits en esclavage [3]. On prévint les desseins de Manlius ; mais le mal restoit toujours. Des lois particulières

---

[1] Il paroît par l'histoire que cet usage étoit établi chez les Romains avant la loi des douze tables. Tite-Live, décade I, liv. II, c. XXIII.

[2] Denys d'Halicarnasse, Antiquités romaines, liv. VI.

[3] Plutarque, vie de Furius Camillus.

donnèrent aux débiteurs des facilités de payer [1]; et, l'an de Rome 428, les consuls portèrent une loi [2] qui ôta aux créanciers le droit de tenir les débiteurs en servitude dans leurs maisons [3]. Un usurier, nommé Papirius, avoit voulu corrompre la pudicité d'un jeune homme nommé Publius, qu'il tenoit dans les fers. Le crime de Sextus donna à Rome la liberté politique; celui de Papirius y donna la liberté civile.

Ce fut le destin de cette ville, que des crimes nouveaux y confirmèrent la liberté que des crimes anciens lui avoient procurée. L'attentat d'Appius sur Virginie remit le peuple dans cette horreur contre les tyrans que lui avoit donnée le malheur de Lucrèce. Trente-sept ans [4] après le crime de l'infâme Papirius, un crime pareil [5] fit que le peuple se retira sur le Janicule [6], et que la loi

---

[1] Voyez ci-après le liv. XXII, c. XXI et XXII.

[2] Cent vingt ans après la loi des douze tables. *Eo anno plebi Romanæ velut aliud initium libertatis factum est, quod necti desierunt.* Tite-Live, liv. VIII, c. XXIII.

[3] *Bona debitoris, non corpus obnoxium esset.* Tite-Live, liv. VIII, chap. XXIII.

[4] L'an de Rome 465.

[5] Celui de Plautius, qui attenta contre la pudicité de Veturius. Valère Maxime, liv. VI, art. IX. On ne doit point confondre ces deux événemens; ce ne sont ni les mêmes personnes, ni les mêmes temps.

[6] Voyez un fragment de Denys d'Halicarnasse, dans l'extrait

faite pour la sûreté des débiteurs reprit une nouvelle force.

Depuis ce temps, les créanciers furent plutôt poursuivis par les débiteurs pour avoir violé les lois faites contre les usures, que ceux-ci ne le furent pour ne les avoir pas payés.

CHAPITRE XXII.

Des choses qui attaquent la liberté dans la monarchie.

La chose du monde la plus inutile au prince a souvent affoibli la liberté dans les monarchies : les commissaires nommés quelquefois pour juger un particulier.

Le prince tire si peu d'utilité des commissaires qu'il ne vaut pas la peine qu'il change l'ordre des choses pour cela. Il est moralement sûr qu'il a plus l'esprit de probité et de justice que ses commissaires, qui se croient toujours assez justifiés par ses ordres, par un obscur intérêt de l'état, par le choix qu'on a fait d'eux, et par leurs craintes mêmes.

Sous Henri VIII, lorsqu'on faisoit le procès à un

Des vertus et des vices ; l'épitome de Tite-Live, liv. XI, et Freinshemius, liv. XI.

pair, on le faisoit juger par des commissaires tirés de la chambre des pairs: avec cette méthode, on fit mourir tous les pairs qu'on voulut.

CHAPITRE XXIII.

Des espions dans la monarchie.

FAUT-IL des espions dans la monarchie? Ce n'est pas la pratique ordinaire des bons princes. Quand un homme est fidèle aux lois, il a satisfait à ce qu'il doit au prince. Il faut au moins qu'il ait sa maison pour asile, et le reste de sa conduite en sûreté. L'espionnage seroit peut-être tolérable s'il pouvoit être exercé par d'honnêtes gens; mais l'infamie nécessaire de la personne peut faire juger de l'infamie de la chose. Un prince doit agir avec ses sujets avec candeur, avec franchise, avec confiance. Celui qui a tant d'inquiétudes, de soupçons et de craintes, est un acteur qui est embarrassé à jouer son rôle. Quand il voit qu'en général les lois sont dans leur force, et qu'elles sont respectées, il peut se juger en sûreté. L'allure générale lui répond de celle de tous les particuliers. Qu'il n'ait aucune crainte, il ne sauroit croire combien on est porté à l'aimer. Eh! pourquoi ne l'aimeroit-on pas ? il est la source de presque tout le bien qui se fait ; et quasi toutes les punitions sont sur le compte des lois. Il ne se montre jamais au peuple qu'avec un visage serein : sa gloire même se communique à nous, et sa puissance nous soutient. Une preuve qu'on l'aime, c'est que l'on a de la confiance en lui, et que, lorsqu'un ministre refuse, on s'imagine toujours que le prince auroit accordé. Même dans les calamités publiques, on n'accuse point sa personne ; on se plaint de ce qu'il ignore, ou de ce qu'il est obsédé par des gens corrompus. *Si le prince savoit!* dit le peuple. Ces paroles sont une espèce d'invocation, et une preuve de la confiance qu'on a en lui.

CHAPITRE XXIV.

Des lettres anonymes.

Les Tartares sont obligés de mettre leur nom sur leurs flèches, afin que l'on connoisse la main dont elles partent. Philippe de Macédoine ayant été blessé au siége d'une ville, on trouva sur le javelot : *Aster a porté ce coup mortel à Philippe* [1].

[1] Plutarque, OEuvres morales, collat. de quelques histoires romaines et grecques, tome II, page 487.

Si ceux qui accusent un homme le faisoient en vue du bien public, ils ne l'accuseroient pas devant le prince, qui peut être aisément prévenu, mais devant les magistrats, qui ont des règles qui ne sont formidables qu'aux calomniateurs. Que s'ils ne veulent pas laisser les lois entre eux et l'accusé, c'est une preuve qu'ils ont sujet de les craindre; et la moindre peine qu'on puisse leur infliger, c'est de ne les point croire. On ne peut y faire d'attention que dans les cas qui ne sauroient souffrir les lenteurs de la justice ordinaire, et où il s'agit du salut du prince. Pour lors, on peut croire que celui qui accuse a fait un effort qui a délié sa langue, et l'a fait parler. Mais, dans les autres cas, il faut dire avec l'empereur Constance : « Nous ne saurions soupçonner celui à qui il a « manqué un accusateur, lorsqu'il ne lui man- « quoit pas un ennemi [1]. »

CHAPITRE XXV.

De la manière de gouverner dans la monarchie.

L'AUTORITÉ royale est un grand ressort qui doit se mouvoir aisément et sans bruit. Les Chi-

[1] Leg. 6, cod. Théod. *de famosis libellis.*

nois vantent un de leurs empereurs, qui gouverna, disent-ils, comme le ciel, c'est-à-dire par son exemple.

Il y a des cas où la puissance doit agir dans toute son étendue; il y en a où elle doit agir par ses limites. Le sublime de l'administration est de bien connoître quelle est la partie du pouvoir, grande ou petite, que l'on doit employer dans les diverses circonstances.

Dans nos monarchies, toute la félicité consiste dans l'opinion que le peuple a de la douceur du gouvernement. Un ministre mal-habile veut toujours vous avertir que vous êtes esclaves. Mais, si cela étoit, il devroit chercher à le faire ignorer. Il ne sait vous dire ou vous écrire, si ce n'est que le prince est fâché; qu'il est surpris; qu'il mettra ordre. Il y a une certaine facilité dans le commandement : il faut que le prince encourage, et que ce soient les lois qui menacent¹.

---

¹ Nerva, dit Tacite, augmenta la facilité de l'empire.

CHAPITRE XXVI.

Que, dans la monarchie, le prince doit être accessible.

CELA se sentira beaucoup mieux par les contrastes.

« Le czar Pierre Ier, dit le sieur Perry[1], a fait
« une nouvelle ordonnance qui défend de lui
« présenter de requête qu'après en avoir présenté
« deux à ses officiers. On peut, en cas de déni de
« justice, lui présenter la troisième : mais celui
« qui a tort doit perdre la vie. Personne depuis
« n'a adressé de requête au czar. »

CHAPITRE XXVII.

Des mœurs du monarque.

LES mœurs du prince contribuent autant à la liberté que les lois : il peut, comme elles, faire des hommes des bêtes, et des bêtes faire des hommes. S'il aime les âmes libres, il aura des sujets ; s'il aime les âmes basses, il aura des esclaves.

[1] État de la Grande-Russie, page 173, édit. de Paris, 1717.

Veut-il savoir le grand art de régner; qu'il approche de lui l'honneur et la vertu, qu'il appelle le mérite personnel. Il peut même jeter quelquefois les yeux sur les talens. Qu'il ne craigne point ces rivaux qu'on appelle les hommes de mérite : il est leur égal dès qu'il les aime. Qu'il gagne le cœur, mais qu'il ne captive point l'esprit. Qu'il se rende populaire. Il doit être flatté de l'amour du moindre de ses sujets; ce sont toujours des hommes. Le peuple demande si peu d'égards, qu'il est juste de les lui accorder : l'infinie distance qui est entre le souverain et lui empêche bien qu'il ne le gêne. Qu'exorable à la prière, il soit ferme contre les demandes ; et qu'il sache que son peuple jouit de ses refus et ses courtisans de ses grâces.

CHAPITRE XXVIII.

Des égards que les monarques doivent à leurs sujets.

Il faut qu'ils soient extrêmement retenus sur la raillerie. Elle flatte lorsqu'elle est modérée, parce qu'elle donne les moyens d'entrer dans la familiarité : mais une raillerie piquante leur est bien moins permise qu'au dernier de leurs sujets, parce qu'ils sont les seuls qui blessent toujours mortellement.

Encore moins doivent-ils faire à un de leurs sujets une insulte marquée : ils sont établis pour pardonner, pour punir; jamais pour insulter.

Lorsqu'ils insultent leurs sujets, ils les traitent bien plus cruellement que ne traite les siens le Turc ou le Moscovite. Quand ces derniers insultent, ils humilient et ne déshonorent point; mais, pour eux, ils humilient et déshonorent.

Tel est le préjugé des Asiatiques, qu'ils regardent un affront fait par le prince comme l'effet d'une bonté paternelle; et telle est notre manière de penser, que nous joignons au cruel sentiment de l'affront le désespoir de ne pouvoir nous en laver jamais.

Ils doivent être charmés d'avoir des sujets à qui l'honneur est plus cher que la vie, et n'est pas moins un motif de fidélité que de courage.

On peut se souvenir des malheurs arrivés aux princes pour avoir insulté leurs sujets; des vengeances de Chéréas, de l'eunuque Narsès, et du comte Julien; enfin, de la duchesse de Montpensier, qui, outrée contre Henri III, qui avoit révélé quelqu'un de ses défauts secrets, le troubla pendant toute sa vie.

CHAPITRE XXIX.

Des lois civiles propres à mettre un peu de liberté dans le gouvernement despotique.

Quoique le gouvernement despotique, dans sa nature, soit partout le même, cependant des circonstances, une opinion de religion, un préjugé, des exemples reçus, un tour d'esprit, des manières, des mœurs, peuvent y mettre des différences considérables.

Il est bon que de certaines idées s'y soient établies. Ainsi, à la Chine, le prince est regardé comme le père du peuple; et, dans les commencemens de l'empire des Arabes, le prince en étoit le prédicateur [1].

Il convient qu'il y ait quelque livre sacré qui serve de règle, comme l'alcoran chez les Arabes, les livres de Zoroastre chez les Perses, le Védam chez les Indiens, les livres classiques chez les Chinois. Le code religieux supplée au code civil, et fixe l'arbitraire.

Il n'est pas mal que, dans les cas douteux, les juges consultent les ministres de la religion [2]. Aussi,

[1] Les califes.
[2] Histoire des Tattars, troisième partie, page 277, dans les remarques.

en Turquie, les cadis interrogent-ils les mollachs. Que si le cas mérite la mort, il peut être convenable que le juge particulier, s'il y en a, prenne l'avis du gouverneur, afin que le pouvoir civil et l'ecclésiastique soient encore tempérés par l'autorité politique.

CHAPITRE XXX.

Continuation du même sujet.

C'EST la fureur despotique qui a établi que la disgrâce du père entraîneroit celle des enfans et des femmes. Ils sont déjà malheureux, sans être criminels; et d'ailleurs il faut que le prince laisse entre l'accusé et lui des supplians pour adoucir son courroux, ou pour éclairer sa justice.

C'est une bonne coutume des Maldives [1], que, lorsqu'un seigneur est disgracié, il va tous les jours faire sa cour au roi, jusqu'à ce qu'il rentre en grâce : sa présence désarme le courroux du prince.

Il y a des états despotiques [2] où l'on pense que

[1] Voyez François Pirard.

[2] Comme aujourd'hui en Perse, au rapport de M. Chardin. Cet usage est bien ancien. « On mit Cavade, dit Procope, dans « le château de l'oubli. Il y a une loi qui défend de parler de ceux « qui y sont enfermés, et même de prononcer leur nom. »

de parler à un prince pour un disgracié, c'est manquer au respect qui lui est dû. Ces princes semblent faire tous leurs efforts pour se priver de la vertu de clémence.

Arcadius et Honorius, dans la loi[1] dont j'ai tant parlé[2], déclarent qu'ils ne feront point de grâce à ceux qui oseront les supplier pour les coupables[3]. Cette loi étoit bien mauvaise, puisqu'elle est mauvaise dans le despotisme même.

La coutume de Perse, qui permet à qui veut de sortir du royaume, est très-bonne; et, quoique l'usage contraire ait tiré son origine du despotisme, où l'on a regardé les sujets comme des esclaves[4], et ceux qui sortent comme des esclaves fugitifs, cependant la pratique de Perse est très-bonne pour le despotisme, où la crainte de la fuite ou de la retraite des redevables, arrête ou modère les persécutions des bachas et des exacteurs.

[1] La loi 5, au cod. *ad leg. jul.*
[2] Au chapitre VIII de ce livre.
[3] Frédéric copia cette loi dans les constitutions de Naples, liv. I.
[4] Dans les monarchies il y a ordinairement une loi qui défend à ceux qui ont des emplois publics de sortir du royaume sans la permission du prince. Cette loi doit être encore établie dans les républiques. Mais, dans celles qui ont des institutions singulières, la défense doit être générale pour qu'on n'y rapporte pas les mœurs étrangères.

LIVRE XIII.

DES RAPPORTS QUE LA LEVÉE DES TRIBUTS ET LA GRANDEUR DES REVENUS PUBLICS ONT AVEC LA LIBERTÉ.

CHAPITRE I.

Des revenus de l'état.

Les revenus de l'état sont une portion que chaque citoyen donne de son bien pour avoir la sûreté de l'autre, ou pour en jouir agréablement.

Pour bien fixer ces revenus, il faut avoir égard et aux nécessités de l'état, et aux nécessités des citoyens. Il ne faut point prendre au peuple sur ses besoins réels, pour des besoins de l'état imaginaires.

Les besoins imaginaires sont ce que demandent les passions et les foiblesses de ceux qui gouvernent, le charme d'un projet extraordinaire, l'envie malade d'une vaine gloire, et une certaine impuissance d'esprit contre les fantaisies. Souvent ceux qui, avec un esprit inquiet, étoient sous le prince à la tête des affaires, ont pensé que les besoins de l'état étoient les besoins de leurs petites âmes.

Il n'y a rien que la sagesse et la prudence doivent plus régler que cette portion qu'on ôte et cette portion qu'on laisse aux sujets.

Ce n'est point à ce que le peuple peut donner qu'il faut mesurer les revenus publics, mais à ce qu'il doit donner; et si on les mesure à ce qu'il peut donner, il faut que ce soit du moins à ce qu'il peut toujours donner.

CHAPITRE II.

Que c'est mal raisonner de dire que la grandeur des tributs soit bonne par elle-même.

On a vu, dans de certaines monarchies, que de petits pays exempts de tributs étoient aussi misérables que les lieux qui tout autour en étoient accablés. La principale raison est, que le petit état entouré ne peut avoir d'industrie, d'arts ni de manufactures, parce qu'à cet égard il est gêné de mille manières par le grand état dans lequel il est enclavé. Le grand état qui l'entoure a l'industrie, les manufactures et les arts; et il fait des réglemens qui lui en procurent tous les avantages. Le petit état devient donc nécessairement pauvre, quelque peu d'impôts qu'on y lève.

On a pourtant conclu, de la pauvreté de ces petits pays, que, pour que le peuple fût industrieux, il falloit des charges pesantes. On auroit mieux fait d'en conclure qu'il n'en faut pas. Ce sont tous les misérables des environs qui se retirent dans ces lieux-là, pour ne rien faire : déjà découragés par l'accablement du travail, ils font consister toute leur félicité dans leur paresse.

L'effet des richesses d'un pays, c'est de mettre de l'ambition dans tous les cœurs : l'effet de la pauvreté, est d'y faire naître le désespoir. La première s'irrite par le travail ; l'autre se console par la paresse.

La nature est juste envers les hommes : elle les recompense de leurs peines ; elle les rend laborieux, parce qu'à de plus grands travaux elle attache de plus grandes récompenses. Mais, si un pouvoir arbitraire ôte les récompenses de la nature, on reprend le dégoût pour le travail, et l'inaction paroît être le seul bien.

CHAPITRE III.

Des tributs dans les pays où une partie du peuple est esclave de la glèbe.

L'esclavage de la glèbe s'établit quelquefois après une conquête. Dans ce cas, l'esclave qui cultive doit être le colon partiaire du maître. Il n'y a qu'une société de perte et de gain qui puisse réconcilier ceux qui sont destinés à travailler avec ceux qui sont destinés à jouir.

CHAPITRE IV.

D'une république en cas pareil.

Lorsqu'une république a réduit une nation à cultiver les terres pour elle, on n'y doit point souffrir que le citoyen puisse augmenter le tribut de l'esclave. On ne le permettoit point à Lacédémone : on pensoit que les Élotes[1] cultiveroient mieux les terres lorsqu'ils sauroient que leur

---

[1] Plutarque.

servitude n'augmenteroit pas; on croyoit que les maîtres seroient meilleurs citoyens lorsqu'ils ne désireroient que ce qu'ils avoient coutume d'avoir.

CHAPITRE V.

D'une monarchie en cas pareil.

Lorsque, dans une monarchie, la noblesse fait cultiver les terres à son profit par le peuple conquis, il faut encore que la redevance ne puisse augmenter [1]. De plus, il est bon que le prince se contente de son domaine et du service militaire. Mais, s'il veut lever des tributs en argent sur les esclaves de sa noblesse, il faut que le seigneur soit garant [2] du tribut, qu'il le paie pour les esclaves, et le reprenne sur eux; et si l'on ne suit pas cette règle, le seigneur et ceux qui lèvent les revenus du prince vexeront l'esclave tour à tour, et le reprendront l'un après l'autre, jusqu'à ce qu'il périsse de misère ou fuie dans les bois.

[1] C'est ce qui fit faire à Charlemagne ses belles institutions là-dessus. Voy. le liv. V des Capitul., art. 303.
[2] Cela se pratique ainsi en Allemagne.

CHAPITRE VI.

D'un état despotique en cas pareil.

Ce que je viens de dire est encore plus indispensable dans l'état despotique. Le seigneur, qui peut à tous les instans être dépouillé de ses terres et de ses esclaves, n'est pas si porté à les conserver.

Pierre Ier, voulant prendre la pratique d'Allemagne et lever ses tributs en argent, fit un réglement très-sage que l'on suit encore en Russie. Le gentilhomme lève la taxe sur les paysans, et la paie au czar. Si le nombre des paysans diminue, il paie tout de même ; si le nombre augmente, il ne paie pas davantage : il est donc intéressé à ne point vexer ses paysans.

CHAPITRE VII.

Des tributs dans les pays ou l'esclavage de la glèbe n'est point établi.

Lorsque dans un état tous les particuliers sont citoyens, que chacun y possède par son domaine ce que le prince y possède par son empire, on peut mettre des impôts sur les personnes, sur les terres, ou sur les marchandises ; sur deux de ces choses, ou sur les trois ensemble.

Dans l'impôt de la personne, la proportion injuste seroit celle qui suivroit exactement la proportion des biens. On avoit divisé à Athènes [1] les citoyens en quatre classes. Ceux qui retiroient de leurs biens cinq cents mesures de fruits liquides ou secs payoient au public un talent ; ceux qui en retiroient trois cents mesures devoient un demi-talent ; ceux qui avoient deux cents mesures payoient dix mines, ou la sixième partie d'un talent ; ceux de la quatrième classe ne donnoient rien. La taxe étoit juste, quoiqu'elle ne fût point proportionnelle : si elle ne suivoit pas la proportion des biens, elle suivoit la proportion des besoins. On jugea que chacun avoit un nécessaire physique égal ; que ce nécessaire physique ne devoit point être taxé ; que l'utile venoit ensuite, et qu'il devoit être taxé, mais moins que le superflu ; que la grandeur de la taxe sur le superflu empêchoit le superflu.

Dans les taxes sur les terres, on fait des rôles où l'on met les diverses classes des fonds. Mais il est très-difficile de connoître ces différences,

---

[1] Pollux, liv. VIII, chap. x, art. 130.

et encore plus de trouver des gens qui ne soient point intéressés à les méconnoître. Il y a donc là deux sortes d'injustices ; l'injustice de l'homme, et l'injustice de la chose. Mais si en général la taxe n'est point excessive, si on laisse au peuple un nécessaire abondant, ces injustices particulières ne seront rien. Que si, au contraire, on ne laisse au peuple que ce qu'il lui faut à la rigueur pour vivre, la moindre disproportion sera de la plus grande conséquence.

Que quelques citoyens ne paient pas assez, le mal n'est pas grand; leur aisance revient toujours au public; que quelques particuliers paient trop, leur ruine se tourne contre le public. Si l'état proportionne sa fortune à celle des particuliers, l'aisance des particuliers fera bientôt monter sa fortune. Tout dépend du moment. L'état commencera-t-il par appauvrir les sujets pour s'enrichir? ou attendra-t-il que des sujets à leur aise l'enrichissent? Aura-t-il le premier avantage ou le second? Commencera-t-il par être riche ou finira-t-il par l'être?

Les droits sur les marchandises sont ceux que les peuples sentent le moins, parce qu'on ne leur fait pas une demande formelle. Ils peuvent être si sagement ménagés, que le peuple ignorera presque qu'il les paie. Pour cela, il est d'une grande conséquence que ce soit celui qui vend la marchandise qui paie le droit. Il sait bien qu'il ne paie pas pour lui; et l'acheteur, qui dans le fond paie, le confond avec le prix. Quelques auteurs on dit que Néron avoit ôté le droit du vingt-cinquième des esclaves qui se vendoient [1]; il n'avoit pourtant fait qu'ordonner que ce seroit le vendeur qui le paieroit, au lieu de l'acheteur : ce réglement, qui laissoit tout l'impôt, parut l'ôter.

Il y a deux royaumes en Europe où l'on a mis des impôts très-forts sur les boissons : dans l'un, le brasseur seul paie le droit; dans l'autre, il est levé indifféremment sur tous les sujets qui consomment. Dans le premier, personne ne sent la rigueur de l'impôt; dans le second, il est regardé comme onéreux : dans celui-là, le citoyen ne sent que la liberté qu'il a de ne pas payer; dans celui-ci, il ne sent que la nécessité qui l'y oblige.

D'ailleurs, pour que le citoyen paie, il faut des recherches perpétuelles dans sa maison. Rien n'est plus contraire à la liberté; et ceux qui établissent ces sortes d'impôts n'ont pas le bonheur d'avoir à cet égard rencontré la meilleure sorte d'administration.

---

[1] *Vectigal quoque quintæ et vicesimæ venalium mancipiorum remissum specie magis quàm vi; quia cùm venditor pendere juberetur, in partem pretii emptoribus accrescebat.* Tacite, Annales, liv. XIII, § 31.

CHAPITRE VIII.

Comment on conserve l'illusion.

Pour que le prix de la chose et le droit puissent se confondre dans la tête de celui qui paie, il faut qu'il y ait quelque rapport entre la marchandise et l'impôt, et que, sur une denrée de peu de valeur, on ne mette pas un droit excessif. Il y a des pays où le droit excède de dix-sept fois la valeur de la marchandise. Pour lors, le prince ôte l'illusion à ses sujets; ils voient qu'ils sont conduits d'une manière qui n'est pas raisonnable; ce qui leur fait sentir leur servitude au dernier point.

D'ailleurs, pour que le prince puisse lever un droit si disproportionné à la valeur de la chose, il faut qu'il vende lui-même la marchandise, et que le peuple ne puisse l'aller acheter ailleurs; ce qui est sujet à mille inconvéniens.

La fraude étant dans ce cas très-lucrative, la peine naturelle, celle que la raison demande, qui est la confiscation de la marchandise, devient incapable de l'arrêter; d'autant plus que cette marchandise est, pour l'ordinaire, d'un prix très-vil. Il faut donc avoir recours à des peines extravagantes, et pareilles à celles que l'on inflige pour les plus grands crimes. Toute la proportion des peines est ôtée. Des gens qu'on ne sauroit regarder comme des hommes méchans sont punis comme des scélérats ; ce qui est la chose du monde la plus contraire à l'esprit du gouvernement modéré.

J'ajoute que plus on met le peuple en occasion de frauder le traitant, plus on enrichit celui-ci et on appauvrit celui-là. Pour arrêter la fraude, il faut donner au traitant des moyens de vexations extraordinaires, et tout est perdu.

CHAPITRE IX.

D'une mauvaise sorte d'impôt.

Nous parlerons, en passant, d'un impôt établi dans quelques états sur les diverses clauses des contrats civils. Il faut, pour se défendre du traitant, de grandes connoissances, ces choses étant sujettes à des discussions subtiles. Pour lors le traitant, interprète des règlemens du prince, exerce un pouvoir arbitraire sur les fortunes. L'expérience a fait voir qu'un impôt sur le papier sur lequel le contrat doit s'écrire vaudroit beaucoup mieux.

CHAPITRE X.

Que la grandeur des tributs dépend de la nature du gouvernement.

Les tributs doivent être très-légers dans le gouvernement despotique. Sans cela, qui est-ce qui voudroit prendre la peine d'y cultiver les terres? et de plus, comment payer de gros tributs dans un gouvernement qui ne supplée par rien à ce que le sujet a donné.

Dans le pouvoir étonnant du prince et l'étrange foiblesse du peuple, il faut qu'il ne puisse y avoir d'équivoque sur rien. Les tributs doivent être si faciles à percevoir, et si clairement établis, qu'ils ne puissent être augmentés ni diminués par ceux qui les lèvent. Une portion dans les fruits de la terre, une taxe par tête, un tribut de tant pour cent sur les marchandises, sont les seuls convenables.

Il est bon, dans le gouvernement despotique, que les marchands aient une sauvegarde personnelle, et que l'usage les fasse respecter; sans cela, ils seroient trop foibles dans les discussions qu'ils pourroient avoir avec les officiers du prince.

CHAPITRE XI.

Des peines fiscales.

C'est une chose particulière aux peines fiscales, que, contre la pratique générale, elles sont plus sévères en Europe qu'en Asie. En Europe, on confisque les marchandises, quelquefois même les vaisseaux et les voitures; en Asie, on ne fait ni l'un ni l'autre. C'est qu'en Europe le marchand a des juges qui peuvent le garantir de l'oppression; en Asie, les juges despotiques seroient eux-mêmes les oppresseurs. Que feroit le marchand contre un bacha qui auroit résolu de confisquer ses marchandises?

C'est la vexation qui se surmonte elle-même, et se voit contrainte à une certaine douceur. En Turquie, on ne lève qu'un seul droit d'entrée; après quoi, tout le pays est ouvert aux marchands. Les déclarations fausses n'emportent ni confiscation ni augmentation de droits. On n'ouvre[1] point, à la Chine, les ballots des gens qui ne sont pas marchands. La fraude, chez le Mogol, n'est point punie par la confiscation, mais par le doublement

---

[1] Duhalde, tome II, page 37.

du droit. Les princes[1] tartares qui habitent des villes dans l'Asie ne lèvent presque rien sur les marchandises qui passent. Que si, au Japon, le crime de fraude dans le commerce est un crime capital, c'est qu'on a des raisons pour défendre toute communication avec les étrangers, et que la fraude[2] y est plutôt une contravention aux lois faites pour la sûreté de l'état qu'à des lois de commerce.

CHAPITRE XII.

Rapport de la grandeur des tributs avec la liberté.

Règle générale : on peut lever des tributs plus forts, à proportion de la liberté des sujets; et l'on est forcé de les modérer à mesure que la servitude augmente. Cela a toujours été, et cela sera toujours. C'est une règle tirée de la nature, qui ne varie point : on la trouve par tous les pays, en Angleterre, en Hollande, et dans tous les états où

---

[1] Histoire des Tattars, troisième partie, page 290.

[2] Voulant avoir un commerce avec les étrangers sans se communiquer avec eux, ils ont choisi deux nations : la Hollandaise pour le commerce de l'Europe, et la Chinoise pour celui de l'Asie : ils tiennent dans une espèce de prison les facteurs et les matelots, et les gênent jusqu'à faire perdre patience.

la liberté va se dégradant, jusqu'en Turquie. La Suisse semble y déroger, parce qu'on n'y paie point de tributs; mais on en sait la raison particulière, et même elle confirme ce que je dis. Dans ces montagnes stériles, les vivres sont si chers et le pays est si peuplé, qu'un Suisse paie quatre fois plus à la nature qu'un Turc ne paie au sultan.

Un peuple dominateur, tel qu'étoient les Athéniens et les Romains, peut s'affranchir de tout impôt, parce qu'il règne sur des nations sujettes. Il ne paie pas pour lors à proportion de sa liberté, parce qu'à cet égard il n'est pas un peuple, mais un monarque.

Mais la règle générale reste toujours. Il y a, dans les états modérés, un dédommagement pour la pesanteur des tributs; c'est la liberté. Il y a dans les états [1] despotiques un équivalent pour la liberté; c'est la modicité des tributs.

Dans de certaines monarchies en Europe, on voit des provinces [2] qui, par la nature de leur gouvernement politique, sont dans un meilleur état que les autres. On s'imagine toujours qu'elles ne paient pas assez, parce que, par un effet de la bonté de leur gouvernement, elles pourroient

[1] En Russie, les tributs sont médiocres : on les a augmentés depuis que le despotisme y est plus modéré. Voyez l'Histoire des Tattars, deuxième partie.

[2] Les pays d'états.

payer davantage : et il vient toujours dans l'esprit de leur ôter ce gouvernement même qui produit ce bien qui se communique, qui se répand au loin, et dont il vaudroit bien mieux jouir.

CHAPITRE XIII.

Dans quels gouvernemens les tributs sont susceptibles d'augmentation.

On peut augmenter les tributs dans la plupart des républiques, parce que le citoyen, qui croit payer à lui-même, a la volonté de les payer, et en a ordinairement le pouvoir par l'effet de la nature du gouvernement.

Dans la monarchie, on peut augmenter les tributs, parce que la modération du gouvernement y peut procurer des richesses : c'est comme la récompense du prince, à cause du respect qu'il a pour les lois.

Dans l'état despotique on ne peut pas les augmenter, parce qu'on ne peut pas augmenter la servitude extrême.

CHAPITRE XIV.

Que la nature des tributs est relative au gouvernement.

L'impôt par tête est plus naturel à la servitude; l'impôt sur les marchandises est plus naturel à la liberté, parce qu'il se rapporte d'une manière moins directe à la personne.

Il est naturel au gouvernement despotique que le prince ne donne point d'argent à sa milice ou aux gens de sa cour, mais qu'il leur distribue des terres, et par conséquent qu'on y lève peu de tributs. Que si le prince donne de l'argent, le tribut le plus naturel qu'il puisse lever est un tribut par tête. Ce tribut ne peut être que très-modique : car, comme on n'y peut pas faire diverses classes considérables, à cause des abus qui en résulteroient, vu l'injustice et la violence du gouvernement, il faut nécessairement se régler sur le taux de ce que peuvent payer les plus misérables.

Le tribut naturel au gouvernement modéré est l'impôt sur les marchandises. Cet impôt étant réellement payé par l'acheteur, quoique le marchand l'avance, est un prêt que le marchand a déjà fait à l'acheteur : ainsi, il faut regarder le négociant, et comme le débiteur général de l'état, et comme le créancier de tous les particuliers. Il avance à l'état le droit que l'acheteur lui paiera quelque jour; et il a payé, pour l'acheteur, le droit qu'il a payé pour la marchandise. On sent donc que plus le gouvernement est modéré, que plus l'esprit de liberté règne, que plus les fortunes ont de sûreté, plus il est facile au marchand d'avancer à l'état, et de prêter au particulier des droits considérables. En Angleterre un marchand prête réellement à l'état cinquante ou soixante livres sterling à chaque tonneau de vin qu'il reçoit. Quel est le marchand qui oseroit faire une chose de cette espèce dans un pays gouverné comme la Turquie? et quand il l'oseroit faire, comment le pourroit-il, avec une fortune suspecte, incertaine, ruinée?

CHAPITRE XV.

Abus de la liberté.

Ces grands avantages de la liberté ont fait que l'on a abusé de la liberté même. Parce que le gouvernement modéré a produit d'admirables effets, on a quitté cette modération; parce qu'on a tiré de grands tributs, on en a voulu tirer d'excessifs; et, méconnoissant la main de la liberté, qui faisoit ce présent, on s'est adressé à la servitude, qui refuse tout.

La liberté a produit l'excès des tributs : mais l'effet de ces tributs excessifs est de produire, à leur tour, la servitude; et l'effet de la servitude, de produire la diminution des tributs.

Les monarques de l'Asie ne font guère d'édits que pour exempter chaque année de tributs quelque province de leur empire [1] : les manifestations de leur volonté sont des bienfaits. Mais, en Europe, les édits des princes affligent même avant qu'on les ait vus, parce qu'ils y parlent toujours de leurs besoins, et jamais des nôtres.

D'une impardonnable nonchalance que les ministres de ces pays-là tiennent du gouvernement et souvent du climat, les peuples tirent cet avantage, qu'ils ne sont point sans cesse accablés par de nouvelles demandes. Les dépenses n'y augmentent point, parce qu'on n'y fait point de projets nouveaux : et si par hasard on y en fait, ce sont des projets dont on voit la fin, et non des projets commencés. Ceux qui gouvernent l'état ne le tourmentent pas, parce qu'ils ne se tourmentent pas sans cesse eux-mêmes. Mais, pour nous, il est impossible que nous ayons jamais de règle dans nos finances, parce que nous savons toujours que

---

[1] C'est l'usage des empereurs de la Chine.

nous ferons quelque chose, et jamais ce que nous ferons.

On n'appelle plus parmi nous un grand ministre celui qui est le sage dispensateur des revenus publics, mais celui qui est homme d'industrie, et qui trouve ce qu'on appelle des expédiens.

CHAPITRE XVI.

Des conquêtes des Mahometans.

Ce furent ces tributs [1] excessifs qui donnèrent lieu à cette étrange facilité que trouvèrent les Mahométans dans leurs conquêtes. Les peuples, au lieu de cette suite continuelle de vexations que l'avarice subtile des empereurs avoit imaginées, se virent soumis à un tribut simple, payé aisément, reçu de même; plus heureux d'obéir à une nation barbare qu'à un gouvernement corrompu dans lequel ils souffroient tous les inconvéniens d'une liberté qu'ils n'avoient plus, avec toutes les horreurs d'une servitude présente.

[1] Voyez dans l'histoire la grandeur, la bizarrerie, et même la folie de ces tributs. Anastase en imagina un pour respirer l'air : *ut quisque pro haustu aëris penderet.*

CHAPITRE XVII.

De l'augmentation des troupes.

UNE maladie nouvelle s'est répandue en Europe; elle a saisi nos princes, et leur fait entretenir un nombre désordonné de troupes. Elle a ses redoublemens, et elle devient nécessairement contagieuse : car, sitôt qu'un état augmente ce qu'il appelle ses troupes, les autres soudain augmentent les leurs; de façon qu'on ne gagne rien par-là que la ruine commune. Chaque monarque tient sur pied toutes les armées qu'il pourroit avoir si ses peuples étoient en danger d'être exterminés ; et on nomme paix cet état[1] d'effort de tous contre tous. Aussi l'Europe est-elle si ruinée, que les particuliers qui seroient dans la situation où sont les trois puissances de cette partie du monde les plus opulentes, n'auroient pas de quoi vivre. Nous sommes pauvres avec les richesses et le commerce de tout l'univers; et bientôt, à force d'avoir des soldats, nous n'aurons plus que des soldats, et nous serons comme des Tartares[2].

[1] Il est vrai que c'est cet état d'effort qui maintient principalement l'équilibre, parce qu'il éreinte les grandes puissances.

[2] Il ne faut pour cela que faire valoir la nouvelle invention

Les grands princes, non contens d'acheter les troupes des plus petits, cherchent de tous côtés à payer des alliances; c'est-à-dire presque toujours à perdre leur argent.

La suite d'une telle situation est l'augmentation perpétuelle des tributs; et, ce qui prévient tous les remèdes à venir, on ne compte plus sur les revenus, mais on fait la guerre avec son capital. Il n'est pas inouï de voir des états hypothéquer leurs fonds pendant la paix même, et employer, pour se ruiner, des moyens qu'ils appellent extraordinaires, et qui le sont si fort que le fils de famille le plus dérangé les imagine à peine.

CHAPITRE XVIII.

De la remise des tributs.

La maxime des grands empires d'Orient, de remettre des tributs aux provinces qui ont souffert, devroit bien être portée dans les états monarchiques. Il y en a bien où elle est établie; mais elle accable plus que si elle n'y étoit pas, parce que le prince n'en levant ni plus ni moins, tout l'état devient solidaire. Pour soulager un village qui

des milices établies dans presque toute l'Europe, et les porter au même excès que l'on a fait les troupes réglées.

paie mal, on charge un autre qui paie mieux; on ne rétablit point le premier, on détruit le second. Le peuple est désespéré entre la nécessité de payer, de peur des exactions, et le danger de payer, crainte des surcharges.

Un état bien gouverné doit mettre, pour le premier article de sa dépense, une somme réglée pour les cas fortuits. Il en est du public comme des particuliers, qui se ruinent lorsqu'ils dépensent exactement les revenus de leurs terres.

A l'égard de la solidité entre les habitans du même village, on a dit¹ qu'elle étoit raisonnable, parce qu'on pouvoit supposer un complot frauduleux de leur part : mais où a-t-on pris que, sur des suppositions, il faille établir une chose injuste par elle-même et ruineuse pour l'état?

CHAPITRE XIX.

Qu'est-ce qui est plus convenable au prince et au peuple, de la ferme ou de la régie des tributs?

La régie est l'administration d'un bon père de famille qui lève lui-même avec économie et avec ordre ses revenus.

¹ Voyez le Traité des finances des Romains, chap. II, imprimé à Paris en 1740.

Par la régie, le prince est le maître de presser ou de retarder la levée des tributs, ou suivant ses besoins, ou suivant ceux de ses peuples. Par la régie, il épargne à l'état les profits immenses des fermiers, qui l'appauvrissent d'une infinité de manières. Par la régie, il épargne au peuple le spectacle des fortunes subites, qui l'affligent. Par la régie, l'argent levé passe par peu de mains; il va directement au prince, et par conséquent revient plus promptement au peuple. Par la régie, le prince épargne au peuple une infinité de mauvaises lois qu'exige toujours de lui l'avarice importune des fermiers, qui montrent un avantage présent dans des réglemens funestes pour l'avenir.

Comme celui qui a l'argent est toujours le maître de l'autre, le traitant se rend despotique sur le prince même : il n'est pas législateur, mais il le force à donner des lois.

J'avoue qu'il est quelquefois utile de commencer par donner à ferme un droit nouvellement établi. Il y a un art et des inventions pour prévenir les fraudes, que l'intérêt des fermiers leur suggère, et que les régisseurs n'auroient su imaginer : or, le système de la levée étant une fois fait par le fermier, on peut avec succès établir la régie. En Angleterre, l'administration de l'accise et du revenu des postes, telle qu'elle est aujourd'hui, a été empruntée des fermiers.

Dans les républiques, les revenus de l'état sont presque toujours en régie. L'établissement contraire fut un grand vice du gouvernement de Rome[1]. Dans les états despotiques, où la régie est établie, les peuples sont infiniment plus heureux; témoin la Perse et la Chine[2]. Les plus malheureux sont ceux où le prince donne à ferme ses ports de mer et ses villes de commerce. L'histoire des monarchies est pleine des maux faits par les traitans.

Néron, indigné des vexations des publicains, forma le projet impossible et magnanime d'abolir tous les impôts. Il n'imagina point la régie; il fit[3] quatre ordonnances : que les lois faites contre les publicains, qui avoient été jusque-là tenues secrètes, seroient publiées; qu'ils ne pourroient plus exiger ce qu'ils avoient négligé de demander dans l'année; qu'il y auroit un préteur établi pour juger leurs prétentions sans formalité; que les marchands ne paieroient rien pour les navires. Voilà les beaux jours de cet empereur.

[1] César fut obligé d'ôter les publicains de la province d'Asie, et d'y établir une autre sorte d'administration, comme nous l'apprenons de Dion. Et Tacite nous dit que la Macédoine et l'Achaïe, provinces qu'Auguste avoit laissées au peuple romain, et qui, par conséquent, étoient gouvernées sur l'ancien plan, obtinrent d'être du nombre de celles que l'empereur gouvernoit par ses officiers.

[2] Voyez Chardin, Voyage de Perse, tome VI.

[3] Tacite, Annales, liv. XIII, § 31.

CHAPITRE XX.

Des traitans.

Tout est perdu lorsque la profession lucrative des traitans parvient encore par ses richesses à être une profession honorée. Cela peut être bon dans les états despotiques, où souvent leur emploi est une partie des fonctions des gouverneurs eux-mêmes. Cela n'est pas bon dans la république, et une chose pareille détruisit la république romaine. Cela n'est pas meilleur dans la monarchie ; rien n'est plus contraire à l'esprit de ce gouvernement. Un dégoût saisit tous les autres états, l'honneur y perd toute sa considération, les moyens lents et naturels de se distinguer ne touchent plus, et le gouvernement est frappé dans son principe.

On vit bien, dans les temps passés, des fortunes scandaleuses ; c'étoit une des calamités des guerres de cinquante ans : mais pour lors ces richesses furent regardées comme ridicules, et nous les admirons.

Il y a un lot pour chaque profession. Le lot de ceux qui lèvent les tributs est les richesses, et les récompenses de ces richesses sont les richesses mêmes. La gloire et l'honneur sont pour cette noblesse qui ne connoît, qui ne voit, qui ne sent de vrai bien que l'honneur et la gloire. Le respect et la considération sont pour ces ministres et ces magistrats qui, ne trouvant que le travail après le travail, veillent nuit et jour pour le bonheur de l'empire.

LIVRE XIV.

DES LOIS, DANS LE RAPPORT QU'ELLES ONT AVEC LA NATURE DU CLIMAT.

CHAPITRE I.

Idée générale.

S'il est vrai que le caractère de l'esprit et les passions du cœur soient extrêmement différentes dans les divers climats, les lois doivent être relatives et à la différence de ces passions, et à la différence de ces caractères.

CHAPITRE II.

Combien les hommes sont différens dans les divers climats.

L'air froid [1] resserre les extrémités des fibres extérieures de notre corps; cela augmente leur

---

[1] Cela paroît même à la vue : dans le froid on paroît plus maigre.

ressort, et favorise le retour du sang des extrémités vers le cœur. Il diminue la longueur [1] de ces mêmes fibres ; il augmente donc encore par-là leur force. L'air chaud au contraire relâche les extrémités des fibres, et les allonge ; il diminue donc leur force et leur ressort.

On a donc plus de vigueur dans les climats froids. L'action du cœur et la réaction des extrémités des fibres s'y font mieux, les liqueurs sont mieux en équilibre, le sang est plus déterminé vers le cœur, et réciproquement le cœur a plus de puissance. Cette force plus grande doit produire bien des effets : par exemple, plus de confiance en soi-même, c'est-à-dire plus de courage ; plus de connoissance de sa supériorité, c'est-à-dire moins de désir de la vengeance ; plus d'opinion de sa sûreté, c'est-à-dire plus de franchise ; moins de soupçons, de politique, et de ruses. Enfin, cela doit faire des caractères bien différens. Mettez un homme dans un lieu chaud et enfermé ; il souffrira, par les raisons que je viens de dire, une défaillance de cœur très-grande. Si, dans cette circonstance, on va lui proposer une action hardie, je crois qu'on l'y trouvera très-peu disposé ; sa foiblesse présente mettra un découragement dans son âme ; il craindra tout,

---

[1] On sait qu'il raccourcit le fer.

parce qu'il sentira qu'il ne peut rien. Les peuples des pays chauds sont timides comme les vieillards le sont; ceux des pays froids sont courageux comme le sont les jeunes gens. Si nous faisions attention aux dernières [1] guerres, qui sont celles que nous avons le plus sous nos yeux, et dans lesquelles nous pouvons mieux voir de certains effets légers, imperceptibles de loin, nous sentirions bien que les peuples du nord, transportés dans les pays du midi [2], n'y ont pas fait d'aussi belles actions que leurs compatriotes, qui, combattant dans leur propre climat, y jouissoient de tout leur courage.

La force des fibres des peuples du nord fait que les sucs les plus grossiers sont tirés des alimens. Il en résulte deux choses : l'une, que les parties du chyle ou de la lymphe sont plus propres, par leur grande surface, à être appliquées sur les fibres et à les nourrir; l'autre, qu'elles sont moins propres, par leur grossièreté, à donner une certaine subtilité au suc nerveux. Ces peuples auront donc de grands corps et peu de vivacité.

Les nerfs, qui aboutissent de tous côtés au tissu de notre peau, font chacun un faisceau de

---

[1] Celles pour la succession d'Espagne.

[2] En Espagne, par exemple.

nerfs. Ordinairement ce n'est pas tout le nerf qui est remué; c'en est une partie infiniment petite. Dans les pays chauds, où le tissu de la peau est relâché, les bouts des nerfs sont épanouis, et exposés à la plus petite action des objets les plus foibles. Dans les pays froids, le tissu de la peau est resserré et les mamelons comprimés; les petites houppes sont en quelque façon paralytiques; la sensation ne passe guère au cerveau que lorsqu'elle est extrêmement forte, et qu'elle est de tout le nerf ensemble. Mais c'est d'un nombre infini de petites sensations que dépendent l'imagination, le goût, la sensibilité, la vivacité.

J'ai observé le tissu extérieur d'une langue de mouton dans l'endroit où elle paroît, à la simple vue, couverte de mamelons. J'ai vu avec un microscope sur ces mamelons de petits poils ou une espèce de duvet; entre les mamelons étoient des pyramides qui formoient par le bout comme de petits pinceaux. Il y a grande apparence que ces pyramides sont le principal organe du goût.

J'ai fait geler la moitié de cette langue, et j'ai trouvé à la simple vue les mamelons considérablement diminués; quelques rangs même de mamelons s'étoient enfoncés dans leur gaîne. J'en ai examiné le tissu avec le microscope, je n'ai plus vu de pyramides. A mesure que la langue s'est dégelée, les mamelons, à la simple vue, ont paru se relever; et, au microscope, les petites houppes ont commencé à reparoître.

Cette observation confirme ce que j'ai dit, que, dans les pays froids, les houppes nerveuses sont moins épanouies ; elles s'enfoncent dans leurs gaînes, où elles sont à couvert de l'action des objets extérieurs. Les sensations sont donc moins vives.

Dans les pays froids, on aura peu de sensibilité pour les plaisirs; elle sera plus grande dans les pays tempérés ; dans les pays chauds, elle sera extrême. Comme on distingue les climats par les degrés de latitude, on pourroit les distinguer, pour ainsi dire, par les degrés de sensibilité. J'ai vu les opéras d'Angleterre et d'Italie : ce sont les mêmes pièces et les mêmes acteurs; mais la même musique produit des effets si différens sur les deux nations, l'une est si calme, et l'autre si transportée, que cela paroît inconcevable.

Il en sera de même de la douleur : elle est excitée en nous par le déchirement de quelque fibre de notre corps. L'auteur de la nature a établi que cette douleur seroit plus forte à mesure que le dérangement seroit plus grand : or, il est évident que les grands corps et les fibres grossières des peuples du nord sont moins capables de dérangement que les fibres délicates des peuples des pays chauds ; l'âme y est donc moins sensible à la douleur. Il faut écorcher un Moscovite pour lui donner du sentiment.

Avec cette délicatesse d'organes que l'on a dans les pays chauds, l'âme est souverainement émue par tout ce qui a du rapport à l'union des deux sexes : tout conduit à cet objet.

Dans les climats du nord, à peine le physique de l'amour a-t-il la force de se rendre bien sensible : dans les climats tempérés, l'amour, accompagné de mille accessoires, se rend agréable par des choses qui d'abord semblent être lui-même, et ne sont pas encore lui : dans les climats plus chauds, on aime l'amour pour lui-même ; il est la cause unique du bonheur, il est la vie.

Dans les pays du midi, une machine délicate, foible, mais sensible, se livre à un amour qui, dans un sérail, naît et se calme sans cesse, ou bien à un amour qui, laissant les femmes dans une plus grande indépendance, est exposé à mille troubles. Dans les pays du nord, une machine saine et bien constituée, mais lourde, trouve ses plaisirs dans tout ce qui peut remettre les esprits en mouvement, la chasse, les voyages, la guerre, le vin. Vous trouverez dans les climats du nord des peuples qui ont peu de vices, assez de vertus, beaucoup de sincérité et de franchise. Approchez des pays du midi, vous croirez vous éloigner de la morale même ; des passions plus vives multiplieront les crimes; chacun cherchera à prendre sur les autres tous les avantages qui peuvent favoriser ces mêmes passions. Dans les pays tempérés, vous verrez des peuples inconstans dans leurs manières, dans leurs vices même, et dans leurs vertus : le climat n'y a pas une qualité assez déterminée pour les fixer eux-mêmes.

La chaleur du climat peut être si excessive que le corps y sera absolument sans force. Pour lors l'abattement passera à l'esprit même; aucune curiosité, aucune noble entreprise, aucun sentiment généreux; les inclinations y seront toutes passives; la paresse y fera le bonheur; la plupart des châtimens y seront moins difficiles à soutenir que l'action de l'âme, et la servitude moins insupportable que la force d'esprit qui est nécessaire pour se conduire soi-même.

CHAPITRE III.

Contradiction dans les caractères de certains peuples du midi.

Les Indiens [1] sont naturellement sans courage, les enfans [2] mêmes des Européens nés aux Indes

[1] « Cent soldats d'Europe, dit Tavernier, n'auroient pas grand « peine à battre mille soldats indiens. »

[2] Les Persans mêmes, qui s'établissent aux Indes, prennent,

perdent celui de leur climat. Mais comment accorder cela avec leurs actions atroces, leurs coutumes, leurs pénitences barbares? Les hommes s'y soumettent à des maux incroyables, les femmes s'y brûlent elles-mêmes : voilà bien de la force pour tant de foiblesse.

La nature, qui a donné à ces peuples une foiblesse qui les rend timides, leur a donné aussi une imagination si vive que tout les frappe à l'excès. Cette même délicatesse d'organes qui leur fait craindre la mort, sert aussi à leur faire redouter mille choses plus que la mort. C'est la même sensibilité qui leur fait fuir tous les périls, et les leur fait tous braver.

Comme une bonne éducation est plus nécessaire aux enfans qu'à ceux dont l'esprit est dans sa maturité; de même, les peuples de ces climats ont plus besoin d'un législateur sage que les peuples du nôtre. Plus on est aisément et fortement frappé, plus il importe de l'être d'une manière convenable, de ne recevoir pas de préjugés, et d'être conduit par la raison.

Du temps des Romains, les peuples du nord de l'Europe vivoient sans arts, sans éducation, presque sans lois; et cependant, par le seul bon

---

à la troisième génération, la nonchalance et la lâcheté indienne. Voyez Bernier, *sur le Mogol*, tome I, page 282.

sens attaché aux fibres grossières de ces climats, ils se maintinrent avec une sagesse admirable contre la puissance romaine jusqu'au moment où ils sortirent de leurs forêts pour la détruire.

CHAPITRE IV.

Cause de l'immutabilité de la religion, des mœurs, des manières, des lois, dans les pays d'Orient.

Si, avec cette foiblesse d'organes qui fait recevoir aux peuples d'Orient les impressions du monde les plus fortes, vous joignez une certaine paresse dans l'esprit, naturellement liée avec celle du corps, qui fasse que cet esprit ne soit capable d'aucune action, d'aucun effort, d'aucune contention; vous comprendrez que l'âme qui a une fois reçu des impressions ne peut plus en changer. C'est ce qui fait que les lois, les mœurs [1], et les manières, même celles qui paroissent indifférentes, comme la façon de se vêtir, sont ajourd'hui en Orient comme elles étoient il y a mille ans.

[1] On voit, par un fragment de Nicolas de Damas, recueilli par Constantin Porphyrogénète, que la coutume étoit ancienne en Orient d'envoyer étrangler un gouverneur qui déplaisoit; elle étoit du temps des Mèdes.

CHAPITRE V.

Que les mauvais legislateurs sont ceux qui ont favorisé les vices du climat, et les bons sont ceux qui s'y sont opposés.

Les Indiens croient que le repos et le néant sont le fondement de toutes choses, et la fin où elles aboutissent. Ils regardent donc l'entière inaction comme l'état le plus parfait et l'objet de leurs désirs. Ils donnent au souverain Être [1] le surnom d'immobile. Les Siamois croient que la félicité [2] suprême consiste à n'être point obligé d'animer une machine et de faire agir un corps.

Dans ces pays où la chaleur excessive énerve et accable, le repos est si délicieux et le mouvement si pénible, que ce système de métaphysique paroît naturel; et [3] Foé, législateur des Indes, a suivi ce qu'il sentoit, lorsqu'il a mis les hommes dans un état extrêmement passif; mais sa doctrine,

---

[1] Panamanack. Voyez Kircher.

[2] La Loubère, Relation de Siam, page 446.

[3] Foé veut réduire le cœur au pur vide. « Nous avons des yeux « et des oreilles; mais la perfection est de ne voir ni entendre: une « bouche, des mains, etc.; la perfection est que ces membres « soient dans l'inaction. » Ceci est tiré du dialogue d'un philosophe chinois, rapporté par le P. Duhalde, tome III.

née de la paresse du climat, la favorisant à son tour, a causé mille maux.

Les législateurs de la Chine furent plus sensés, lorsque, considérant les hommes, non pas dans l'état paisible où ils seront quelque jour, mais dans l'action propre à leur faire remplir les devoirs de la vie, ils firent leur religion, leur philosophie, et leurs lois, toutes pratiques. Plus les causes physiques portent les hommes au repos, plus les causes morales les en doivent éloigner.

CHAPITRE VI.

De la culture des terres dans les climats chauds.

La culture des terres est le plus grand travail des hommes. Plus le climat les porte à fuir ce travail, plus la religion et les lois doivent y exciter. Ainsi les lois des Indes, qui donnent les terres aux princes et ôtent aux particuliers l'esprit de propriété, augmentent les mauvais effets du climat, c'est-à-dire la paresse naturelle.

CHAPITRE VII.

Du monachisme.

LE monachisme y fait les mêmes maux; il est né dans les pays chauds d'Orient, où l'on est moins porté à l'action qu'à la spéculation.

En Asie, le nombre des derviches ou moines semble augmenter avec la chaleur du climat; les Indes, où elle est excessive, en sont remplies : on trouve en Europe cette même différence.

Pour vaincre la paresse du climat, il faudroit que les lois cherchassent à ôter tous les moyens de vivre sans travail; mais dans le midi de l'Europe, elles font tout le contraire; elles donnent à ceux qui veulent être oisifs des places propres à la vie spéculative, et y attachent des richesses immenses. Ces gens, qui vivent dans une abondance qui leur est à charge, donnent avec raison leur superflu au bas peuple : il a perdu la propriété des biens; ils l'en dédommagent par l'oisiveté dont ils le font jouir; et il parvient à aimer sa misère même.

CHAPITRE VIII.

Bonne coutume de la Chine.

Les relations [1] de la Chine nous parlent de la cérémonie d'ouvrir les terres, que l'empereur fait tous les ans [2]. On a voulu exciter [3] les peuples au labourage par cet acte public et solennel.

De plus, l'empereur est informé chaque année du laboureur qui s'est le plus distingué dans sa profession; il le fait mandarin du huitième ordre.

Chez les anciens Perses [4], le huitième jour du mois nommé *chorrem-ruz*, les rois quittoient leur faste pour manger avec les laboureurs. Ces institutions sont admirables pour encourager l'agriculture.

---

[1] Le P. Duhalde, Histoire de la Chine, tome II, page 72.

[2] Plusieurs rois des Indes font de même. Relation du royaume de Siam, par La Loubère, page 69.

[3] Venty, troisième empereur de la troisième dynastie, cultiva la terre de ses propres mains, et fit travailler à la soie, dans son palais, l'impératrice et ses femmes. Histoire de la Chine.

[4] M. Hyde, Religion des Perses.

CHAPITRE IX.

Moyens d'encourager l'industrie.

Je ferai voir, au livre XIX, que les nations paresseuses sont ordinairement orgueilleuses. On pourroit tourner l'effet contre la cause, et détruire la paresse par l'orgueil. Dans le midi de l'Europe, où les peuples sont si frappés par le point d'honneur, il seroit bon de donner des prix aux laboureurs qui auroient le mieux cultivé leurs champs, ou aux ouvriers qui auroient porté plus loin leur industrie. Cette pratique réussira même par tout pays. Elle a servi de nos jours en Irlande à l'établissement d'une des plus importantes manufactures de toile qui soit en Europe.

CHAPITRE X.

Des lois qui ont rapport à la sobriété des peuples.

Dans les pays chauds, la partie aqueuse du sang se dissipe beaucoup par la transpiration[1]; il y faut

---

[1] M. Bernier, faisant un voyage de Lahor à Cachemir, écrivoit :

donc substituer un liquide pareil. L'eau y est d'un usage admirable ; les liqueurs fortes y coaguleroient les globules [1] du sang qui restent après la dissipation de la partie aqueuse.

Dans les pays froids, la partie aqueuse du sang s'exhale peu par la transpiration ; elle reste en grande abondance : on y peut donc user de liqueurs spiritueuses sans que le sang se coagule. On y est plein d'humeurs; les liqueurs fortes, qui donnent du mouvement au sang, y peuvent être convenables.

La loi de Mahomet, qui défend de boire du vin, est donc une loi du climat d'Arabie : aussi, avant Mahomet, l'eau étoit-elle la boisson commune des Arabes. La loi [2] qui défendoit aux Carthaginois de boire du vin, étoit aussi une loi du climat; effectivement le climat de ces deux pays est à peu près le même.

Une pareille loi ne seroit pas bonne dans les pays froids, où le climat semble forcer à une cer-

« Mon corps est un crible ; à peine ai-je avalé une pinte d'eau, que je la vois sortir comme une rosée de tous mes membres, jusqu'au bout des doigts. J'en bois dix pintes par jour, et cela ne me fait point de mal. » Voyage de Bernier, tome II, page 261.

[1] Il y a dans le sang des globules rouges, des parties fibreuses, des globules blancs, et de l'eau dans laquelle nage tout cela.

[2] Platon, liv. II, des Lois. Aristote, Du soin des affaires domestiques. Eusèbe, Prépar. évang., livre XII, chap. XVII.

taine ivrognerie de nation, bien différente de celle de la personne. L'ivrognerie se trouve établie par toute la terre, dans la proportion de la froideur et de l'humidité du climat. Passez de l'équateur jusqu'à notre pôle, vous y verrez l'ivrognerie augmenter avec les degrés de latitude. Passez du même équateur au pôle opposé, vous y trouverez l'ivrognerie aller vers le midi [1], comme de ce côté-ci elle avoit été vers le nord.

Il est naturel que, là où le vin est contraire au climat, et par conséquent à la santé, l'excès en soit plus sévèrement puni que dans les pays où l'ivrognerie a peu de mauvais effets pour la personne, où elle en a peu pour la société, où elle ne rend point les hommes furieux, mais seulement stupides. Ainsi les lois [2] qui ont puni un homme ivre, et pour la faute qu'il faisoit et pour l'ivresse, n'étoient applicables qu'à l'ivrognerie de la personne, et non à l'ivrognerie de la nation. Un Allemand boit par coutume, un Espagnol par choix.

Dans les pays chauds, le relâchement des fibres produit une grande transpiration des liquides; mais les parties solides se dissipent moins. Les

[1] Cela se voit dans les Hottentots et les peuples de la pointe de Chili, qui sont plus près du sud.

[2] Comme fit Pittacus, selon Aristote, Politiq., liv. II, chap. III. Il vivoit dans un climat où l'ivrognerie n'est pas un vice de nation.

fibres, qui n'ont qu'une action très-foible et peu de ressort, ne s'usent guère; il faut peu de suc nourricier pour les réparer : on y mange donc très-peu.

Ce sont les différens besoins dans les différens climats qui ont formé les différentes manières de vivre; et ces différentes manières de vivre ont formé les diverses sortes de lois. Que, dans une nation, les hommes se communiquent beaucoup, il faut de certaines lois; il en faut d'autres chez un peuple où l'on ne se communique point.

CHAPITRE XI.

Des lois qui ont du rapport aux maladies du climat.

HÉRODOTE [1] nous dit que les lois des Juifs sur la lèpre ont été tirées de la pratique des Égyptiens. En effet, les mêmes maladies demandoient les mêmes remèdes. Ces lois furent inconnues aux Grecs et aux premiers Romains, aussi bien que le mal. Le climat de l'Égypte et de la Palestine les rendit nécessaires; et la facilité qu'a cette maladie à se rendre populaire nous doit bien faire sentir la sagesse et la prévoyance de ces lois.

[1] Liv. II.

Nous en avons nous-mêmes éprouvé les effets. Les croisades nous avoient apporté la lèpre; les réglemens sages que l'on fit l'empêchèrent de gagner la masse du peuple.

On voit, par la loi des Lombards[1], que cette maladie étoit répandue en Italie avant les croisades, et mérita l'attention des législateurs. Rotharis ordonna qu'un lépreux, chassé de sa maison, et relégué dans un endroit particulier, ne pourroit disposer de ses biens, parce que, dès le moment qu'il avoit été tiré de sa maison, il étoit censé mort. Pour empêcher toute communication avec les lépreux, on les rendoit incapables des effets civils.

Je pense que cette maladie fut apportée en Italie par les conquêtes des empereurs grecs, dans les armées desquels il pouvoit y avoir des milices de la Palestine ou de l'Égypte. Quoi qu'il en soit, les progrès en furent arrêtés jusqu'au temps des croisades.

On dit que les soldats de Pompée, revenant de Syrie, rapportèrent une maladie à peu près pareille à la lèpre. Aucun réglement fait pour lors n'est venu jusqu'à nous : mais il y a apparence qu'il y en eut, puisque ce mal fut suspendu jusqu'au temps des Lombards.

Il y a deux siècles qu'une maladie, inconnue

[1] Liv. II, tit. 1, § 3, et tit. 18, § 1.

à nos pères, passa du nouveau Monde dans celui-ci, et vint attaquer la nature humaine jusque dans la source de la vie et des plaisirs. On vit la plupart des plus grandes familles du midi de l'Europe périr par un mal qui devint trop commun pour être honteux, et ne fut plus que funeste. Ce fut la soif de l'or qui perpétua cette maladie; on alla sans cesse en Amérique, et on en rapporta toujours de nouveaux levains.

Des raisons pieuses voulurent demander qu'on laissât cette punition sur le crime : mais cette calamité étoit entrée dans le sein du mariage, et avoit déjà corrompu l'enfance même.

Comme il est de la sagesse des législateurs de veiller à la santé des citoyens, il eût été très-sensé d'arrêter cette communication par des lois faites sur le plan des lois mosaïques.

La peste est un mal dont les ravages sont encore plus prompts et plus rapides. Son siége principal est en Égypte, d'où elle se répand par tout l'univers. On a fait, dans la plupart des états de l'Europe, de très-bons réglemens pour l'empêcher d'y pénétrer, et on a imaginé de nos jours un moyen admirable de l'arrêter : on forme une ligne de troupes autour du pays infecté, qui empêche toute communication.

Les Turcs [1], qui n'ont à cet égard aucune police,

---

[1] Ricaut, de l'Empire ottoman, page 284.

voient les chrétiens dans la même ville échapper au danger, et eux seuls périr. Ils achètent les habits des pestiférés, s'en vêtent et vont leur train. La doctrine d'un destin rigide qui règle tout, fait du magistrat un spectateur tranquille : il pense que Dieu a déjà tout fait, et que lui n'a rien à faire.

CHAPITRE XII.

Des lois contre ceux qui se tuent [1] eux-mêmes.

Nous ne voyons point dans les histoires que les Romains se fissent mourir sans sujet : mais les Anglais se tuent sans qu'on puisse imaginer aucune raison qui les y détermine; ils se tuent dans le sein même du bonheur. Cette action, chez les Romains, étoit l'effet de l'éducation; elle tenoit à leur manière de penser et à leurs coutumes : chez les Anglais, elle est l'effet d'une maladie [2]; elle tient à l'état physique de la machine, et est indépendante de toute autre cause.

[1] L'action de ceux qui se tuent eux-mêmes est contraire à la loi naturelle et à la religion révélée.

[2] Elle pourroit bien être compliquée avec le scorbut, qui, surtout dans quelques pays, rend un homme bizarre et insupportable à lui-même. Voyage de François Pirard, part. II, chap. XXI.

Il y a apparence que c'est un défaut de filtration du suc nerveux : la machine, dont les forces motrices se trouvent à tout moment sans action, est lasse d'elle-même; l'âme ne sent point de douleur, mais une certaine difficulté de l'existence. La douleur est un mal local qui nous porte au désir de voir cesser cette douleur; le poids de la vie est un mal qui n'a point de lieu particulier et qui nous porte au désir de voir finir cette vie.

Il est clair que les lois civiles de quelques pays ont eu des raisons pour flétrir l'homicide de soi-même; mais, en Angleterre, on ne peut pas plus le punir qu'on ne punit les effets de la démence.

CHAPITRE XIII.

Effets qui résultent du climat d'Angleterre.

DANS une nation à qui une maladie du climat affecte tellement l'âme, qu'elle pourroit porter le dégoût de toutes choses jusqu'à celui de la vie, on voit bien que le gouvernement qui conviendroit le mieux à des gens à qui tout seroit insupportable, seroit celui où ils ne pourroient pas se prendre à un seul de ce qui causeroit leurs chagrins; et où les lois gouvernant plutôt que les hommes, il faudroit, pour changer l'état, les renverser elles-mêmes.

Que si la même nation avoit encore reçu du climat un certain caractère d'impatience qui ne lui permît pas de souffrir long-temps les mêmes choses, on voit bien que le gouvernement dont nous venons de parler seroit encore le plus convenable.

Ce caractère d'impatience n'est pas grand par lui-même; mais il peut le devenir beaucoup quand il est joint avec le courage.

Il est différent de la légèreté, qui fait que l'on entreprend sans sujet et que l'on abandonne de même. Il approche plus de l'opiniâtreté, parce qu'il vient d'un sentiment des maux, si vif, qu'il ne s'affoiblit pas même par l'habitude de les souffrir.

Ce caractère, dans une nation libre, seroit très-propre à déconcerter les projets de la tyrannie [1], qui est toujours lente et foible dans ses commencemens, comme elle est prompte et vive dans sa fin; qui ne montre d'abord qu'une main pour secourir, et opprime ensuite avec une infinité de bras.

La servitude commence toujours par le som-

[1] Je prends ici ce mot pour le dessein de renverser le pouvoir établi, et surtout la démocratie. C'est la signification que lui donnoient les Grecs et les Romains.

meil. Mais un peuple qui n'a de repos dans aucune situation, qui se tâte sans cesse, et trouve tous les endroits douloureux, ne pourroit guère s'endormir.

La politique est une lime sourde, qui use et qui parvient lentement à sa fin. Or, les hommes dont nous venons de parler ne pourroient soutenir les lenteurs, les détails, le sang-froid des négociations; ils y réussiroient souvent moins que toute autre nation; et ils perdroient par leurs traités ce qu'ils auroient obtenu par leurs armes.

CHAPITRE XIV.

Autres effets du climat.

Nos pères, les anciens Germains, habitoient un climat où les passions étoient très-calmes. Leurs lois ne trouvoient dans les choses que ce qu'elles voyoient, et n'imaginoient rien de plus; et, comme elles jugeoient des insultes faites aux hommes par la grandeur des blessures, elles ne mettoient pas plus de raffinement dans les offenses faites aux femmes. La loi des Allemands [1] est là-dessus fort singuliere. Si l'on découvre une femme à la tête,

[1] Chap. LVIII, § 1 et 2.

on paiera une amende de six sols ; autant si c'est à la jambe jusqu'au genou ; le double depuis le genou. Il semble que la loi mesuroit la grandeur des outrages faits à la personne des femmes comme on mesure une figure de géométrie ; elle ne punissoit point le crime de l'imagination, elle punissoit celui des yeux. Mais lorsque une nation germanique se fut transportée en Espagne, le climat trouva bien d'autres lois. La loi des Wisigoths défendit aux médecins de saigner une femme ingénue qu'en présence de son père ou de sa mère, de son frère, de son fils ou de son oncle. L'imagination des peuples s'alluma, celle des législateurs s'échauffa de même ; la loi soupçonna tout pour un peuple qui pouvoit tout soupçonner.

Ces lois eurent donc une extrême attention sur les deux sexes. Mais il semble que, dans les punitions qu'elles firent, elles songerent plus à flatter la vengeance particulière qu'à exercer la vengeance publique. Ainsi, dans la plupart des cas, elles réduisoient les deux coupables dans la servitude des parens ou du mari offensé. Une femme ingénue [1] qui s'étoit livrée à un homme marié étoit remise dans la puissance de sa femme, pour en disposer à sa volonté. Elles obligeoient les esclaves [2] de lier et de présenter au mari sa femme

---

[1] Lois des Wisigoths, liv. III, tit. 4, § 9.
[2] *Ibid.*, § 6.

qu'ils surprenoient en adultère : elles permettoient à ses enfans[1] de l'accuser et de mettre à la question ses esclaves pour la convaincre. Aussi furent-elles plus propres à raffiner à l'excès un certain point d'honneur qu'à former une bonne police. Et il ne faut pas être étonné si le comte Julien crut qu'un outrage de cette espèce demandoit la perte de sa patrie et de son roi. On ne doit pas être surpris si les Maures, avec une telle conformité de mœurs, trouvèrent tant de facilité à s'établir en Espagne, à s'y maintenir, et à retarder la chute de leur empire.

CHAPITRE XV.

De la différente confiance que les lois ont dans le peuple, selon les climats.

Le peuple japonais a un caractère si atroce que ses législateurs et ses magistrats n'ont pu avoir aucune confiance en lui : ils ne lui ont mis devant les yeux que des juges, des menaces et des châtimens ; ils l'ont soumis, pour chaque démarche, à l'inquisition de la police. Ces lois qui, sur cinq chefs de famille, en établissent un comme magis-

---
[1] Lois des Wisigoths, liv. III, tit. 4, § 13.

trat sur les quatre autres; ces lois qui, pour un seul crime, punissent toute une famille ou tout un quartier; ces lois qui ne trouvent point d'innocens là où il peut y avoir un coupable, sont faites pour que tous les hommes se méfient les uns des autres, pour que chacun recherche la conduite de chacun, et qu'il en soit l'inspecteur, le témoin et le juge.

Le peuple des Indes, au contraire, est doux [1], tendre, compatissant : aussi ses législateurs ont-ils eu une grande confiance en lui. Ils ont établi peu de peines [2], et elles sont peu sévères; elles ne sont pas même rigoureusement exécutées. Ils ont donné les neveux aux oncles, les orphelins aux tuteurs, comme on les donne ailleurs à leurs pères : ils ont réglé la succession par le mérite reconnu du successeur. Il semble qu'ils ont pensé que chaque citoyen devoit se reposer sur le bon naturel des autres.

Ils donnent aisément la liberté à leurs esclaves [3]; ils les marient; ils les traitent comme leurs enfans [4] : heureux climat, qui fait naître

---

[1] Voyez Bernier, tome II, page 140.

[2] Voyez, dans le quatorzième recueil des Lettres édifiantes, page 403, les principales lois ou coutumes des peuples de l'Inde de la presqu'île deçà le Gange.

[3] Lettres édifiantes, neuvième recueil, page 378.

[4] J'avois pensé que la douceur de l'esclavage aux Indes avoit

la candeur des mœurs, et produit la douceur des lois!

fait dire à Diodore qu'il n'y avoit dans ce pays ni maître ni esclave; mais Diodore a attribué à toute l'Inde ce qui, selon Strabon, livre XV, n'étoit propre qu'à une nation particulière.

LIVRE XV.

COMMENT LES LOIS DE L'ESCLAVAGE CIVIL ONT DU RAPPORT AVEC LA NATURE DU CLIMAT.

CHAPITRE I.

De l'esclavage civil.

L'ESCLAVAGE proprement dit est l'établissement d'un droit qui rend un homme tellement propre à un autre homme, qu'il est le maître absolu de sa vie et de ses biens. Il n'est pas bon par sa nature; il n'est utile ni au maître ni à l'esclave : à celui-ci, parce qu'il ne peut rien faire par vertu ; à celui-là, parce qu'il contracte avec ses esclaves toutes sortes de mauvaises habitudes, qu'il s'accoutume insensiblement à manquer à toutes les vertus morales, qu'il devient fier, prompt, dur, colère, voluptueux, cruel.

Dans les pays despotiques, où l'on est déjà sous l'esclavage politique, l'esclavage civil est plus tolérable qu'ailleurs. Chacun y doit être assez content d'y avoir sa subsistance et la vie. Ainsi, la condition de l'esclave n'y est guère plus à charge que la condition du sujet.

Mais, dans le gouvernement monarchique, où il est souverainement important de ne point abattre ou avilir la nature humaine, il ne faut point d'esclaves. Dans la démocratie, où tout le monde est égal, et dans l'aristocratie, où les lois doivent faire leurs efforts pour que tout le monde soit aussi égal que la nature du gouvernement peut le permettre, des esclaves sont contre l'esprit de la constitution ; ils ne servent qu'à donner aux citoyens une puissance et un luxe qu'ils ne doivent point avoir.

CHAPITRE II.

Origine du droit de l'esclavage chez les jurisconsultes romains.

On ne croiroit jamais que c'eût été la pitié qui eût établi l'esclavage, et que pour cela, elle s'y fût prise de trois manières [1].

Le droit des gens a voulu que les prisonniers fussent esclaves, pour qu'on ne les tuât pas. Le droit civil des Romains permit à des débiteurs,

---

[1] Instit. de Justinien, liv. I.

que leurs créanciers pouvoient maltraiter, de se vendre eux-mêmes; et le droit naturel a voulu que des enfans qu'un père esclave ne pouvoit plus nourrir fussent dans l'esclavage comme leur père.

Ces raisons des jurisconsultes ne sont point sensées. 1°. Il est faux qu'il soit permis de tuer dans la guerre, autrement que dans le cas de nécessité : mais dès qu'un homme en a fait un autre esclave, on ne peut pas dire qu'il ait été dans la nécessité de le tuer, puisqu'il ne l'a pas fait. Tout le droit que la guerre peut donner sur les captifs, est de s'assurer tellement de leur personne qu'ils ne puissent plus nuire. Les homicides faits de sang-froid par les soldats, et après la chaleur de l'action, sont rejetés de toutes les nations [1] du monde.

2°. Il n'est pas vrai qu'un homme libre puisse se vendre. La vente suppose un prix : l'esclave se vendant, tous ses biens entreroient dans la propriété du maître; le maître ne donneroit donc rien, et l'esclave ne recevroit rien. Il auroit un pécule, dira-t-on; mais le pécule est accessoire à la personne. S'il n'est pas permis de se tuer, parce qu'on se dérobe à sa patrie, il n'est pas plus permis de se vendre. La liberté de chaque citoyen

---

[1] Si l'on ne veut citer celles qui mangent leurs prisonniers.

est une partie de la liberté publique. Cette qualité, dans l'état populaire, est même une partie de la souveraineté. Vendre sa qualité de citoyen est un ¹ acte d'une telle extravagance, qu'on ne peut pas la supposer dans un homme. Si la liberté a un prix pour celui qui l'achète, elle est sans prix pour celui qui la vend. La loi civile, qui a permis aux hommes le partage des biens, n'a pu mettre au nombre des biens une partie des hommes qui devoient faire ce partage. La loi civile, qui restitue sur les contrats qui contiennent quelque lésion, ne peut s'empêcher de restituer contre un accord qui contient la lésion la plus énorme de toutes.

La troisième manière, c'est la naissance. Celle-ci tombe avec les deux autres. Car, si un homme n'a pu se vendre, encore moins a-t-il pu vendre son fils qui n'étoit pas né : si un prisonnier de guerre ne peut être réduit en servitude, encore moins ses enfans.

Ce qui fait que la mort d'un criminel est une chose licite, c'est que la loi qui le punit a été faite en sa faveur. Un meurtrier, par exemple, a joui de la loi qui le condamne, elle lui a conservé la vie à tous les instants : il ne peut donc pas réclamer contre elle. Il n'en est pas de même de l'es-

---

¹ Je parle de l'esclavage pris à la rigueur, tel qu'il étoit chez les Romains, et qu'il est établi dans nos colonies.

clave : la loi de l'esclavage n'a jamais pu lui être utile ; elle est, dans tous les cas, contre lui, sans jamais être pour lui ; ce qui est contraire au principe fondamental de toutes les sociétés.

On dira qu'elle a pu lui être utile, parce que le maître lui a donné la nourriture. Il faudroit donc réduire l'esclavage aux personnes incapables de gagner leur vie. Mais on ne veut pas de ces esclaves-là. Quant aux enfans, la nature, qui a donné du lait aux mères, a pourvu à leur nourriture ; et le reste de leur enfance est si près de l'âge où est en eux la plus grande capacité de se rendre utiles, qu'on ne pourroit pas dire que celui qui les nourriroit pour être leur maître donnât rien.

L'esclavage est d'ailleurs aussi opposé au droit civil qu'au droit naturel. Quelle loi civile pourroit empêcher un esclave de fuir, lui qui n'est point dans la société, et que par conséquent aucunes lois civiles ne concernent? Il ne peut être retenu que par une loi de famille, c'est-à-dire par la loi du maître.

CHAPITRE III.

Autre origine du droit de l'esclavage.

J'aimerois autant dire que le droit de l'esclavage vient du mépris qu'une nation conçoit pour une autre, fondé sur la différence des coutumes.

Lopès de Gama [1] dit « que les Espagnols trou-
« vèrent, près de Sainte-Marthe, des paniers où
« les habitans avoient des denrées ; c'étoient des
« cancres, des limaçons, des cigales, des saute-
« relles. Les vainqueurs en firent un crime aux
« vaincus. » L'auteur avoue que c'est là-dessus qu'on fonda le droit qui rendoit les Américains esclaves des Espagnols ; outre qu'ils fumoient du tabac, et qu'ils ne se faisoient pas la barbe à l'espagnole.

Les connoissances rendent les hommes doux ; la raison porte à l'humanité : il n'y a que les préjugés qui y fassent renoncer.

---

[1] Biblioth. Angl., tome XIII, deuxième partie, art. 3.

CHAPITRE IV.

Autre origine du droit de l'esclavage.

J'aimerois autant dire que la religion donne à ceux qui la professent un droit de réduire en servitude ceux qui ne la professent pas, pour travailler plus aisément à sa propagation.

Ce fut cette manière de penser qui encouragea les destructeurs de l'Amérique dans leurs crimes [1]. C'est sur cette idée qu'ils fondèrent le droit de rendre tant de peuples esclaves ; car ces brigands, qui vouloient absolument être brigands et chrétiens, étoient très-dévots.

Louis XIII [2] se fit une peine extrême de la loi qui rendoit esclaves les nègres de ses colonies : mais quand on lui eut bien mis dans l'esprit que c'étoit la voie la plus sûre pour les convertir, il y consentit.

---

[1] Voyez l'Histoire de la conquête du Mexique, par Solis; et celle du Pérou, par Garcilasso de La Vega.

[2] Le P. Labat, Nouveaux Voyages aux îles de l'Amérique, tome IV, page 114, an 1722, in-12.

CHAPITRE V.

De l'esclavage des nègres.

Si j'avois à soutenir le droit que nous avons eu de rendre les nègres esclaves, voici ce que je dirois :

Les peuples d'Europe ayant exterminé ceux de l'Amérique, ils ont dû mettre en esclavage ceux de l'Afrique, pour s'en servir à défricher tant de terres.

Le sucre seroit trop cher si l'on ne faisoit travailler la plante qui le produit par des esclaves.

Ceux dont il s'agit sont noirs depuis les pieds jusqu'à la tête ; et ils ont le nez si écrasé qu'il est presque impossible de les plaindre.

On ne peut se mettre dans l'esprit que Dieu, qui est un être très-sage, ait mis une âme, surtout une âme bonne, dans un corps tout noir.

Il est si naturel de penser que c'est la couleur qui constitue l'essence de l'humanité, que les peuples d'Asie, qui font des eunuques, privent toujours les noirs du rapport qu'ils ont avec nous d'une façon plus marquée.

On peut juger de la couleur de la peau par celle des cheveux, qui, chez les Égyptiens, les meilleurs philosophes du monde, étoit d'une si grande conséquence, qu'ils faisoient mourir tous les hommes roux qui leur tomboient entre les mains.

Une preuve que les nègres n'ont pas le sens commun, c'est qu'ils font plus de cas d'un collier de verre que de l'or, qui, chez les nations policées, est d'une si grande conséquence.

Il est impossible que nous supposions que ces gens-là soient des hommes, parce que, si nous les supposions des hommes, on commenceroit à croire que nous ne sommes pas nous-mêmes chrétiens.

De petits esprits exagèrent trop l'injustice que l'on fait aux Africains : car, si elle étoit telle qu'ils le disent, ne seroit-il pas venu dans la tête des princes d'Europe, qui font entre eux tant de conventions inutiles, d'en faire une générale en faveur de la miséricorde et de la pitié?

CHAPITRE VI.

Véritable origine du droit de l'esclavage.

Il est temps de chercher la vraie origine du droit de l'esclavage. Il doit être fondé sur la nature des choses : voyons s'il y a des cas où il en dérive.

Dans tout gouvernement despotique, on a une grande facilité à se vendre : l'esclavage politique y anéantit en quelque façon la liberté civile.

M. Perry [1] dit que les Moscovites se vendent très-aisément. J'en sais bien la raison; c'est que leur liberté ne vaut rien.

A Achim, tout le monde cherche à se vendre. Quelques-uns des principaux seigneurs [2] n'ont pas moins de mille esclaves, qui sont des principaux marchands, qui ont aussi beaucoup d'esclaves sous eux; et ceux-ci beaucoup d'autres : on en hérite et on les fait trafiquer. Dans ces états, les hommes libres, trop foibles contre le gouvernement, cherchent à devenir les esclaves de ceux qui tyrannisent le gouvernement.

C'est là l'origine juste, et conforme à la raison, de ce droit d'esclavage très-doux que l'on trouve dans quelques pays; et il doit être doux, parce qu'il est fondé sur le choix libre qu'un homme, pour son utilité, se fait d'un maître; ce qui forme une convention réciproque entre les deux parties.

---

[1] État présent de la Grande-Russie, par Jean Perry; Paris, 1717, in-12.

[2] Nouveau Voyage autour du monde, par Guillaume Dampierre, tome II; Amsterdam, 1711.

CHAPITRE VII.

Autre origine du droit de l'esclavage.

Voici une autre origine du droit de l'esclavage, et même de cet esclavage cruel que l'on voit parmi les hommes.

Il y a des pays où la chaleur énerve le corps, et affoiblit si fort le courage, que les hommes ne sont portés à un devoir pénible que par la crainte du châtiment : l'esclavage y choque donc moins la raison ; et le maître y étant aussi lâche à l'égard de son prince, que son esclavage l'est à son égard, l'esclavage civil y est encore accompagné de l'esclavage politique.

Aristote[1] veut prouver qu'il y a des esclaves par nature ; et ce qu'il dit ne le prouve guère. Je crois que, s'il y en a de tels, ce sont ceux dont je viens de parler.

Mais, comme tous les hommes naissent égaux, il faut dire que l'esclavage est contre la nature, quoique dans certains pays il soit fondé sur une raison naturelle ; et il faut bien distinguer ces pays d'avec ceux où les raisons naturelles même

---

[1] Politique, liv. I, chap. 1.

le rejettent, comme les pays d'Europe, où il a été si heureusement aboli.

Plutarque nous dit, dans la vie de Numa, que, du temps de Saturne, il n'y avoit ni maître, ni esclave. Dans nos climats, le christianisme a ramené cet âge.

CHAPITRE VIII.

Inutilité de l'esclavage parmi nous.

Il faut donc borner la servitude naturelle à de certains pays particuliers de la terre. Dans tous les autres, il me semble que, quelque pénibles que soient les travaux que la société y exige, on peut tout faire avec des hommes libres.

Ce qui me fait penser ainsi, c'est qu'avant que le christianisme eût aboli en Europe la servitude civile, on regardoit les travaux des mines comme si pénibles, qu'on croyoit qu'ils ne pouvoient être faits que par des esclaves ou par des criminels. Mais on sait qu'aujourd'hui les hommes qui y sont employés vivent heureux [1]. On a, par de

[1] On peut se faire instruire de ce qui se passe à cet égard dans les mines du Hartz dans la basse Allemagne, et dans celles de Hongrie.

petits priviléges, encouragé cette profession ; on a joint à l'augmentation du travail celle du gain ; et on est parvenu à leur faire aimer leur condition plus que toute autre qu'ils eussent pu prendre.

Il n'y a point de travail si pénible qu'on ne puisse proportionner à la force de celui qui le fait, pourvu que ce soit la raison et non pas l'avarice qui le règle. On peut, par la commodité des machines que l'art invente ou applique, suppléer au travail forcé qu'ailleurs on fait faire aux esclaves. Les mines des Turcs, dans le bannat de Témeswar, étoient plus riches que celles de Hongrie ; et elles ne produisoient pas tant, parce qu'ils n'imaginoient jamais que les bras de leurs esclaves.

Je ne sais si c'est l'esprit ou le cœur qui me dicte cet article-ci. Il n'y a peut-être pas de climat sur la terre où l'on ne pût engager au travail des hommes libres. Parce que les lois étoient mal faites, on a trouvé des hommes paresseux ; parce que ces hommes étoient paresseux, on les a mis dans l'esclavage.

CHAPITRE IX.

Des nations chez lesquelles la liberté civile est généralement établie.

On entend dire tous les jours qu'il seroit bon que parmi nous il y eût des esclaves.

Mais, pour bien juger de ceci, il ne faut pas examiner s'ils seroient utiles à la petite partie riche et voluptueuse de chaque nation; sans doute qu'ils lui seroient utiles; mais, prenant un autre point de vue, je ne crois pas qu'aucun de ceux qui la composent voulût tirer au sort pour savoir qui devroit former la partie de la nation qui seroit libre, et celle qui seroit esclave. Ceux qui parlent le plus pour l'esclavage l'auroient le plus en horreur, et les hommes les plus misérables en auroient horreur de même. Le cri pour l'esclavage est donc le cri du luxe et de la volupté, et non pas celui de l'amour de la félicité publique. Qui peut douter que chaque homme, en particulier, ne fût très-content d'être le maître des biens, de l'honneur, et de la vie des autres; et que toutes ses passions ne se réveillassent d'abord à cette idée? Dans ces choses, voulez-vous savoir si les désirs de chacun sont légitimes, examinez les désirs de tous.

CHAPITRE X.

Diverses espèces d'esclavage.

Il y a deux sortes de servitude, la réelle et la personnelle. La réelle est celle qui attache l'esclave au fonds de terre. C'est ainsi qu'étoient les esclaves chez les Germains, au rapport de Tacite [1]. Ils n'avoient point d'office dans la maison; ils rendoient à leur maître une certaine quantité de blé, de bétail, ou d'étoffe : l'objet de leur esclavage n'alloit pas plus loin. Cette espèce de servitude est encore établie en Hongrie, en Bohême, et dans plusieurs endroits de la basse Allemagne.

La servitude personnelle regarde le ministère de la maison, et se rapporte plus à la personne du maître.

L'abus extrême de l'esclavage est lorsqu'il est, en même temps, personnel et réel. Telle étoit la servitude des Ilotes chez les Lacédémoniens; ils étoient soumis à tous les travaux hors de la maison, et à toutes sortes d'insultes dans la maison

---

[1] *De moribus Germanorum*, § 23.

cette ilotie est contre la nature des choses. Les peuples simples n'ont qu'un esclavage réel [1], parce que leurs femmes et leurs enfans font les travaux domestiques. Les peuples voluptueux ont un esclavage personnel, parce que le luxe demande le service des esclaves dans la maison. Or, l'ilotie joint, dans les mêmes personnes, l'esclavage établi chez les peuples voluptueux, et celui qui est établi chez les peuples simples.

CHAPITRE XI.

Ce que les lois doivent faire par rapport à l'esclavage.

Mais, de quelque nature que soit l'esclavage, il faut que les lois civiles cherchent à en ôter, d'un côté les abus, et de l'autre les dangers.

CHAPITRE XII.

Abus de l'esclavage.

Dans les états mahométans [2], on est non-seu-

---

[1] Vous ne pourriez (dit Tacite) distinguer le maître de l'esclave par les délices de la vie. *De mor. Germ.*, § 20.

[2] Voyez Chardin, Voyage de Perse.

lement maître de la vie et des biens des femmes esclaves, mais encore de ce qu'on appelle leur vertu ou leur honneur. C'est un des malheurs de ce pays, que la plus grande partie de la nation n'y soit faite que pour servir à la volupté de l'autre. Cette servitude est récompensée par la paresse dont on fait jouir de pareils esclaves; ce qui est encore pour l'état un nouveau malheur.

C'est cette paresse qui rend les sérails d'Orient[1] des lieux de délices pour ceux mêmes contre qui ils sont faits. Des gens qui ne craignent que le travail peuvent trouver leur bonheur dans ces lieux tranquilles. Mais on voit que par-là on choque même l'esprit de l'établissement de l'esclavage.

La raison veut que le pouvoir du maître ne s'étende point au delà des choses qui sont de son service : il faut que l'esclavage soit pour l'utilité, et non pas pour la volupté. Les lois de la pudicité sont du droit naturel, et doivent être senties par toutes les nations du monde.

Que si la loi qui conserve la pudicité des esclaves est bonne dans les états où le pouvoir sans bornes se joue de tout, combien le sera-t-elle dans les monarchies? combien le sera-t-elle dans les états républicains?

Il y a une disposition de la loi[2] des Lombards,

[1] Chardin, tome II, dans sa description du marché d'Izagour.
[2] Liv. I, tit. 32, § 5.

qui paroît bonne pour tous les gouvernemens. « Si un maître débauche la femme de son esclave, « ceux-ci seront tous deux libres. » Tempérament admirable pour prévenir et arrêter, sans trop de rigueur, l'incontinence des maîtres.

Je ne vois pas que les Romains aient eu, à cet égard, une bonne police. Ils lâchèrent la bride à l'incontinence des maîtres; ils privèrent même, en quelque façon, leurs esclaves du droit des mariages. C'étoit la partie de la nation la plus vile : mais, quelque vile qu'elle fût, il étoit bon qu'elle eût des mœurs : et, de plus, en lui ôtant les mariages, on corrompoit ceux des citoyens.

CHAPITRE XIII.

Danger du grand nombre d'esclaves.

LE grand nombre d'esclaves a des effets différens dans les divers gouvernemens. Il n'est point à charge dans le gouvernement despotique; l'esclavage politique, établi dans le corps de l'état, fait que l'on sent peu l'esclavage civil. Ceux que l'on appelle hommes libres ne le sont guère plus que ceux qui n'y ont pas ce titre; et ceux-ci, en qualité d'eunuques, d'affranchis, ou d'esclaves.

ayant en main presque toutes les affaires, la condition d'un homme libre et celle d'un esclave se touchent de fort près. Il est donc presque indifférent que peu ou beaucoup de gens y vivent dans l'esclavage.

Mais, dans les états modérés, il est très-important qu'il n'y ait point trop d'esclaves. La liberté politique y rend précieuse la liberté civile; et celui qui est privé de cette dernière est encore privé de l'autre. Il voit une société heureuse dont il n'est pas même partie; il trouve la sûreté établie pour les autres, et non pas pour lui; il sent que son maître a une âme qui peut s'agrandir, et que la sienne est contrainte de s'abaisser sans cesse. Rien ne met plus près de la condition des bêtes que de voir toujours des hommes libres, et de ne l'être pas. De telles gens sont des ennemis naturels de la société; et leur nombre seroit dangereux.

Il ne faut donc pas être étonné que, dans les gouvernemens modérés, l'état ait été si troublé par la révolte des esclaves, et que cela soit arrivé si rarement [1] dans les états despotiques.

---

[1] La révolte des Mamelouks étoit un cas particulier : c'étoit un corps de milice qui usurpa l'empire.

CHAPITRE XIV.

Des esclaves armés.

Il est moins dangereux dans la monarchie d'armer les esclaves que dans les républiques. Là, un peuple guerrier, un corps de noblesse, contiendront assez ces esclaves armés. Dans la république, des hommes uniquement citoyens ne pourront guère contenir des gens qui, ayant les armes à la main, se trouveront égaux aux citoyens.

Les Goths, qui conquirent l'Espagne, se répandirent dans le pays, et bientôt se trouvèrent très-foibles. Ils firent trois réglemens considérables : ils abolirent l'ancienne coutume qui leur défendoit de [1] s'allier par mariage avec les Romains; ils établirent que tous les affranchis [2] du fisc iroient à la guerre, sous peine d'être réduits en servitude; ils ordonnèrent que chaque Goth mèneroit à la guerre et armeroit la dixième [3] partie de ses esclaves. Ce nombre étoit peu considérable en comparaison de ceux qui restoient. De plus, ces esclaves

---

[1] Lois des Wisigoths, liv. III, tit. 1, § 1.
[2] *Ibid.*, liv. V, tit. 7, § 20.
[3] *Ibid.*, liv. IX, tit. 1, § 9.

menés à la guerre par leur maître ne faisoient pas un corps séparé ; ils étoient dans l'armée, et restoient, pour ainsi dire, dans la famille.

CHAPITRE XV.

Continuation du même sujet.

QUAND toute la nation est guerrière, les esclaves armés sont encore moins à craindre.

Par la loi des Allemands, un esclave qui voloit[1] une chose qui avoit été déposée étoit soumis à la peine qu'on auroit infligée à un homme libre : mais s'il l'enlevoit par[2] violence, il n'étoit obligé qu'à la restitution de la chose enlevée. Chez les Allemands, les actions qui avoient pour principe le courage et la force n'étoient point odieuses. Ils se servoient de leurs esclaves dans leurs guerres. Dans la plupart des républiques, on a toujours cherché à abattre le courage des esclaves : le peuple allemand, sûr de lui-même, songeoit à augmenter l'audace des siens ; toujours armé, il ne craignoit rien d'eux ; c'étoient des instrumens de ses brigandages ou de sa gloire.

[1] Lois des Allemands, chap. v, § 3.
[2] *Ibid.*, chap. v, § 5, *per virtutem.*

CHAPITRE XVI.

Précautions à prendre dans le gouvernement modéré.

L'humanité que l'on aura pour les esclaves pourra prévenir dans l'état modéré les dangers que l'on pourroit craindre de leur trop grand nombre. Les hommes s'accoutument à tout, et à la servitude même, pourvu que le maître ne soit pas plus dur que la servitude. Les Athéniens traitoient leurs esclaves avec une grande douceur : on ne voit point qu'ils aient troublé l'état à Athènes, comme ils ébranlèrent celui de Lacédémone.

On ne voit point que les premiers Romains aient eu des inquiétudes à l'occasion de leurs esclaves. Ce fut lorsqu'ils eurent perdu pour eux tous les sentimens de l'humanité, que l'on vit naître ces guerres civiles qu'on a comparées aux guerres puniques [1].

Les nations simples, et qui s'attachent elles-mêmes au travail, ont ordinairement plus de douceur pour leurs esclaves que celles qui y ont renoncé. Les premiers Romains vivoient, tra-

---

[1] « La Sicile, dit Florus, plus cruellement dévastée par la « guerre servile que par la guerre punique. » Liv. III, c. XIX.

vailloient et mangeoient avec leurs esclaves : ils avoient pour eux beaucoup de douceur et d'équité; la plus grande peine qu'ils leur infligeassent étoit de les faire passer devant leurs voisins avec un morceau de bois fourchu sur le dos. Les mœurs suffisoient pour maintenir la fidélité des esclaves; il ne falloit point de lois.

Mais, lorsque les Romains se furent agrandis, que leurs esclaves ne furent plus les compagnons de leur travail, mais les instrumens de leur luxe et de leur orgueil, comme il n'y avoit point de mœurs, on eut besoin de lois. Il en fallut même de terribles pour établir la sûreté de ces maîtres cruels qui vivoient au milieu de leurs esclaves comme au milieu de leurs ennemis.

On fit le sénatus-consulte Sillanien, et d'autres lois [1] qui établirent que lorsqu'un maître seroit tué, tous les esclaves qui étoient sous le même toit, ou dans un lieu assez près de la maison pour qu'on pût entendre la voix d'un homme, seroient sans distinction condamnés à la mort. Ceux qui dans ce cas réfugioient un esclave pour le sauver étoient punis comme meurtriers [2]. Celui-là même à qui son maître auroit ordonné [3] de le tuer, et

[1] Voyez tout le titre *de senat. consult. Sillan.*, ff.
[2] Leg. *si quis*, § 12, ff. *de senat. consult. Sillan.*
[3] Quand Antoine commanda à Éros de le tuer, ce n'étoit point lui commander de le tuer, mais de se tuer lui-même, puisque, s'il lui eût obéi, il auroit été puni comme meurtrier de son maître.

qui lui auroit obéi, auroit été coupable : celui qui ne l'auroit point empêché de se tuer lui-même auroit été puni[1]. Si un maître avoit été tué dans un voyage, on faisoit mourir[2] ceux qui étoient restés avec lui, et ceux qui s'étoient enfuis. Toutes ces lois avoient lieu contre ceux mêmes dont l'innocence étoit prouvée. Elles avoient pour objet de donner aux esclaves, pour leur maître, un respect prodigieux. Elles n'étoient pas dépendantes du gouvernement civil, mais d'un vice ou d'une imperfection du gouvernement civil. Elles ne dérivoient point de l'équité des lois civiles, puisqu'elles étoient contraires aux principes des lois civiles. Elles étoient proprement fondées sur le principe de la guerre, à cela près que c'étoit dans le sein de l'état qu'étoient les ennemis. Le sénatus-consulte Sillanien dérivoit du droit des gens, qui veut qu'une société, même imparfaite, se conserve.

C'est un malheur du gouvernement lorsque la magistrature se voit contrainte de faire ainsi des lois cruelles. C'est parce qu'on a rendu l'obéissance difficile que l'on est obligé d'aggraver la peine de la désobéissance, ou de soupçonner la fidélité. Un législateur prudent prévient le mal-

---

[1] Leg. I, § 22, ff. *de senat. consult. Sillan.*
[2] Leg. I, §. 31, ff. *ibid.*

heur de devenir un législateur terrible. C'est parce que les esclaves ne purent avoir chez les Romains de confiance dans la loi, que la loi ne put avoir de confiance en eux.

CHAPITRE XVII.

Réglemens à faire entre le maître et les esclaves.

Le magistrat doit veiller à ce que l'esclave ait sa nourriture et son vêtement : cela doit être réglé par la loi.

Les lois doivent avoir attention qu'ils soient soignés dans leurs maladies et dans leur vieillesse. Claude[1] ordonna que les esclaves qui auroient été abandonnés par leurs maîtres étant malades, seroient libres s'ils échappoient. Cette loi assuroit leur liberté ; il auroit encore fallu assurer leur vie.

Quand la loi permet au maître d'ôter la vie à son esclave, c'est un droit qu'il doit exercer comme juge, et non pas comme maître : il faut que la loi ordonne des formalités qui ôtent le soupçon d'une action violente.

Lorsqu'à Rome il ne fut plus permis aux pères de faire mourir leurs enfans, les magistrats infli-

[1] Xiphilin, *in Claudio*.

gèrent¹ la peine que le père vouloit prescrire. Un usage pareil entre le maître et les esclaves seroit raisonnable dans les pays où les maîtres ont droit de vie et de mort.

La loi de Moïse étoit bien rude. « Si quelqu'un « frappe son esclave, et qu'il meure sous sa main, « il sera puni ; mais, s'il survit un jour ou deux, « il ne le sera pas, parce que c'est son argent. » Quel peuple, que celui où il falloit que la loi civile se relâchât de la loi naturelle.

Par une loi des Grecs², les esclaves trop rudement traités par leurs maîtres pouvoient demander d'être vendus à un autre. Dans les derniers temps, il y eut à Rome une pareille loi³. Un maître irrité contre son esclave, et un esclave irrité contre son maître, doivent être séparés.

Quand un citoyen maltraite l'esclave d'un autre, il faut que celui-ci puisse aller devant le juge. Les lois de Platon⁴ et de la plupart des peuples ôtent aux esclaves la défense naturelle : il faut donc leur donner la défense civile.

A Lacédémone, les esclaves ne pouvoient avoir aucune justice contre les insultes, ni contre les

¹ Voyez la loi III, au code *de patriâ potestate*, qui est de l'empereur Alexandre.

² Plutarque, de la superstition.

³ Voyez la constitution d'Antonin Pie, *instit.* liv. I, tit. 7.

⁴ Liv. IX.

injures. L'excès de leur malheur étoit tel qu'ils n'étoient pas seulement esclaves d'un citoyen, mais encore du public; ils appartenoient à tous et à un seul. A Rome, dans le tort fait à un esclave, on ne considéroit que [1] l'intérêt du maître. On confondoit, sous l'action de la loi Aquilienne, la blessure faite à une bête et celle faite à un esclave; on n'avoit attention qu'à la diminution de leur prix. A Athènes [2], on punissoit sévèrement, quelquefois même de mort, celui qui avoit maltraité l'esclave d'un autre. La loi d'Athènes, avec raison, ne vouloit point ajouter la perte de la sûreté à celle de la liberté.

CHAPITRE XVIII.

Des affranchissemens.

On sent bien que quand, dans le gouvernement républicain, on a beaucoup d'esclaves, il faut en affranchir beaucoup. Le mal est que si on a trop d'esclaves, ils ne peuvent être contenus; si l'on a

[1] Ce fut encore souvent l'esprit des lois des peuples qui sortirent de la Germanie, comme on le peut voir dans leurs codes.

[2] Démosthène, *orat. contra Midiam*, page 610, édition de Francfort, de l'an 1604.

trop d'affranchis, ils ne peuvent pas vivre, et ils deviennent à charge à la république; outre que celle-ci peut être également en danger de la part d'un trop grand nombre d'affranchis et de la part d'un trop grand nombre d'esclaves. Il faut donc que les lois aient l'œil sur ces deux inconvéniens.

Les diverses lois et les sénatus-consultes qu'on fit à Rome pour et contre les esclaves, tantôt pour gêner, tantôt pour faciliter les affranchissemens, font bien voir l'embarras où l'on se trouva à cet égard. Il y eut même des temps où l'on n'osa pas faire des lois. Lorsque, sous Néron [1], on demanda au sénat qu'il fût permis aux patrons de remettre en servitude les affranchis ingrats, l'empereur écrivit qu'il falloit juger les affaires particulières, et ne rien statuer de général.

Je ne saurois guère dire quels sont les réglemens qu'une bonne république doit faire là-dessus; cela dépend trop des circonstances. Voici quelques réflexions.

Il ne faut pas faire tout à coup et par une loi générale un nombre considérable d'affranchissemens. On sait que, chez les Volsiniens [2], les affranchis, devenus maîtres des suffrages, firent une abominable loi qui leur donnoit le droit de cou-

---

[1] Tacite, Annales, liv. XIII, § 27.
[2] Supplément de Freinshemius, décade II, liv. V.

cher les premiers avec les filles qui se marioient à des ingénus.

Il y a diverses manières d'introduire insensiblement de nouveaux citoyens dans la république. Les lois peuvent favoriser le pécule, et mettre les esclaves en état d'acheter leur liberté. Elles peuvent donner un terme à la servitude, comme celles de Moïse, qui avoient borné à six ans celle des esclaves hébreux[1]. Il est aisé d'affranchir toutes les années un certain nombre d'esclaves parmi ceux qui, par leur âge, leur santé, leur industrie, auront le moyen de vivre. On peut même guérir le mal dans sa racine : comme le grand nombre d'esclaves est lié aux divers emplois qu'on leur donne, transporter aux ingénus une partie de ces emplois, par exemple, le commerce ou la navigation, c'est diminuer le nombre des esclaves.

Lorsqu'il y a beaucoup d'affranchis, il faut que les lois civiles fixent ce qu'ils doivent à leur patron, ou que le contrat d'affranchissement fixe ces devoirs pour elles.

On sent que leur condition doit être plus favorisée dans l'état civil que dans l'état politique; parce que, dans le gouvernement même populaire, la puissance ne doit point tomber entre les mains du bas peuple.

---

[1] Exod. chap. XXI, v. 2.

A Rome, où il y avoit tant d'affranchis, les lois politiques furent admirables à leur égard. On leur donna peu, et on ne les exclut presque de rien. Ils eurent bien quelque part à la législation; mais ils n'influoient presque point dans les résolutions qu'on pouvoit prendre. Ils pouvoient avoir part aux charges et au sacerdoce même [1]; mais ce privilége étoit en quelque façon rendu vain par les désavantages qu'ils avoient dans les élections. Ils avoient droit d'entrer dans la milice; mais, pour être soldat, il falloit un certain cens. Rien n'empêchoit les affranchis [2] de s'unir par mariage avec les familles ingénues; mais il ne leur étoit pas permis de s'allier avec celles des sénateurs. Enfin, leurs enfans étoient ingénus, quoiqu'ils ne le fussent pas eux-mêmes.

CHAPITRE XIX.

Des affranchis et des eunuques.

Ainsi, dans le gouvernement de plusieurs, il est souvent utile que la condition des affranchis soit peu au-dessous de celles des ingénus, et que les lois travaillent à leur ôter le dégoût de leur con-

[1] Tacite, Annales, liv. III, § 71.
[2] Harangue d'Auguste, dans Dion, liv. LVI.

dition. Mais, dans le gouvernement d'un seul, lorsque le luxe et le pouvoir arbitraire règnent, on n'a rien à faire à cet égard. Les affranchis se trouvent presque toujours au-dessus des hommes libres : ils dominent à la cour du prince et dans les palais des grands ; et, comme ils ont étudié les foiblesses de leur maître, et non pas ses vertus, ils le font régner, non pas par ses vertus, mais par ses foiblesses. Tels étoient à Rome les affranchis du temps des empereurs.

Lorsque les principaux esclaves sont eunuques, quelque privilége qu'on leur accorde, on ne peut guère les regarder comme les affranchis. Car, comme ils ne peuvent avoir de famille, ils sont par leur nature attachés à une famille; et ce n'est que par une espèce de fiction qu'on peut les considérer comme citoyens.

Cependant il y a des pays où on leur donne toutes les magistratures. « Au Tonquin, dit Dampier [1], tous les mandarins civils et militaires sont eunuques [2]. » Ils n'ont point de famille; et, quoiqu'ils soient naturellement avares, le maître ou le prince profitent à la fin de leur avarice même.

---

[1] Tome III, page 91.

[2] C'étoit autrefois de même à la Chine. Les deux Arabes mahométans qui y voyagèrent au neuvième siècle disent l'*eunuque* quand ils veulent parler du gouverneur d'une ville.

Le même Dampier[1] nous dit que, dans ce pays, les eunuques ne peuvent se passer de femmes, et qu'ils se marient. La loi qui leur permet le mariage ne peut être fondée d'un côté que sur la considération que l'on y a pour de pareilles gens, et de l'autre sur le mépris qu'on y a pour les femmes.

Ainsi l'on confie à ces gens-là les magistratures, parce qu'ils n'ont point de famille; et, d'un autre côté, on leur permet de se marier, parce qu'ils ont les magistratures.

C'est pour lors que les sens qui restent veulent obstinément suppléer à ceux que l'on a perdus, et que les entreprises du désespoir sont une espèce de jouissance. Ainsi, dans Milton, cet esprit à qui il ne reste que des désirs, pénétré de sa dégradation, veut faire usage de son impuissance même.

On voit dans l'histoire de la Chine un grand nombre de lois pour ôter aux eunuques tous les emplois civils et militaires : mais ils reviennent toujours. Il semble que les eunuques, en Orient, soient un mal nécessaire.

[1] Tome III, page 94.

LIVRE XVI.

COMMENT LES LOIS DE L'ESCLAVAGE DOMESTIQUE ONT DU RAPPORT AVEC LA NATURE DU CLIMAT.

CHAPITRE I.

De la servitude domestique.

Les esclaves sont plutôt établis pour la famille qu'ils ne sont dans la famille. Ainsi je distinguerai leur servitude de celle où sont les femmes dans quelques pays, et que j'appellerai proprement la servitude domestique.

CHAPITRE II.

Que, dans les pays du midi, il y a dans les deux sexes une inégalité naturelle.

Les femmes sont nubiles, dans les climats chauds, à huit, neuf, et dix ans : ainsi l'enfance et le mariage y vont presque toujours ensemble [1].

[1] Mahomet épousa Cadhisja à cinq ans, coucha avec elle à huit.

Elles sont vieilles à vingt : la raison ne se trouve donc jamais chez elles avec la beauté. Quand la beauté demande l'empire, la raison le fait refuser; quand la raison pourroit l'obtenir, la beauté n'est plus. Les femmes doivent être dans la dépendance; car la raison ne peut leur procurer dans leur vieillesse un empire que la beauté ne leur avoit pas donné dans la jeunesse même. Il est donc très-simple qu'un homme, lorsque la religion ne s'y oppose pas, quitte sa femme pour en prendre une autre, et que la polygamie s'introduise.

Dans les pays tempérés, où les agrémens des femmes se conservent mieux, où elles sont plus tard nubiles, et où elles ont des enfans dans un âge plus avancé, la vieillesse de leur mari suit en quelque façon la leur; et, comme elles y ont plus de raison et de connoissance quand elles se marient, ne fût-ce que parce qu'elles ont plus long-temps vécu, il a dû naturellement s'introduire une espèce d'égalité dans les deux sexes, et par conséquent la loi d'une seule femme.

Dans les pays froids, l'usage presque nécessaire des boissons fortes établit l'intempérance parmi

---

Dans les pays chauds d'Arabie et des Indes, les filles y sont nubiles à huit ans, et accouchent l'année d'après. Prideaux, Vie de Mahomet. On voit des femmes, dans les royaumes d'Alger, enfanter à neuf, dix, et onze ans. Laugier de Tassis, Histoire du royaume d'Alger, page 61.

les hommes. Les femmes, qui ont à cet égard une retenue naturelle, parce qu'elles ont toujours à se défendre, ont donc encore l'avantage de la raison sur eux.

La nature, qui a distingué les hommes par la force et par la raison, n'a mis à leur pouvoir de terme que celui de cette force et de cette raison. Elle a donné aux femmes les agrémens, et a voulu que leur ascendant finît avec ces agrémens; mais, dans les pays chauds, ils ne se trouvent que dans les commencemens, et jamais dans le cours de leur vie.

Ainsi la loi qui ne permet qu'une femme se rapporte plus au physique du climat de l'Europe qu'au physique du climat de l'Asie. C'est une des raisons qui a fait que le mahométisme a trouvé tant de facilité à s'établir en Asie, et tant de difficulté à s'étendre en Europe; que le christianisme s'est maintenu en Europe, et a été détruit en Asie; et qu'enfin les mahométans font tant de progrès à la Chine, et les chrétiens si peu. Les raisons humaines sont toujours subordonnées à cette cause suprême, qui fait tout ce qu'elle veut, et se sert de tout ce qu'elle veut.

Quelques raisons particulières à Valentinien [1]

---

[1] Voyez Jornandès *de regno et tempor. succes.*, et les historiens ecclésiastiques.

lui firent permettre la polygamie dans l'empire. Cette loi violente pour nos climats fut ôtée[1] par Théodose, Arcadius, et Honorius.

CHAPITRE III.

Que la pluralité des femmes dépend beaucoup de leur entretien.

Quoique dans les pays où la polygamie est une fois établie, le grand nombre des femmes dépende beaucoup des richesses du mari, cependant on ne peut pas dire que ce soient les richesses qui fassent établir dans un état la polygamie : la pauvreté peut faire le même effet, comme je le dirai en parlant des sauvages.

La polygamie est moins un luxe que l'occasion d'un grand luxe chez des nations puissantes. Dans les climats chauds, on a moins de besoins[2] : il en coûte moins pour entretenir une femme et des enfans. On y peut donc avoir un plus grand nombre de femmes.

[1] Voyez la loi VII, au code *de judæis et cælicolis*, et la novelle XVII, chap. v.

[2] A Ceylan, un homme vit pour dix sous par mois; on n'y mange que du riz et du poisson. Recueil des voyages qui ont servi à l'établissement de la compagnie des Indes, tome II, partie I.

CHAPITRE IV.

De la polygamie; ses diverses circonstances.

Suivant les calculs que l'on fait en divers endroits de l'Europe, il y naît plus de garçons que de filles [1] : au contraire, les relations de l'Asie [2] et de l'Afrique [3] nous disent qu'il y naît beaucoup plus de filles que de garçons. La loi d'une seule femme en Europe, et celle qui en permet plusieurs en Asie et en Afrique, ont donc un certain rapport au climat.

Dans les climats froids de l'Asie, il naît, comme en Europe, plus de garçons que de filles. C'est, disent les Lamas [4], la raison de la loi qui, chez eux, permet à une femme d'avoir plusieurs maris [5].

---

[1] M. Arbutnot trouve qu'en Angleterre le nombre des garçons excède celui des filles : on a eu tort d'en conclure que ce fut la même chose dans tous les climats.

[2] Voyez Kempfer, qui nous rapporte un dénombrement de Méaco, où l'on trouve 182,072 mâles, et 223,573 femelles.

[3] Voyez le Voyage de Guinée de M. Smith, partie II, sur le pays d'Anté.

[4] Duhalde, Mémoires de la Chine, tome IV, page 46.

[5] Albuzéir-el-Hassen, un des deux mahométans Arabes qui allèrent aux Indes et à la Chine au neuvième siècle, prend cet

Mais je ne crois pas qu'il y ait beaucoup de pays où la disproportion soit assez grande pour qu'elle exige qu'on y introduise la loi de plusieurs femmes, ou la loi de plusieurs maris. Cela veut dire seulement que la pluralité des femmes, ou même la pluralité des hommes, s'éloigne moins de la nature dans de certains pays que dans d'autres.

J'avoue que, si ce que les relations nous disent étoit vrai, qu'à Bantam[1] il y a dix femmes pour un homme, ce seroit un cas bien particulier de la polygamie.

Dans tout ceci je ne justifie pas les usages, mais j'en rends les raisons.

CHAPITRE V.

Raison d'une loi du Malabar.

Sur la côte du Malabar, dans la caste des Naïres[2], les hommes ne peuvent avoir qu'une femme, et une femme au contraire peut avoir plusieurs

usage pour une prostitution. C'est que rien ne choquoit tant les idées mahométanes.

[1] Recueil des voyages qui ont servi à l'établissement de la compagnie des Indes, tome I.

[2] Voyage de François Pirard, chap. XXVII. Lettres édifiantes, troisième et dixième recueil, sur le Malléami dans la côte du

maris. Je crois qu'on peut découvrir l'origine de cette coutume. Les Naïres sont la caste des nobles, qui sont les soldats de toutes ces nations. En Europe, on empêche les soldats de se marier. Dans le Malabar, où le climat exige davantage, on s'est contenté de leur rendre le mariage aussi peu embarrassant qu'il est possible : on a donné une femme à plusieurs hommes; ce qui diminue d'autant l'attachement pour une famille et les soins du ménage, et laisse à ces gens l'esprit militaire.

CHAPITRE VI.

De la polygamie en elle-même.

A REGARDER la polygamie en général, indépendamment des circonstances qui peuvent la faire un peu tolérer, elle n'est point utile au genre humain, ni à aucun des deux sexes, soit à celui qui abuse, soit à celui dont on abuse. Elle n'est pas non plus utile aux enfans, et un de ses grands inconvéniens est que le père et la mère ne peuvent avoir la même affection pour leurs enfans :

Malabar. Cela est regardé comme un abus de la profession militaire; et comme dit Pirard, une femme de la caste des bramines n'épouseroit jamais plusieurs maris.

un père ne peut aimer vingt enfans comme une mère en aime deux. C'est bien pis quand une femme a plusieurs maris; car pour lors l'amour paternel ne tient plus qu'à cette opinion qu'un père peut croire, s'il veut, ou que les autres peuvent croire que de certains enfans lui appartiennent.

On dit que le roi de Maroc a dans son sérail des femmes blanches, des femmes noires, des femmes jaunes. Le malheureux! à peine a-t-il besoin d'une couleur.

La possession de beaucoup de femmes ne prévient pas toujours les désirs[1] pour celle d'un autre : il en est de la luxure comme de l'avarice ; elle augmente sa soif par l'acquisition des trésors.

Du temps de Justinien, plusieurs philosophes, gênés par le christianisme, se retirèrent en Perse auprès de Cosroès. Ce qui les frappa le plus, dit Agathias[2], ce fut que la polygamie étoit permise à des gens qui ne s'abstenoient pas même de l'adultère.

La pluralité des femmes (qui le diroit!) mène à cet amour que la nature désavoue : c'est qu'une dissolution en entraîne toujours une autre. A la révolution qui arriva à Constantinople, lorsqu'on

[1] C'est ce qui fait que l'on cache avec tant de soin les femmes en Orient.

[2] De la vie et des actions de Justinien, page 403.

déposa le sultan Achmet, les relations disoient que le peuple ayant pillé la maison du chiaya, on n'y avoit pas trouvé une seule femme. On dit qu'à Alger [1] on est parvenu à ce point, qu'on n'en a pas dans la plupart des sérails.

CHAPITRE VII.

De l'égalité du traitement dans le cas de la pluralité des femmes.

DE la loi de la pluralité des femmes suit celle de l'égalité du traitement. Mahomet, qui en permet quatre, veut que tout soit égal entre elles, nourriture, habits, devoir conjugal. Cette loi est aussi établie aux Maldives [2], où on peut épouser trois femmes.

La loi de Moïse [3] veut même que, si quelqu'un a marié son fils à une esclave, et qu'ensuite il épouse une femme libre, il ne lui ôte rien des vêtemens, de la nourriture, et des devoirs. On pouvoit donner plus à la nouvelle épouse; mais il falloit que la première n'eût pas moins.

---

[1] Laugier de Tassis, Histoire d'Alger.
[2] Voyages de François Pirard, chap. XII.
[3] Exode, chap. XXI, vers. 10 et 11.

CHAPITRE VIII.

De la séparation des femmes d'avec les hommes.

C'est une conséquence de la polygamie, que, dans les nations voluptueuses et riches, on ait un très-grand nombre de femmes. Leur séparation d'avec les hommes, et leur clôture, suivent naturellement de ce grand nombre. L'ordre domestique le demande ainsi ; un débiteur insolvable cherche à se mettre à couvert des poursuites de ses créanciers. Il y a de tels climats où le physique a une telle force, que la morale n'y peut presque rien. Laissez un homme avec une femme ; les tentations seront des chutes, l'attaque sûre, la résistance nulle. Dans ces pays, au lieu de préceptes, il faut des verrous.

Un livre classique de la Chine regarde comme un prodige de vertu de se trouver seul dans un appartement reculé avec une femme sans lui faire violence [1].

---

[1] « Trouver à l'écart un trésor dont on soit le maître, ou une belle femme seule dans un appartement reculé ; entendre la voix de son ennemi qui va perir si on ne le secourt : admirable pierre de touche. » Traduction d'un ouvrage chinois sur la morale, dans le P. Duhalde, tome III, page 151.

CHAPITRE IX.

Liaison du gouvernement domestique avec le politique.

Dans une république, la condition des citoyens est bornée, égale, douce, modérée; tout s'y ressent de la liberté publique. L'empire sur les femmes n'y pourroit pas être si bien exercé; et, lorsque le climat a demandé cet empire, le gouvernement d'un seul a été le plus convenable. Voilà une des raisons qui a fait que le gouvernement populaire a toujours été difficile à établir en Orient.

Au contraire, la servitude des femmes est très-conforme au génie du gouvernement despotique, qui aime à abuser de tout. Aussi a-t-on vu dans tous les temps, en Asie, marcher d'un pas égal la servitude domestique et le gouvernement despotique.

Dans un gouvernement où l'on demande surtout la tranquillité, et où la subordination extrême s'appelle la paix, il faut enfermer les femmes; leurs intrigues seroient fatales au mari. Un gouvernement qui n'a pas le temps d'examiner la conduite des sujets la tient pour suspecte, par cela seul qu'elle paroît et qu'elle se fait sentir.

Supposons un moment que la légèreté d'esprit et les indiscrétions, les goûts et les dégoûts de nos femmes, leurs passions grandes et petites, se trouvassent transportées dans un gouvernement d'Orient, dans l'activité et dans cette liberté où elles sont parmi nous; quel est le père de famille qui pourroit être un moment tranquille? Partout des gens suspects, partout des ennemis; l'état seroit ébranlé, on verroit couler des flots de sang.

CHAPITRE X.

Principe de la morale de l'Orient.

Dans le cas de la multiplicité des femmes, plus la famille cesse d'être une, plus les lois doivent réunir à un centre ces parties détachées; et plus les intérêts sont divers, plus il est bon que les lois les ramènent à un intérêt.

Cela se fait surtout par la clôture. Les femmes ne doivent pas seulement être séparées des hommes par la clôture de la maison, mais elles en doivent encore être séparées dans cette même clôture, en sorte qu'elles y fassent comme une famille particulière dans la famille. De là dérive pour les femmes toute la pratique de la morale, la pudeur, la chasteté, la retenue, le silence, la paix, la dépendance, le respect, l'amour, enfin une direction générale de sentimens à la chose du monde la meilleure par sa nature, qui est l'attachement unique à sa famille.

Les femmes ont naturellement à remplir tant de devoirs qui leur sont propres, qu'on ne peut assez les séparer de tout ce qui pourroit leur donner d'autres idées, de tout ce qu'on traite d'amusemens, et de tout ce qu'on appelle des affaires.

On trouve des mœurs plus pures dans les divers états d'Orient, à proportion que la clôture des femmes y est plus exacte. Dans les grands états, il y a nécessairement des grands seigneurs. Plus ils ont de grands moyens, plus ils sont en état de tenir les femmes dans une exacte clôture, et de les empêcher de rentrer dans la société. C'est pour cela que, dans les empires du Turc, de Perse, du Mogol, de la Chine, et du Japon, les mœurs des femmes sont admirables.

On ne peut pas dire la même chose des Indes, que le nombre infini d'îles et la situation du terrain ont divisées en une infinité de petits états, que le grand nombre des causes que je n'ai pas le temps de rapporter ici rendent despotiques.

Là, il n'y a que des misérables qui pillent, et des misérables qui sont pillés. Ceux qu'on appelle des grands n'ont que de très-petits moyens; ceux que l'on appelle des gens riches n'ont guère que leur subsistance. La clôture des femmes n'y peut être aussi exacte; l'on n'y peut pas prendre d'aussi grandes précautions pour les contenir; la corruption de leurs mœurs y est inconcevable.

C'est là qu'on voit jusqu'à quel point les vices du climat, laissés dans une grande liberté, peuvent porter le désordre. C'est là que la nature a une force, et la pudeur une foiblesse qu'on ne peut comprendre. A Patane[1], la lubricité des femmes est si grande que les hommes sont contraints de se faire de certaines garnitures pour se mettre à l'abri de leurs entreprises[2]. Selon M. Smith[3], les choses ne vont pas mieux dans les petits royaumes

---

[1] Recueil des voyages qui ont servi à l'établissement de la compagnie des Indes, tome II, page 196.

[2] Aux Maldives, les pères marient les filles à dix et onze ans, parce que c'est un grand péché, disent-ils, de leur laisser endurer nécessité d'hommes. Voyages de François Pirard, chap. XII. A Bantam, sitôt qu'une fille a treize ou quatorze ans, il faut la marier, si l'on ne veut qu'elle mène une vie débordée. Recueil des voyages qui ont servi à l'établissement de la compagnie des Indes, page 348.

[3] Voyage de Guinée, partie II, page 192 de la traduction. « Quand les femmes, dit-il, rencontrent un homme, elles le sai-« sissent, et le menacent de le dénoncer à leur mari, s'il les mé-« prise. Elles se glissent dans le lit d'un homme, elles le réveillent; « et, s'il les refuse, elles le menacent de se laisser prendre sur le « fait. »

de Guinée. Il semble que, dans ces pays, les deux sexes perdent jusqu'à leurs propres lois.

CHAPITRE XI.

De la servitude domestique indépendante de la polygamie.

CE n'est pas seulement la pluralité des femmes qui exige leur clôture dans de certains lieux d'Orient ; c'est le climat. Ceux qui liront les horreurs, les crimes, les perfidies, les noirceurs, les poisons, les assassinats, que la liberté des femmes fait faire à Goa, et dans les établissemens des Portugais dans les Indes, où la religion ne permet qu'une femme, et qui les compareront à l'innocence et à la pureté des mœurs des femmes de Turquie, de Perse, du Mogol, de la Chine et du Japon, verront bien qu'il est souvent aussi nécessaire de les séparer des hommes, lorsqu'on n'en a qu'une, que quand on en a plusieurs.

C'est le climat qui doit décider de ces choses. Que serviroit d'enfermer les femmes dans nos pays du nord, où leurs mœurs sont naturellement bonnes ; où toutes leurs passions sont calmes, peu actives, peu raffinées, où l'amour a sur le cœur un empire si réglé, que la moindre police suffit pour les conduire ?

Il est heureux de vivre dans ces climats qui permettent qu'on se communique; où le sexe qui a le plus d'agrémens semble parer la société; et où les femmes, se réservant aux plaisirs d'un seul, servent encore à l'amusement de tous.

CHAPITRE XII.

De la pudeur naturelle.

Toutes les nations se sont également accordées à attacher du mépris à l'incontinence des femmes : c'est que la nature a parlé à toutes les nations. Elle a établi la défense, elle a établi l'attaque; et, ayant mis des deux côtés des désirs, elle a placé dans l'un la témérité, et dans l'autre la honte. Elle a donné aux individus, pour se conserver, de longs espaces de temps; et ne leur a donné, pour se perpétuer, que des momens.

Il n'est donc pas vrai que l'incontinence suive les lois de la nature; elle les viole au contraire : c'est la modestie et la retenue qui suivent ces lois.

D'ailleurs il est de la nature des êtres intelligens de sentir leurs imperfections : la nature a donc mis en nous la pudeur, c'est-à-dire la honte de nos imperfections.

Quand donc la puissance physique de certains

climats viole la loi naturelle des deux sexes et celle des êtres intelligens, c'est au législateur à faire des lois civiles qui forcent la nature du climat et rétablissent les lois primitives.

CHAPITRE XIII.

De la jalousie.

Il faut bien distinguer, chez les peuples, la jalousie de passion d'avec la jalousie de coutume, de mœurs, de lois. L'une est une fièvre ardente qui dévore; l'autre, froide, mais quelquefois terrible, peut s'allier avec l'indifférence et le mépris.

L'une, qui est un abus de l'amour, tire sa naissance de l'amour même. L'autre tient uniquement aux mœurs, aux manières de la nation, aux lois du pays, à la morale, et quelquefois même à la religion [1].

Elle est presque toujours l'effet de la force physique du climat, et elle est le remède de cette force physique.

---

[1] Mahomet recommanda à ses sectateurs de garder leurs femmes; un certain *iman* dit, en mourant, la même chose, et Confucius n'a pas moins prêché cette doctrine.

CHAPITRE XIV.

Du gouvernement de la maison en Orient.

On change si souvent de femmes en Orient, qu'elles ne peuvent avoir le gouvernement domestique. On en charge donc les eunuques; on leur remet toutes les clefs, et ils ont la disposition des affaires de la maison.

« En Perse, dit M. Chardin, on donne aux « femmes leurs habits, comme on feroit à des « enfans. » Ainsi ce soin qui semble leur convenir si bien, ce soin, qui partout ailleurs est le premier de leurs soins, ne les regarde pas.

CHAPITRE XV.

Du divorce et de la répudiation.

Il y a cette différence entre le divorce et la répudiation, que le divorce se fait par un consentement mutuel à l'occasion d'une incompatibilité mutuelle; au lieu que la répudiation se fait par la volonté et pour l'avantage d'une des deux parties, indépendamment de la volonté et de l'avantage de l'autre.

Il est quelquefois si nécessaire aux femmes de répudier, et il leur est toujours si fâcheux de le faire, que la loi est dure, qui donne ce droit aux hommes sans le donner aux femmes. Un mari est le maître de la maison ; il a mille moyens de tenir ou de remettre ses femmes dans le devoir ; et il semble que, dans ses mains, la répudiation ne soit qu'un nouvel abus de sa puissance. Mais une femme qui répudie n'exerce qu'un triste remède. C'est toujours un grand malheur pour elle d'être contrainte d'aller chercher un second mari, lorsqu'elle a perdu la plupart de ses agrémens chez un autre. C'est un des avantages des charmes de la jeunesse dans les femmes, que, dans un âge avancé, un mari se porte à la bienveillance par le souvenir de ses plaisirs.

C'est donc une règle générale, que, dans tous les pays où la loi accorde aux hommes la faculté de répudier, elle doit aussi l'accorder aux femmes. Il y a plus : dans les climats où les femmes vivent sous un esclavage domestique, il semble que la loi doive permettre aux femmes la répudiation, et aux maris seulement le divorce.

Lorsque les femmes sont dans un sérail, le mari ne peut répudier pour cause d'incompatibilité de mœurs : c'est la faute du mari, si les mœurs sont incompatibles.

La répudiation pour raison de la stérilité de la

femme ne s'auroit avoir lieu que dans le cas d'une femme unique [1] : lorsque l'on a plusieurs femmes, cette raison n'est, pour le mari, d'aucune importance.

La loi des Maldives [2] permet de reprendre une femme qu'on a répudiée. La loi du Mexique [3] défendoit de se réunir, sous peine de la vie. La loi du Mexique étoit plus sensée que celles des Maldives : dans le temps même de la dissolution, elle songeoit à l'éternité du mariage ; au lieu que la loi des Maldives semble se jouer également du mariage et de la répudiation.

La loi du Mexique n'accordoit que le divorce. C'étoit une nouvelle raison pour ne point permettre à des gens qui s'étoient volontairement séparés de se réunir. La répudiation semble plutôt tenir à la promptitude de l'esprit et à quelque passion de l'âme ; le divorce semble être une affaire de conseil.

Le divorce a ordinairement une grande utilité politique ; et quant à l'utilité civile, il est établi pour le mari et pour la femme, et n'est pas toujours favorable aux enfans.

[1] Cela ne signifie pas que la répudiation pour raison de stérilité soit permise dans le christianisme.

[2] Voyage de François Pirard. On la reprend plutôt qu'une autre, parce que, dans ce cas, il faut moins de dépenses.

[3] Histoire de sa conquête, par Solis, page 499.

CHAPITRE XVI.

De la répudiation et du divorce chez les Romains.

Romulus permit au mari de répudier sa femme, si elle avoit commis un adultère, préparé du poison, ou falsifié les clefs. Il ne donna point aux femmes le droit de répudier leur mari. Plutarque [1] appelle cette loi une loi très-dure.

Comme la loi d'Athènes [2] donnoit à la femme aussi-bien qu'au mari la faculté de répudier, et que l'on voit que les femmes obtinrent ce droit chez les premiers Romains, nonobstant la loi de Romulus, il est clair que cette institution fut une de celles que les députés de Rome rapportèrent d'Athènes, et qu'elle fut mise dans les lois des douze tables.

Cicéron [3] dit que les causes de répudiation venoient de la loi des douze tables. On ne peut donc pas douter que cette loi n'eût augmenté le nombre des causes de répudiation établies par Romulus.

[1] Vie de Romulus.
[2] C'étoit une loi de Solon.
[3] *Mimam res suas sibi habere jussit, ex duodecim tabulis causam addidit.* Phil. II.

La faculté du divorce fut encore une disposition, ou du moins une conséquence de la loi des douze tables. Car dès le moment que la femme ou le mari avoit séparément le droit de répudier, à plus forte raison pouvoient-ils se quitter de concert, et par une volonté mutuelle.

La loi ne demandoit point qu'on donnât des causes pour le divorce [1]. C'est que, par la nature de la chose, il faut des causes pour la répudiation, et qu'il n'en faut point pour le divorce, parce que là où la loi établit des causes qui peuvent rompre le mariage, l'incompatibilité mutuelle est la plus forte de toutes.

Denys d'Halicarnasse [2], Valère Maxime [3], et Aulu-Gelle [4], rapportent un fait qui ne me paroît pas vraisemblable. Ils disent que, quoiqu'on eût à Rome la faculté de répudier sa femme, on eut tant de respect pour les auspices, que personne, pendant cinq cent vingt ans [5], n'usa de ce droit jusqu'à Carvilius Ruga, qui répudia la sienne pour cause de stérilité. Mais il suffit de connoître la nature de l'esprit humain pour sentir quel pro-

---

[1] Justinien changea cela, novel. 117, chap. x.

[2] Liv. II.

[3] Liv. II, chap. 1ᵉʳ.

[4] Liv. IV, chap. III.

[5] Selon Denys d'Halicarnasse et Valère Maxime; et 523, selon Aulu-Gelle. Aussi ne mettent-ils pas les mêmes consuls.

dige ce seroit que, la loi donnant à tout un peuple un droit pareil, personne n'en usât. Coriolan, partant pour son exil, conseilla [1] à sa femme de se marier à un homme plus heureux que lui. Nous venons de voir que la loi des douze tables et les mœurs des Romains étendirent beaucoup la loi de Romulus. Pourquoi ces extensions, si on n'avoit jamais fait usage de la faculté de répudier? De plus si les citoyens eurent un tel respect pour les auspices, qu'ils ne répudièrent jamais, pourquoi les législateurs de Rome en eurent-ils moins? Comment la loi corrompit-elle sans cesse les mœurs?

En rapprochant deux passages de Plutarque, on verra disparoître le merveilleux du fait en question. La loi royale [2] permettoit au mari de répudier dans les trois cas dont nous avons parlé. « Et elle vouloit, dit Plutarque [3], que celui qui « répudieroit dans d'autres cas fût obligé de donner « la moitié de ses biens à sa femme, et que l'autre « moitié fût consacrée à Cérès. » On pouvoit donc répudier dans tous les cas, en se soumettant à la peine. Personne ne le fit avant Carvilius Ruga [4],

---

[1] Voyez le discours de Véturie, dans Denys d'Halicarnasse, liv. VIII.

[2] [3] Plutarque, Vie de Romulus.

[4] Effectivement la cause de stérilité n'est point portée par la

« qui comme dit encore Plutarque [1], répudia sa
« femme pour cause de stérilité, deux cent trente
« ans après Romulus; » c'est-à-dire qu'il la répudia
soixante et onze ans avant la loi des douze tables,
qui étendit le pouvoir de répudier, et les causes
de répudiation.

Les auteurs que j'ai cités disent que Carvilius
Ruga aimoit sa femme; mais qu'à cause de sa
stérilité, les censeurs lui firent faire serment qu'il
la répudieroit, afin qu'il pût donner des enfans
à la république; et que cela le rendit odieux au
peuple. Il faut connoître le génie du peuple romain, pour découvrir la vraie cause de la haine
qu'il conçut pour Carvilius. Ce n'est point parce
que Carvilius répudia sa femme qu'il tomba dans
la disgrâce du peuple; c'est une chose dont le
peuple ne s'embarrassoit pas. Mais Carvilius avoit
fait un serment aux censeurs, qu'attendu la stérilité de sa femme, il la répudieroit pour donner
des enfans à la république. C'étoit un joug que le
peuple voyoit que les censeurs alloient mettre
sur lui. Je ferai voir dans la suite [2] de cet ouvrage
les répugnances qu'il eut toujours pour des règle-

---

loi de Romulus. Il y a apparence qu'il ne fut point sujet à la confiscation, puisqu'il suivoit l'ordre des censeurs.

[1] Dans la comparaison de Thésée et de Romulus.

[2] Au livre XXIII, chap. XXI.

mens pareils. Mais d'où peut venir une telle contradiction entre ces auteurs? Le voici : Plutarque a examiné un fait, et les autres ont raconté une merveille.

LIVRE XVII.

COMMENT LES LOIS DE LA SERVITUDE POLITIQUE
ONT DU RAPPORT AVEC LA NATURE DU CLIMAT.

CHAPITRE I.

De la servitude politique.

La servitude politique ne dépend pas moins de la nature du climat que la civile et la domestique, comme on va le faire voir.

CHAPITRE II.

Différence des peuples par rapport au courage.

Nous avons déjà dit que la grande chaleur énervoit la force et le courage des hommes, et qu'il y avoit dans les climats froids une certaine force de corps et d'esprit qui rendoit les hommes capables des actions longues, pénibles, grandes et hardies. Cela se remarque non-seulement de nation à nation, mais encore dans le même pays d'une partie à une autre. Les peuples du nord de la Chine [1] sont plus courageux que ceux du midi; les peuples du midi de la Corée [2] ne le sont pas tant que ceux du nord.

Il ne faut donc pas être étonné que la lâcheté des peuples des climats chauds les ait presque toujours rendus esclaves; et que le courage des peuples des climats froids les ait maintenus libres. C'est un effet qui dérive de sa cause naturelle.

Ceci s'est encore trouvé vrai dans l'Amérique; les empires despotiques du Mexique et du Pérou étoient vers la ligne, et presque tous les petits peuples libres étoient et sont encore vers les pôles.

CHAPITRE III.

Du climat de l'Asie.

Les relations nous disent [3] « que le nord de « l'Asie, ce vaste continent qui va du quarantième « degré ou environ jusques au pôle, et des fron- « tières de Moscovie jusqu'à la mer orientale, est

[1] Le P. Duhalde, tome I, page 112.
[2] Les livres chinois le disent ainsi. *Ibid.*, tome IV, page 448.
[3] Voyez les Voyages du nord, tome VIII, l'Histoire des Tartars, et le quatrième volume de la Chine du P. Duhalde.

« dans un climat très-froid; que ce terrain im-
« mense est divisé de l'ouest à l'est par une chaîne
« de montagnes qui laissent au nord la Sibérie,
« et au midi la grande Tartarie ; que le climat de
« la Sibérie est si froid, qu'à la réserve de quel-
« ques endroits, elle ne peut être cultivée; et que,
« quoique les Russes aient des établissemens tout
« le long de l'Irtis, ils n'y cultivent rien; qu'il ne
« vient dans ce pays que quelques petits sapins
« et arbrisseaux; que les naturels du pays sont
« divisés en de misérables peuplades, qui sont
« comme celles du Canada; que la raison de cette
« froidure vient, d'un côté, de la hauteur du ter-
« rain, et de l'autre, de ce qu'à mesure que l'on
« va du midi au nord, les montagnes s'aplanis-
« sent, de sorte que le vent du nord souffle partout
« sans trouver d'obstacles; que ce vent qui rend
« la Nouvelle-Zemble inhabitable, soufflant dans
« la Sibérie, la rend inculte; qu'en Europe, au
« contraire, les montagnes de Norwège et de
« Laponie sont des boulevards admirables qui cou-
« vrent de ce vent les pays du nord; que cela fait
« qu'à Stockholm, qui est à cinquant-neuf degrés
« de latitude ou environ, le terrain produit des
« fruits, des grains, des plantes; et qu'autour
« d'Abo, qui est au soixante-unième degré, de
« même que vers les soixante-trois et soixante-

« quatre, il y a des mines d'argent, et que le ter-
« rain est assez fertile. »

Nous voyons encore dans les relations « que
« la grande Tartarie, qui est au midi de la Sibérie,
« est aussi très-froide; que le pays ne se cultive
« point; qu'on n'y trouve que des pâturages pour
« les troupeaux; qu'il n'y croît point d'arbres,
« mais quelques broussailles, comme en Islande;
« qu'il y a auprès de la Chine et du Mogol quelques
« pays où il croît une espèce de millet, mais que
« le blé ni le riz n'y peuvent mûrir; qu'il n'y a
« guère d'endroits dans la Tartarie chinoise, aux
« 43, 44, et 45ᵉ degrés, où il ne gèle sept ou huit
« mois de l'année; de sorte qu'elle est aussi froide
« que l'Islande, quoiqu'elle dût être plus chaude
« que le midi de la France; qu'il n'y a point de
« villes, excepté quatre ou cinq vers la mer orien-
« tale, et quelques-unes que les Chinois, par des
« raisons de politique, ont bâties près de la Chine;
« que, dans le reste de la grande Tartarie, il n'y
« en a que quelques-unes placées dans les Bou-
« charies, Turkestan, et Charisme; que la raison
« de cette extrême froidure vient de la nature du
« terrain nitreux, plein de salpêtre, et sablon-
« neux, et de plus, de la hauteur du terrain. Le
« P. Verbiest avoit trouvé qu'un certain endroit,
« à 80 lieues au nord de la grande muraille, vers
« la source de Kavamhuram, excédoit la hauteur

« du rivage de la mer près Pékin de 3,000 pas
« géométriques ; que cette hauteur [1] est cause
« que, quoique quasi toutes les grandes rivières
« de l'Asie aient leur source dans le pays, il
« manque cependant d'eau, de façon qu'il ne peut
« être habité qu'auprès des rivières et des lacs. »

Ces faits posés, je raisonne ainsi : l'Asie n'a
point proprement de zone tempérée ; et les lieux
situés dans un climat très-froid y touchent immédiatement ceux qui sont dans un climat très-chaud, c'est-à-dire la Turquie, la Perse, le Mogol,
la Chine, la Corée, et le Japon.

En Europe, au contraire, la zone tempérée est
très-étendue, quoiqu'elle soit située dans des climats très-différens entre eux, n'y ayant point de
rapport entre les climats d'Espagne et d'Italie, et
ceux de Norwège et de Suède. Mais, comme le
climat y devient insensiblement froid en allant
du midi au nord, à peu près à proportion de la
latitude de chaque pays, il y arrive que chaque
pays est à peu près semblable à celui qui en est
voisin ; qu'il n'y a pas une notable différence ; et
que, comme je viens de le dire, la zone tempérée
y est très-étendue.

De là il suit qu'en Asie les nations sont opposées aux nations du fort au foible ; les peuples

---

[1] La Tartarie est donc comme une espèce de montagne plate.

guerriers, braves et actifs, touchent immédiatement des peuples efféminés, paresseux, timides : il faut donc que l'un soit conquis, et l'autre conquérant. En Europe, au contraire, les nations sont opposées du fort au fort; celles qui se touchent ont à peu près le même courage. C'est la grande raison de la foiblesse de l'Asie et de la force de l'Europe, de la liberté de l'Europe et de la servitude de l'Asie ; cause que je ne sache pas que l'on ait encore remarquée. C'est ce qui fait qu'en Asie il n'arrive jamais que la liberté augmente; au lieu qu'en Europe elle augmente ou diminue, selon les circonstances.

Que la noblesse moscovite ait été réduite en servitude par un de ses princes, on y verra toujours des traits d'impatience que les climats du midi ne donnent point. N'y avons-nous pas vu le gouvernement aristocratique établi pendant quelques jours? Qu'un autre royaume du nord ait perdu ses lois, on peut s'en fier au climat, il ne les a pas perdues d'une manière irrévocable.

CHAPITRE IV.

Conséquence de ceci.

Ce que nous venons de dire s'accorde avec les événemens de l'histoire. L'Asie a été subjuguée treize fois; onze fois par les peuples du nord, deux fois par ceux du midi. Dans les temps reculés, les Scythes la conquirent trois fois; ensuite les Mèdes et les Perses chacun une; les Grecs, les Arabes, les Mogols, les Turcs, les Tartares, les Persans, et les Aguans. Je ne parle que de la haute Asie, et je ne dis rien des invasions faites dans le reste du midi de cette partie du monde, qui a continuellement souffert de très-grandes révolutions.

En Europe, au contraire, nous ne connoissons, depuis l'établissement des colonies grecques et phéniciennes, que quatre grands changemens : le premier, causé par les conquêtes des Romains; le second, par les inondations des barbares qui détruisirent ces mêmes Romains; le troisième, par les victoires de Charlemagne; et le dernier, par les invasions des Normands. Et, si l'on examine bien ceci, on trouvera, dans ces changemens mêmes, une force générale répandue dans toutes les parties de l'Europe. On sait la difficulté que les Romains trouvèrent à conquérir en Europe, et la facilité qu'ils eurent à envahir l'Asie. On connoît les peines que les peuples du Nord eurent à renverser l'empire romain, les guerres et les travaux de Charlemagne, les diverses entreprises des Normands. Les destructeurs étoient sans cesse détruits.

CHAPITRE V.

Que, quand les peuples du nord de l'Asie et ceux du nord de l'Europe ont conquis, les effets de la conquête n'étoient pas les mêmes.

Les peuples du nord de l'Europe l'ont conquise en hommes libres; les peuples du nord de l'Asie l'ont conquise en esclaves, et n'ont vaincu que pour un maître.

La raison en est que le peuple tartare, conquérant naturel de l'Asie, est devenu esclave lui-même. Il conquiert sans cesse dans le midi de l'Asie; il forme des empires; mais la partie de la nation qui reste dans le pays se trouve soumise à un grand maître, qui, despotique dans le midi, veut encore l'être dans le nord; et, avec un pouvoir arbitraire sur les sujets conquis, le prétend encore sur les sujets conquérans. Cela se voit bien aujourd'hui dans ce vaste pays qu'on appelle la Tartarie chinoise, que l'empereur gouverne presque aussi despotiquement que la Chine même, et qu'il étend tous les jours par ses conquêtes.

On peut voir encore dans l'histoire de la Chine que les empereurs [1] ont envoyé des colonies chinoises dans la Tartarie. Ces Chinois sont devenus Tartares et mortels ennemis de la Chine; mais cela n'empêche pas qu'ils n'aient porté dans la Tartarie l'esprit du gouvernement chinois.

Souvent une partie de la nation tartare qui a conquis est chassée elle-même; et elle rapporte dans ses déserts un esprit de servitude qu'elle a acquis dans le climat de l'esclavage. L'histoire de la Chine nous en fournit de grands exemples, et notre histoire ancienne aussi [2].

C'est ce qui a fait que le génie de la nation tartare ou gétique a toujours été semblable à celui des empires de l'Asie. Les peuples, dans ceux-ci, sont gouvernés par le bâton; les peuples tartares, par les longs fouets. L'esprit de l'Europe a toujours été contraire à ces mœurs; et, dans tous les temps, ce que les peuples d'Asie ont ap-

[1] Comme Ven-ty, cinquième empereur de la cinquième dynastie.

[2] Les Scythes conquirent trois fois l'Asie, et en furent trois fois chassés. Justin, liv. II, chap. III.

pelé punition, les peuples d'Europe l'ont appelé outrage [1].

Les Tartares, détruisant l'empire grec, établirent dans les pays conquis la servitude et le despotisme; les Goths, conquérant l'empire romain, fondèrent partout la monarchie et la liberté.

Je ne sais si le fameux Rudbeck, qui, dans son Atlantique, a tant loué la Scandinavie, a parlé de cette grande prérogative qui doit mettre les nations qui l'habitent au-dessus de tous les peuples du monde; c'est qu'elles ont été la source de la liberté de l'Europe, c'est-à-dire de presque toute celle qui est aujourd'hui parmi les hommes.

Le Goth Jornandez a appelé le nord de l'Europe la fabrique du genre humain [2]: je l'appellerai plutôt la fabrique des instrumens qui brisent les fers forgés au midi. C'est là que se forment ces nations vaillantes qui sortent de leur pays pour détruire les tyrans et les esclaves, et apprendre aux hommes que, la nature les ayant faits égaux, la raison n'a pu les rendre dépendans que pour leur bonheur.

[1] Ceci n'est point contraire à ce que je dirai au liv. XXVIII, chap. XX, sur la manière de penser des peuples germains sur le bâton. Quelque instrument que ce fût, ils regardèrent toujours comme un affront le pouvoir ou l'action arbitraire de battre.

[2] *Humani generis officinam.*

CHAPITRE VI.

Nouvelle cause physique de la servitude de l'Asie et de la liberté de l'Europe.

En Asie, on a toujours vu de grands empires; en Europe, ils n'ont jamais pu subsister. C'est que l'Asie que nous connoissons a de plus grandes plaines; elle est coupée en plus grands morceaux par les mers; et, comme elle est plus au midi, les sources y sont plus aisément taries, les montagnes y sont moins couvertes de neiges, et les fleuves moins grossis [1] y forment de moindres barrières.

La puissance doit donc être toujours despotique en Asie; car, si la servitude n'y étoit pas extrême, il se feroit d'abord un partage que la nature du pays ne peut pas souffrir.

En Europe, le partage naturel forme plusieurs états d'une étendue médiocre, dans lesquels le gouvernement des lois n'est pas incompatible avec le maintien de l'état: au contraire, il est si favorable, que, sans elles, cet état tombe dans la

[1] Les eaux se perdent ou s'évaporent avant de se ramasser, ou après s'être ramassées.

décadence, et devient inférieur à tous les autres.

C'est ce qui y a formé un génie de liberté qui rend chaque partie très-difficile à être subjuguée et soumise à une force étrangère, autrement que par les lois et l'utilité de son commerce.

Au contraire, il règne en Asie un esprit de servitude qui ne l'a jamais quittée; et, dans toutes les histoires de ce pays, il n'est pas possible de trouver un seul trait qui marque une âme libre: on n'y verra jamais que l'héroïsme de la servitude.

CHAPITRE VII.

De l'Afrique et de l'Amérique.

Voila ce que je puis dire sur l'Asie et sur l'Europe. L'Afrique est dans un climat pareil à celui du midi de l'Asie, et elle est dans une même servitude. L'Amérique[1] détruite et nouvellement repeuplée par les nations de l'Europe et de l'Afrique, ne peut guère aujourd'hui montrer son propre génie; mais ce que nous savons de son

---

[1] Les petits peuples barbares de l'Amérique sont appelés *Indios bravos* par les Espagnols, bien plus difficiles à soumettre que les grands empires du Mexique et du Pérou.

ancienne histoire est très-conforme à nos principes.

CHAPITRE VIII.

De la capitale de l'empire.

Une des conséquences de ce que nous venons de dire, c'est qu'il est important à un très-grand prince de bien choisir le siége de son empire. Celui qui le placera au midi courra risque de perdre le nord; et celui qui le placera au nord conservera aisément le midi. Je ne parle pas des cas particuliers : la mécanique a bien ses frottemens, qui souvent changent ou arrêtent les effets de la théorie : la politique a aussi les siens.

LIVRE XVIII.

DES LOIS, DANS LE RAPPORT QU'ELLES ONT AVEC LA NATURE DU TERRAIN.

CHAPITRE I.

Comment la nature du terrain influe sur les lois.

La bonté des terres d'un pays y établit naturellement la dépendance. Les gens de la campagne, qui y font la principale partie du peuple, ne sont pas si jaloux de leur liberté : ils sont trop occupés, et trop pleins de leurs affaires particulières. Une campagne qui regorge de biens craint le pillage, elle craint une armée. « Qui est-ce qui « forme le bon parti? disoit Cicéron à Atticus [1]. « Seront-ce les gens de commerce et de la cam- « pagne? à moins que nous n'imaginions qu'ils « sont opposés à la monarchie, eux à qui tous les « gouvernemens sont égaux, dès lors qu'ils sont « tranquilles. »

[1] Liv. VII, ép. 7.

Ainsi le gouvernement d'un seul se trouve plus souvent dans les pays fertiles, et le gouvernement de plusieurs dans les pays qui ne le sont pas; ce qui est quelquefois un dédommagement.

La stérilité du terrain de l'Attique y établit le gouvernement populaire; et la fertilité de celui de Lacédémone, le gouvernement aristocratique. Car, dans ces temps-là, on ne vouloit point dans la Grèce du gouvernement d'un seul : or, le gouvernement aristocratique a plus de rapport avec le gouvernement d'un seul.

Plutarque [1] nous dit que la sédition cilonienne ayant été apaisée à Athènes, la ville retomba dans ses anciennes dissensions, et se divisa en autant de partis qu'il y avoit de sortes de territoires dans le pays de l'Attique. Les gens de la montagne vouloient à toute force le gouvernement populaire; ceux de la plaine demandoient le gouvernement des principaux; ceux qui étoient près de la mer étoient pour un gouvernement mêlé des deux.

[1] Vie de Solon.

CHAPITRE II.

Continuation du même sujet.

Ces pays fertiles sont des plaines où l'on ne peut rien disputer au plus fort : on se soumet donc à lui; et, quand on lui est soumis, l'esprit de liberté n'y sauroit revenir ; les biens de la campagne sont un gage de la fidélité. Mais, dans les pays de montagnes, on peut conserver ce que l'on a, et l'on a peu à conserver. La liberté, c'est-à-dire le gouvernement dont on jouit, est le seul bien qui mérite qu'on le défende. Elle règne donc plus dans les pays montagneux et difficiles que dans ceux que la nature sembloit avoir plus favorisés.

Les montagnards conservent un gouvernement plus modéré, parce qu'ils ne sont pas si fort exposés à la conquête. Ils se défendent aisément, ils sont attaqués difficilement; les munitions de guerre et de bouche sont assemblées et portées contre eux avec beaucoup de dépense; le pays n'en fournit point. Il est donc plus difficile de leur faire la guerre, plus dangereux de l'entreprendre; et toutes les lois que l'on fait pour la sûreté du peuple y ont moins de lieu.

CHAPITRE III.

Quels sont les pays les plus cultivés.

Les pays ne sont pas cultivés en raison de leur fertilité, mais en raison de leur liberté; et, si l'on divise la terre par la pensée, on sera étonné de voir la plupart du temps des déserts dans ses parties les plus fertiles, et de grands peuples dans celles où le terrain semble refuser tout.

Il est naturel qu'un peuple quitte un mauvais pays pour en chercher un meilleur, et non pas qu'il quitte un bon pays pour en chercher un pire. La plupart des invasions se font donc dans les pays que la nature avoit faits pour être heureux; et, comme rien n'est plus près de la dévastation que l'invasion, les meilleurs pays sont le plus souvent dépeuplés, tandis que l'affreux pays du nord reste toujours habité, par la raison qu'il est presque inhabitable.

On voit, par ce que les historiens nous disent du passage des peuples de la Scandinavie sur les bords du Danube, que ce n'étoit point une conquête, mais seulement une transmigration dans des terres désertes.

Ces climats heureux avoient donc été dépeuplés

par d'autres transmigrations, et nous ne savons pas les choses tragiques qui s'y sont passées.

« Il paroît par plusieurs monumens, dit Aristote [1], que la Sardaigne est une colonie grecque. Elle étoit autrefois très-riche; et Aristée, dont on a tant vanté l'amour pour l'agriculture, lui donna des lois. Mais elle a bien déchu depuis; car les Carthaginois s'en étant rendus les maîtres, ils y détruisirent tout ce qui pouvoit la rendre propre à la nourriture des hommes; et défendirent, sous peine de la vie, d'y cultiver la terre. » La Sardaigne n'étoit point rétablie du temps d'Aristote; elle ne l'est point encore aujourd'hui.

Les parties les plus tempérées de la Perse, de la Turquie, de la Moscovie et de la Pologne, n'ont pu se rétablir des dévastations des grands et des petits Tartares.

CHAPITRE IV.

Nouveaux effets de la fertilité et de la stérilité du pays.

La stérilité des terres rend les hommes industrieux, sobres, endurcis au travail, courageux,

---

[1] Ou celui qui a écrit le livre *de mirabilibus*.

propres à la guerre ; il faut bien qu'ils se procurent ce que le terrain leur refuse. La fertilité d'un pays donne, avec l'aisance, la mollesse et un certain amour pour la conservation de la vie.

On a remarqué que les troupes d'Allemagne levées dans des lieux où les paysans sont riches, comme en Saxe, ne sont pas si bonnes que les autres. Les lois militaires pourront pourvoir à cet inconvénient par une plus sévère discipline.

CHAPITRE V.

Des peuples des îles.

Les peuples des îles sont plus portés à la liberté que les peuples du continent. Les îles sont ordinairement d'une petite étendue [1] ; une partie du peuple ne peut pas être si bien employée à opprimer l'autre ; la mer les sépare des grands empires, et la tyrannie ne peut pas s'y prêter la main ; les conquérans sont arrêtés par la mer ; les insulaires ne sont pas enveloppés dans la conquête, et ils conservent plus aisément leurs lois.

[1] Le Japon déroge à ceci par sa grandeur et par sa servitude.

CHAPITRE VI.

Des pays formés par l'industrie des hommes.

Les pays que l'industrie des hommes a rendus habitables, et qui ont besoin, pour exister, de la même industrie, appellent à eux le gouvernement modéré. Il y en a principalement trois de cette espèce : les deux belles provinces de Kiang-nan et Tche-kiang à la Chine, l'Égypte et la Hollande.

Les anciens empereurs de la Chine n'étoient point conquérans. La première chose qu'ils firent pour s'agrandir fut celle qui prouva le plus leur sagesse. On vit sortir de dessous les eaux les deux plus belles provinces de l'empire; elles furent faites par les hommes. C'est la fertilité inexprimable de ces deux provinces qui a donné à l'Europe les idées de la félicité de cette vaste contrée. Mais un soin continuel et nécessaire pour garantir de la destruction une partie si considérable de l'empire demandoit plutôt les mœurs d'un peuple sage que celles d'un peuple voluptueux, plutôt le pouvoir légitime d'un monarque que la puissance tyrannique d'un despote. Il falloit que le pouvoir y fût modéré, comme il l'étoit autrefois en Égypte. Il falloit que le pouvoir y fût modéré, comme il l'est en Hollande, que la nature a faite pour avoir attention sur elle-même, et non pas pour être abandonnée à la nonchalance ou au caprice.

Ainsi, malgré le climat de la Chine, où l'on est naturellement porté à l'obéissance servile, malgré les horreurs qui suivent la trop grande étendue d'un empire, les premiers législateurs de la Chine furent obligés de faire de très-bonnes lois, et le gouvernement fut souvent obligé de les suivre.

CHAPITRE VII.

Des ouvrages des hommes.

Les hommes, par leurs soins et par de bonnes lois, ont rendu la terre plus propre à être leur demeure. Nous voyons couler les rivières là où étoient des lacs et des marais : c'est un bien que la nature n'a point fait, mais qui est entretenu par la nature. Lorsque les Perses[1] étoient les maîtres de l'Asie, ils permettoient à ceux qui ameneroient de l'eau de fontaine en quelque lieu qui n'auroit point été encore arrosé d'en jouir

[1] Polybe, liv. X.

pendant cinq générations; et, comme il sort quantité de ruisseaux du mont Taurus, ils n'épargnèrent aucune dépense pour en faire venir de l'eau. Aujourd'hui, sans savoir d'où elle peut venir, on la trouve dans ses champs et dans ses jardins.

Ainsi, comme les nations destructrices font des maux qui durent plus qu'elles, il y a des nations industrieuses qui font des biens qui ne finissent pas même avec elles.

CHAPITRE VIII.

Rapport général des lois.

Les lois ont un très-grand rapport avec la façon dont les divers peuples se procurent la subsistance. Il faut un code de lois plus étendu pour un peuple qui s'attache au commerce et à la mer que pour un peuple qui se contente de cultiver ses terres. Il en faut un plus grand pour celui-ci que pour un peuple qui vit de ses troupeaux. Il en faut un plus grand pour ce dernier que pour un peuple qui vit de sa chasse.

CHAPITRE IX.

Du terrain de l'Amérique.

Ce qui fait qu'il y a tant de nations sauvages en Amérique, c'est que la terre y produit d'elle-même beaucoup de fruits dont on peut se nourrir. Si les femmes y cultivent autour de la cabane un morceau de terre, le maïs y vient d'abord. La chasse et la pêche achèvent de mettre les hommes dans l'abondance. De plus, les animaux qui paissent, comme les bœufs, les buffles, etc., 'y réussissent mieux que les bêtes carnassières. Celles-ci ont eu de tout temps l'empire de l'Afrique.

Je crois qu'on n'auroit point tous ces avantages en Europe, si l'on y laissoit la terre inculte; il n'y viendroit guère que des forêts, des chênes, et autres arbres stériles.

CHAPITRE X.

Du nombre des hommes, dans le rapport avec la manière dont ils se procurent la subsistance.

Quand les nations ne cultivent pas les terres, voici dans quelle proportion le nombre des hommes s'y trouve. Comme le produit d'un terrain inculte est au produit d'un terrain cultivé, de même le nombre des sauvages, dans un pays, est au nombre des laboureurs dans un autre; et, quand le peuple qui cultive les terres cultive aussi les arts, cela suit des porportions qui demanderoient bien des détails.

Ils ne peuvent guère former une grande nation. S'ils sont pasteurs, ils ont besoin d'un grand pays pour qu'ils puissent subsister en certain nombre; s'ils sont chasseurs, ils sont encore en plus petit nombre, et forment pour vivre une plus petite nation.

Leur pays est ordinairement plein de forêts; et, comme les hommes n'y ont point donné de cours aux eaux, il est rempli de marécages, où chaque troupe se cantonne et forme une petite nation.

CHAPITRE XI.

Des peuples sauvages et des peuples barbares.

Il y a cette différence entre les peuples sauvages et les peuples barbares, que les premiers sont de petites nations dispersées, qui, par quelques raisons particulières, ne peuvent pas se réunir; au lieu que les barbares sont ordinairement de petites nations qui peuvent se réunir. Les premiers sont ordinairement des peuples chasseurs; les seconds, des peuples pasteurs. Cela se voit bien dans le nord de l'Asie. Les peuples de la Sibérie ne sauroient vivre en corps, parce qu'ils ne pourroient se nourrir; les Tartares peuvent vivre en corps pendant quelque temps, parce que leurs troupeaux peuvent être rassemblés pendant quelque temps. Toutes les hordes peuvent donc se réunir; et cela se fait lorsqu'un chef en a soumis beaucoup d'autres : après quoi il faut qu'elles fassent de deux choses l'une, qu'elles se séparent, ou qu'elles aillent faire quelque grande conquête dans quelque empire du midi.

CHAPITRE XII.

Du droit des gens chez les peuples qui ne cultivent point les terres.

Ces peuples, ne vivant pas dans un terrain limité et circonscrit, auront entre eux bien des sujets de querelle; ils se disputeront la terre inculte, comme parmi nous les citoyens se disputent les héritages. Ainsi ils trouveront de fréquentes occasions de guerre pour leurs chasses, pour leurs pêches, pour la nourriture de leurs bestiaux, pour l'enlèvement de leurs esclaves; et, n'ayant point de territoire, ils auront autant de choses à régler par le droit des gens qu'ils en auront peu à décider par le droit civil.

CHAPITRE XIII.

Des lois civiles chez les peuples qui ne cultivent point les terres.

C'est le partage des terres qui grossit principalement le code civil. Chez les nations où l'on n'aura pas fait ce partage, il y aura très-peu de lois civiles.

On peut appeler les institutions de ces peuples des *mœurs* plutôt que des *lois*.

Chez de pareilles nations, les vieillards, qui se souviennent des choses passées, ont une grande autorité : on n'y peut être distingué par les biens, mais par la main et par les conseils.

Ces peuples errent et se dispersent dans les pâturages ou dans les forêts. Le mariage n'y sera pas aussi assuré que parmi nous, où il est fixé par la demeure, et où la femme tient à une maison : ils peuvent donc plus aisément changer de femmes, en avoir plusieurs, et quelquefois se mêler indifféremment comme les bêtes.

Les peuples pasteurs ne peuvent se séparer de leurs troupeaux, qui font leur subsistance ; ils ne sauroient non plus se séparer de leurs femmes, qui en ont soin. Tout cela doit donc marcher ensemble ; d'autant plus que, vivant ordinairement dans de grandes plaines, où il y a peu de lieux forts d'assiette, leurs femmes, leurs enfans, leurs troupeaux, deviendroient la proie de leurs ennemis.

Leurs lois régleront le partage du butin, et auront, comme nos lois saliques, une attention particulière sur les vols.

CHAPITRE XIV.

De l'état politique des peuples qui ne cultivent point les terres.

Ces peuples jouissent d'une grande liberté; car, comme ils ne cultivent point les terres, ils n'y sont point attachés; ils sont errans, vagabonds; et, si un chef vouloit leur ôter leur liberté, ils l'iroient d'abord chercher chez un autre, ou se retireroient dans les bois pour y vivre avec leur famille. Chez ces peuples, la liberté de l'homme est si grande qu'elle entraine nécessairement la liberté du citoyen.

CHAPITRE XV.

Des peuples qui connoissent l'usage de la monnoie.

Aristippe, ayant fait naufrage, nagea et aborda au rivage prochain; il vit qu'on avoit tracé sur le sable des figures de géométrie : il se sentit ému de joie, jugeant qu'il étoit arrivé chez un peuple grec, et non pas chez un peuple barbare.

Soyez seul, et arrivez par quelque accident

chez un peuple inconnu; si vous voyez une pièce de monnoie, comptez que vous êtes arrivé chez une nation policée.

La culture des terres demande l'usage de la monnoie. Cette culture suppose beaucoup d'arts et de connoissances; et l'on voit toujours marcher d'un pas égal les arts, les connoissances, et les besoins. Tout cela conduit à l'établissement d'un signe de valeurs.

Les torrens et les incendies nous ont fait découvrir que les terres contenoient des métaux [1]. Quand ils en ont été une fois séparés, il a été aisé de les employer.

CHAPITRE XVI.

Des lois civiles chez les peuples qui ne connoissent point l'usage de la monnoie.

QUAND un peuple n'a pas l'usage de la monnoie, on ne connoît guère chez lui que les injustices qui viennent de la violence; et les gens foibles, en s'unissant, se défendent contre la violence. Il n'y a guère là que des arrangemens po-

---

[1] C'est ainsi que Diodore nous dit que des bergers trouvèrent l'or des Pyrénées.

litiques. Mais, chez un peuple où la monnoie est établie, on est sujet aux injustices qui viennent de la ruse ; et ces injustices peuvent être exercées de mille façons. On y est donc forcé d'avoir de bonnes lois civiles ; elles naissent avec les nouveaux moyens et les diverses manières d'être méchant.

Dans les pays où il n'y a point de monnoie, le ravisseur n'enlève que des choses, et les choses ne se ressemblent jamais. Dans les pays où il y a de la monnoie, le ravisseur enlève des signes ; et les signes se ressemblent toujours. Dans les premiers pays, rien ne peut être caché, parce que le ravisseur porte toujours avec lui des preuves de sa conviction : cela n'est pas de même dans les autres.

CHAPITRE XVII.

Des lois politiques chez les peuples qui n'ont point l'usage de la monnoie.

CE qui assure le plus la liberté des peuples qui ne cultivent point les terres, c'est que la monnoie leur est inconnue. Les fruits de la chasse, de la pêche, ou des troupeaux, ne peuvent s'assembler en assez grande quantité, ni se garder assez pour qu'un homme se trouve en état de corrompre tous les autres ; au lieu que, lorsqu'on a des signes de richesses, on peut faire un amas de ces signes, et les distribuer à qui l'on veut.

Chez les peuples qui n'ont point de monnoie, chacun a peu de besoins, et les satisfait aisément et également. L'égalité est donc forcée : aussi leurs chefs ne sont-ils point despotiques.

CHAPITRE XVIII.

Force de la superstition.

Si ce que les relations nous disent est vrai, la constitution d'un peuple de la Louisiane, nommé les *Natchés*, déroge à ceci. Leur chef[1] dispose des biens de tous ses sujets, et les fait travailler à sa fantaisie ; ils ne peuvent lui refuser leur tête ; il est comme le grand-seigneur. Lorsque l'héritier présomptif vient à naître, on lui donne tous les enfans à la mamelle, pour le servir pendant sa vie. Vous diriez que c'est le grand Sésostris. Ce chef est traité dans sa cabane avec les cérémonies qu'on feroit à un empereur du Japon ou de la Chine.

[1] Lettres édifiantes, vingtième recueil.

Les préjugés de la superstition sont supérieurs à tous les autres préjugés, et ses raisons à toutes les autres raisons. Ainsi, quoique les peuples sauvages ne connoissent point naturellement le despotisme, ce peuple-ci le connoît. Ils adorent le soleil ; et, si leur chef n'avoit point imaginé qu'il étoit le frère du soleil, ils n'auroient trouvé en lui qu'un misérable comme eux.

CHAPITRE XIX.

De la liberté des Arabes, et de la servitude des Tartares.

Les Arabes et les Tartares sont des peuples pasteurs. Les Arabes se trouvent dans les cas généraux dont nous avons parlé, et sont libres ; au lieu que les Tartares (peuple le plus singulier de la terre) se trouvent dans l'esclavage politique [1]. J'ai déjà [2] donné quelques raisons de ce dernier fait : en voici de nouvelles.

Ils n'ont point de villes, ils n'ont point de forêts, ils ont peu de marais ; leurs rivières sont presque toujours glacées ; ils habitent une immense plaine ;

---

[1] Lorsqu'on proclame un kan, tout le peuple s'écrie : *Que sa parole lui serve de glaive.*

[2] Liv. XVII, chap. v.

ils ont des pâturages et des troupeaux, et par conséquent des biens : mais ils n'ont aucune espèce de retraite ni de défense. Sitôt qu'un kan est vaincu, on lui coupe la tête [1]; on traite de la même manière ses enfans; et tous ses sujets appartiennent au vainqueur. On ne les condamne pas à un esclavage civil; ils seroient à charge à une nation simple, qui n'a point de terres à cultiver, et n'a besoin d'aucun service domestique. Ils augmentent donc la nation. Mais, au lieu de l'esclavage civil, on conçoit que l'esclavage politique a dû s'introduire.

En effet, dans un pays où les diverses hordes se font continuellement la guerre, et se conquièrent sans cesse les unes les autres; dans un pays où, par la mort du chef, le corps politique de chaque horde vaincue est toujours détruit, la nation en général ne peut guère être libre; car il n'y en a pas une seule partie qui ne doive avoir été un très-grand nombre de fois subjuguée.

Les peuples vaincus peuvent conserver quelque liberté, lorsque, par la force de leur situation, ils sont en état de faire des traités après leur défaite : mais les Tartares, toujours sans défense, vaincus une fois, n'ont jamais pu faire des conditions.

[1] Ainsi, il ne faut pas être étonné si Mirivéis, s'étant rendu maître d'Ispahan, fit tuer tous les princes du sang.

J'ai dit, au chapitre II, que les habitans des plaines cultivées n'étoient guère libres : des circonstances font que les Tartares, habitant une terre inculte, sont dans le même cas.

CHAPITRE XX.

Du droit des gens des Tartares.

Les Tartares paroissent entre eux doux et humains, et ils sont des conquérans très-cruels : ils passent au fil de l'épée les habitans des villes qu'ils prennent; ils croient leur faire grâce lorsqu'ils les vendent ou les distribuent à leurs soldats. Ils ont détruit l'Asie depuis les Indes jusqu'à la Méditerranée; tout le pays qui forme l'orient de la Perse en est resté désert.

Voici ce qui me paroît avoir produit un pareil droit des gens. Ces peuples n'avoient point de villes; toutes leurs guerres se faisoient avec promptitude et avec impétuosité. Quand ils espéroient de vaincre, ils combattoient; ils augmentoient l'armée des plus forts quand ils ne l'espéroient pas. Avec de pareilles coutumes, ils trouvoient qu'il étoit contre leur droit des gens qu'une ville qui ne pouvoit leur résister les arrêtât: ils ne regardoient pas les villes comme une assemblée d'habitans, mais comme des lieux propres à se soustraire à leur puissance. Ils n'avoient aucun art pour les assiéger, et ils s'exposoient beaucoup en les assiégeant ; ils vengeoient par le sang tout celui qu'ils venoient de répandre.

CHAPITRE XXI.

Loi civile des Tartares.

Le P. Duhalde dit que, chez les Tartares, c'est toujours le dernier des mâles qui est l'héritier, par la raison qu'à mesure que les aînés sont en état de mener la vie pastorale, ils sortent de la maison avec une certaine quantité de bétail que le père leur donne, et vont former une nouvelle habitation. Le dernier des mâles, qui reste dans la maison avec son père, est donc son héritier naturel.

J'ai ouï dire qu'une pareille coutume étoit observée dans quelques petits districts d'Angleterre ; et on la trouve encore en Bretagne, dans le duché de Rohan, où elle a lieu pour les rotures. C'est sans doute une loi pastorale venue de quelque petit peuple breton, ou portée par quelque peuple germain. On sait par César et Tacite que ces derniers cultivoient peu les terres.

CHAPITRE XXII.

D'une loi civile des peuples germains.

J'EXPLIQUERAI ici comment ce texte particulier de la loi salique, que l'on appelle ordinairement la loi salique, tient aux institutions d'un peuple qui ne cultivoit point les terres, ou du moins qui les cultivoit peu.

La loi salique [1] veut que, lorsqu'un homme laisse des enfans, les mâles succèdent à la terre salique, au préjudice des filles.

Pour savoir ce que c'étoit que les terres saliques, il faut chercher ce que c'étoit que les propriétés ou l'usage des terres chez les Francs, avant qu'ils fussent sortis de la Germanie.

M. Échard a très-bien prouvé que le mot *salique* vient du mot *sala*, qui signifie maison; et qu'ainsi la terre salique étoit la terre de la maison. J'irai plus loin; et j'examinerai ce que c'étoit que la maison, et la terre de la maison, chez les Germains.

« Ils n'habitent point de villes, dit Tacite [2],

---

[1] Titre 62.

[2] *Nullas Germanorum populis urbes habitari satis notum est, ne pati quidem inter se junctas sedes; colunt discreti ac diversi, ut fons, ut campus, ut nemus placuit. Vicos locant,*

« et ils ne peuvent souffrir que leurs maisons se
« touchent les unes les autres; chacun laisse au-
« tour de sa maison un petit terrain ou espace,
« qui est clos et fermé. » Tacite parloit exactement. Car plusieurs lois des codes [1] barbares ont
des dispositions différentes contre ceux qui ren-
versoient cette enceinte, et ceux qui pénétroient
dans la maison même.

Nous savons par Tacite et César que les terres
que les Germains cultivoient ne leur étoient données que pour un an; après quoi elles redevenoient
publiques. Ils n'avoient de patrimoine que la maison, et un morceau de terre dans l'enceinte autour de la maison [2]. C'est ce patrimoine particulier
qui appartenoit aux mâles. En effet, pourquoi auroit-il appartenu aux filles? elles passoient dans
une autre maison.

La terre salique étoit donc cette enceinte qui dépendoit de la maison du Germain; c'étoit la seule
propriété qu'il eût. Les Francs, après la conquête,
acquirent de nouvelles propriétés, et on continua
à les appeler des terres saliques.

non in nostrum morem connexis et cohærentibus ædificiis ; suam quisque domum spatio circumdat. De moribus Germanorum, cap. XVI.

[1] La loi des Allemands, chap. X; et la loi des Bavarois, titre 10,
§ 1 et 2.

[2] Cette enceinte s'appelle *curtis*, dans les chartres.

Lorsque les Francs vivoient dans la Germanie, leurs biens étoient des esclaves, des troupeaux, des chevaux, des armes, etc. La maison, et la petite portion de terre qui y étoit jointe, étoient naturellement données aux enfans mâles qui devoient y habiter. Mais, lorsqu'après la conquête, les Francs eurent acquis de grandes terres, on trouva dur que les filles et leurs enfans ne pussent y avoir de part. Il s'introduisit un usage, qui permettoit au père de rappeler sa fille et les enfans de sa fille. On fit taire la loi; et il falloit bien que ces sortes de rappels fussent communs, puisqu'on en fit des formules [1].

Parmi toutes ces formules, j'en trouve une singulière [2]. Un aïeul rappelle ses petits-enfans pour succéder avec ses fils et avec ses filles. Que devenoit donc la loi salique? Il falloit que, dans ces temps-là même, elle ne fût plus observée, ou que l'usage continuel de rappeler les filles eût fait regarder leur capacité de succéder comme le cas le plus ordinaire.

La loi salique n'ayant point pour objet une certaine préférence d'un sexe sur un autre, elle avoit encore moins celui d'une perpétuité de famille,

---

[1] Voyez Marculfe, livre II, form. 10 et 12; l'appendice de Marculfe, form. 49; et les formules anciennes, appelées de Sirmond, form. 22.

[2] Form. 55, dans le recueil de Lindembroch.

de nom, ou de transmission de terre : tout cela n'entroit point dans la tête des Germains. C'étoit une loi purement économique, qui donnoit la maison, et la terre dépendante de la maison, aux mâles qui devoient l'habiter, et à qui par conséquent elle convenoit le mieux.

Il n'y a qu'à transcrire ici le titre des *aleux* de la loi salique ; ce texte si fameux, dont tant de gens ont parlé, et que si peu de gens ont lu.

1° « Si un homme meurt sans enfans, son père « ou sa mère lui succéderont. 2° S'il n'a ni père « ni mère, son frère ou sa sœur lui succéderont. « 3° S'il n'a ni frère ni sœur, la sœur de sa mère « lui succédera. 4° Si sa mère n'a point de sœur, « la sœur de son père lui succédera. 5° Si son père « n'a point de sœur, le plus proche parent par mâle « lui succédera. 6° Aucune portion [1] de la terre « salique ne passera aux femelles ; mais elle ap- « partiendra aux mâles, c'est-à-dire que les enfans « mâles succéderont à leur père. »

Il est clair que les cinq premiers articles concernent la succession de celui qui meurt sans enfans, et le sixième, la succession de celui qui a des enfans.

Lorsqu'un homme mouroit sans enfans, la loi

---

[1] *De terrâ verò salicâ in mulierem nulla portio hæreditatis transit, sed hoc virilis sexus acquirit, hoc est, filii in ipsâ hæreditate succedunt.* Tit. 62, § 6.

vouloit qu'un des deux sexes n'eût de préférence sur l'autre que dans de certains cas. Dans les deux premiers degrés de succession, les avantages des mâles et des femelles étoient les mêmes; dans le troisième et le quatrième, les femmes avoient la préférence; et les mâles l'avoient dans le cinquième.

Je trouve les semences de ces bizarreries dans Tacite. « Les enfans [1] des sœurs, dit-il, sont chéris « de leur oncle comme de leur propre père. Il y « a des gens qui regardent ce lien comme plus « étroit et même plus saint; ils le préfèrent quand « ils reçoivent des otages. » C'est pour cela que nos premiers historiens [2] nous parlent tant de l'amour des rois francs pour leur sœur et pour les enfans de leur sœur. Que si les enfans des sœurs étoient regardés dans la maison comme les enfans mêmes, il étoit naturel que les enfans regardassent leur tante comme leur propre mère.

La sœur de la mère étoit préférée à la sœur du

---

[1] *Sororum filiis idem apud avunculum qui apud patrem honor. Quidam sanctiorem arctioremque hunc nexum sanguinis arbitrantur, et in accipiendis obsidibus magis exigunt, tanquàm ii et animum firmiùs et domum latiùs teneant.* De moribus Germanorum, c. xx.

[2] Voyez, dans Grégoire de Tours, liv. VIII, chap. xviii et xx, liv. IX, chap. xvi et xx, les fureurs de Gontran sur les mauvais traitemens faits à Ingunde, sa nièce, par Leuvigilde; et comme Childebert, son frère, fit la guerre pour la venger.

père; cela s'explique par d'autres textes de la loi salique : lorsqu'une femme étoit veuve [1], elle tomboit sous la tutelle des parens de son mari; la loi préféroit, pour cette tutelle, les parens par femmes aux parens par mâles. En effet, une femme qui entroit dans une famille, s'unissant avec les personnes de son sexe, elle étoit plus liée avec les parens par femmes qu'avec les parens par mâles. De plus quand un [2] homme en avoit tué un autre, et qu'il n'avoit pas de quoi satisfaire à la peine pécuniaire qu'il avoit encourue, la loi lui permettoit de céder ses biens, et les parens devoient suppléer à ce qui manquoit. Après le père, la mère, et le frère, c'étoit la sœur de la mère qui payoit, comme si ce lien avoit quelque chose de plus tendre : or, la parenté qui donne les charges devoit de même donner les avantages.

La loi salique vouloit qu'après la sœur du père le plus proche parent par mâle eût la succession: mais, s'il était parent au delà du cinquième degré, il ne succédoit pas. Ainsi une femme au cinquième degré auroit succédé au préjudice d'un mâle du sixième; et cela se voit dans la loi [3] des Francs ripuaires, fidèle interprète de la loi salique dans le

---

[1] *Loi salique*, tit. 47.

[2] *Ibid.*, tit. 61, § 1.

[3] *Et deinceps usque ad quintum genuculum qui proximus fuerit in hæreditatem succedat*, tit. 56, § 6.

titre des aleux, où elle suit pas à pas le même titre de la loi salique.

Si le père laissoit des enfans, la loi salique vouloit que les filles fussent exclues de la succession à la terre salique, et qu'elle appartînt aux enfans mâles.

Il me sera aisé de prouver que la loi salique n'exclut pas indistinctement les filles de la terre salique; mais dans le cas seulement où des frères les excluroient. 1° Cela se voit dans la loi salique même, qui, après avoir dit que les femmes ne posséderoient rien de la terre salique, mais seulement les mâles, s'interprète et se restreint elle-même; « c'est-à-dire, dit-elle, que le fils succédera à l'hérédité du père. »

2° Le texte de la loi salique est éclairci par la loi des Francs ripuaires, qui a aussi un titre [1] des aleux très-conforme à celui de la loi salique.

3° Les lois de ces peuples barbares, tous originaires de la Germanie, s'interprètent les unes les autres, d'autant plus qu'elles ont toutes à peu près le même esprit. La loi des Saxons [2] veut que le père et la mère laissent leur hérédité à leur fils, et non pas à leur fille : mais que, s'il n'y a que des filles, elles aient toute l'hérédité.

---

[1] Titre 56.

[2] Tit. 7, § 1. *Pater aut mater defuncti, filio, non filiæ, hæreditatem relinquant.* § 4. *Qui defunctus, non filios, sed filias reliquerit, ad eas omnis hæreditas pertineat.*

4° Nous avons deux anciennes formules ¹ qui posent le cas où, suivant la loi salique, les filles sont exclues par les mâles; c'est lorsqu'elles concourent avec leur frère.

5° Une autre formule ² prouve que la fille succédoit au préjudice du petit-fils; elle n'étoit donc exclue que par le fils.

6° Si les filles, par la loi salique, avoient été généralement exclues de la succession des terres, il seroit impossible d'expliquer les histoires, les formules, et les chartres, qui parlent continuellement des terres et des biens des femmes dans la première race.

On a eu tort de dire ³ que les terres saliques étoient des fiefs. 1° Ce titre est intitulé *des aleux*. 2° Dans les commencemens, les fiefs n'étoient point héréditaires. 3° Si les terres saliques avoient été des fiefs, comment Marculfe auroit-il traité d'impie la coutume qui excluoit les femmes d'y succéder, puisque les mâles mêmes ne succédoient pas aux fiefs? 4° Les chartres que l'on cite pour prouver que les terres saliques étoient des fiefs prouvent seulement qu'elles étoient des terres franches. 5° Les fiefs ne furent établis qu'après la conquête; et les

---

¹ Dans Marculfe, liv. II, form. 12; et dans l'appendice de Marculfe, form. 49.

² Dans le recueil de Lindembroch, form. 55.

³ Du Cange, Pithou, etc.

usages saliques existoient avant que les Francs partissent de la Germanie. 6° Ce ne fut point la loi salique qui, en bornant la succession des femmes, forma l'établissement des fiefs ; mais ce fut l'établissement des fiefs qui mit des limites à la succession des femmes et aux dispositions de la loi salique.

Après ce que nous venons de dire, on ne croiroit pas que la succession personnelle des mâles à la couronne de France pût venir de la loi salique. Il est pourtant indubitable qu'elle en vient. Je le prouve par les divers codes des peuples barbares. La loi salique [1] et la loi des Bourguignons [2] ne donnèrent point aux filles le droit de succéder à la terre avec leurs frères ; elles ne succédèrent pas non plus à la couronne. La loi des Wisigoths [3], au contraire, admit les filles [4] à succéder aux terres avec leurs frères ; les femmes furent capables de succéder à la couronne. Chez ces peuples, la disposition de la loi civile força [5] la loi politique.

[1] Tit. 62.

[2] Tit. 1, § 3 ; tit. 14, § 1 ; et tit. 51.

[3] Liv. IV, tit. 2, § 1.

[4] Les nations germaines, dit Tacite, avoient des usages communs ; elles en avoient aussi de particuliers. *De mor. Germ.*, cap. XXVII.

[5] La couronne, chez les Ostrogoths, passa deux fois par les femmes aux mâles ; l'une, par Amalasunthe, dans la personne d'Athalaric ; et l'autre, par Amalafrède, dans la personne de Théodat. Ce n'est pas que, chez eux, les femmes ne pussent régner par

Ce ne fut pas le seul cas où la loi politique, chez les Francs*, céda à la loi civile. Par la disposition de la loi salique, tous les frères succédoient également à la terre; et c'étoit aussi la disposition de la loi des Bourguignons. Aussi, dans la monarchie des Francs et dans celle des Bourguignons, tous les frères succédèrent-ils à la couronne, à quelques violences, meurtres et usurpations près, chez les Bourguignons.

CHAPITRE XXIII.

De la longue chevelure des rois francs.

LES peuples qui ne cultivent point les terres n'ont pas même l'idée du luxe. Il faut voir dans Tacite l'admirable simplicité des peuples germains : les arts ne travailloient point à leurs ornemens, ils les trouvoient dans la nature. Si la famille de leur chef devoit être remarquée par quelque signe, c'étoit dans cette même nature qu'ils devoient le chercher : les rois des Francs, des Bourguignons, et

---

elles-mêmes : Amalasunthe, après la mort d'Athalaric, régna, et régna même après l'élection de Théodat, et concurremment avec lui. Voyez les lettres d'Amalasunthe et de Théodat, dans Cassiodore, liv. X.

des Wisigoths, avoient pour diadème leur longue chevelure.

CHAPITRE XXIV.

Des mariages des rois francs.

J'AI dit ci-dessus que chez les peuples qui ne cultivent point les terres, les mariages étoient beaucoup moins fixes, et qu'on y prenoit ordinairement plusieurs femmes. « Les Germains étoient presque « les seuls [1] de tous les barbares qui se contentas-« sent d'une seule femme, si l'on en excepte [2], dit « Tacite, quelques personnes qui, non par disso-« lution, mais à cause de leur noblesse, en avoient « plusieurs. »

Cela explique comment les rois de la première race eurent un si grand nombre de femmes. Ces mariages étoient moins un témoignage d'incontinence, qu'un attribut de dignité : c'eût été les blesser dans un endroit bien tendre que de leur faire perdre une telle prérogative [3]. Cela explique

[1] *Propè soli barbarorum singulis uxoribus contenti sunt.* De morib. Germ., c. XVIII.

[2] *Exceptis admodùm paucis qui, non libidine, sed ob nobilitatem, plurimis nuptiis ambiuntur.* Ibid.

[3] Voyez la chronique de Frédégaire, sur l'an 628.

comment l'exemple des rois ne fut pas suivi par les sujets.

CHAPITRE XXV.

Childéric.

« Les mariages chez les Germains sont sévères [1], « dit Tacite. Les vices n'y sont point un sujet de « ridicule : corrompre ou être corrompu, ne s'ap- « pelle point un usage ou une manière de vivre : « il y a peu d'exemples [2], dans une nation si nom- « breuse, de la violation de la foi conjugale. »

Cela explique l'expulsion de Childéric : il choquoit des mœurs rigides que la conquête n'avoit pas eu le temps de changer.

---

[1] *Severa matrimonia... Nemo illic vitia ridet; nec corrumpere, et corrumpi sæculum vocatur.* De moribus Germ., cap. XVIII et XIX.

[2] *Paucissima in tàm numerosâ gente adulteria.* De moribus Germanorum, cap. XIX.

CHAPITRE XXVI.

De la majorité des rois francs.

Les peuples barbares qui ne cultivent point les terres n'ont point proprement de territoire, et sont, comme nous avons dit, plutôt gouvernés par le droit des gens que par le droit civil. Ils sont donc presque toujours armés. Aussi Tacite dit-il « que les Germains ne faisoient aucune affaire
« publique ni particulière sans être armés [1]. Ils
« donnoient leur avis par un signe qu'ils faisoient
« avec leurs armes [2]. Sitôt qu'ils pouvoient les
« porter, ils étoient présentés à l'assemblée [3]; on
« leur mettoit dans les mains un javelot [4]: dès ce
« moment, ils sortoient de l'enfance [5]; ils étoient

---

[1] *Nihil, neque publicæ, neque privatæ rei, nisi armati agunt.* De moribus Germanorum, cap. XIII.

[2] *Si displicuit sententia, aspernantur; sin placuit, frameas concutiunt.* Ibid., cap. XI.

[3] *Sed arma sumere non ante cuiquam moris quàm civitas suffecturum probaverit.* Ibid., cap. XIII.

[4] *Tùm in ipso concilio, vel principum aliquis, vel pater, ve propinquus, scuto frameâque juvenem ornant.* Ibid., cap. XIII.

[5] *Hæc apud illos toga, hic primus juventæ honos: ante hoc domûs pars videntur, mox reipublicæ.* Ibid., cap. XIII.

« une partie de la famille, ils en devenoient une de
« la république. »

« Les aigles, disoit[1] le roi des Ostrogoths, ces-
« sent de donner la nourriture à leurs petits sitôt
« que leurs plumes et leurs oncles sont formés;
« ceux-ci n'ont plus besoin du secours d'autrui,
« quand ils vont eux-mêmes chercher une proie.
« Il seroit indigne que nos jeunes gens qui sont
« dans nos armées fussent censés être dans un âge
« trop foible pour régir leur bien, et pour régler
« la conduite de leur vie. C'est la vertu qui fait la
« majorité chez les Goths. »

Childebert II avoit quinze ans[2], lorsque Gontran, son oncle, le déclara majeur, et capable de gouverner par lui-même. On voit, dans la loi des Ripuaires, cet âge de quinze ans, la capacité de porter les armes, et la majorité marcher ensemble. « Si un Ripuaire est mort, ou a été tué,
« y est-il dit[3], et qu'il ait laissé un fils, il ne pourra
« poursuivre, ni être poursuivi en jugement, qu'il
« n'ait quinze ans complets; pour lors il répondra
« lui-même, ou choisira un champion. » Il falloit

---

[1] Théodoric, dans Cassiodore, liv. I, lettre 38.

[2] Il avoit à peine cinq ans, dit Grégoire de Tours, liv. V, chap. 1, lorsqu'il succéda à son père, en l'an 575; c'est-à-dire qu'il avoit cinq ans. Gontran le déclara majeur en l'an 585; il avoit donc quinze ans.

[3] Tit. 81.

que l'esprit fût assez formé pour se défendre dans le jugement, et que le corps le fût assez pour se défendre dans le combat. Chez les Bourguignons [1], qui avoient aussi l'usage du combat dans les actions judiciaires, la majorité étoit encore à quinze ans.

Agathias nous dit que les armes des Francs étoient légères; ils pouvoient donc être majeurs à quinze ans. Dans la suite, les armes devinrent pesantes; et elles l'étoient déjà beaucoup du temps de Charlemagne, comme il paroît par nos capitulaires et par nos romans. Ceux qui [2] avoient des fiefs, et qui par conséquent devoient faire le service militaire, ne furent plus majeurs qu'à vingt-un ans [3].

CHAPITRE XXVII.

Continuation du même sujet.

On a vu que, chez les Germains, on n'alloit point à l'assemblée avant la majorité; on étoit partie de la famille, et non pas de la république. Cela

[1] Tit. 87.
[2] Il n'y eut point de changement pour les roturiers.
[3] Saint-Louis ne fut majeur qu'à cet âge. Cela changea par un édit de Charles V, de l'an 1374.

fit que les enfans de Clodomir, roi d'Orléans et conquérant de la Bourgogne, ne furent point déclarés rois, parce que dans l'âge tendre où ils étoient, ils ne pouvoient pas être présentés à l'assemblée. Ils n'étoient pas rois encore, mais ils devoient l'être lorsqu'ils seroient capables de porter les armes; et cependant Clotilde, leur aïeule, gouvernoit l'état¹. Leurs oncles Clotaire et Childebert les égorgèrent, et partagèrent leur royaume. Cet exemple fut cause que, dans la suite, les princes pupilles furent déclarés rois, d'abord après la mort de leurs pères. Ainsi le duc Gondovald sauva Childebert II de la cruauté de Chilpéric, et le fit déclarer roi² à l'âge de cinq ans.

Mais, dans ce changement même, on suivit le premier esprit de la nation, de sorte que les actes ne se passoient pas même au nom des rois pupilles. Aussi y eut-il chez les Francs une double administration, l'une qui regardoit la personne du roi pupille, et l'autre qui regardoit le royaume; et, dans les fiefs, il y eut une différence entre la tutelle et la baillie.

---

¹ Il paroît, par Grégoire de Tours, liv. III, qu'elle choisit deux hommes de Bourgogne, qui étoit une conquête de Clodomir, pour les élever au siége de Tours, qui étoit aussi du royaume de Clodomir.

² Grégoire de Tours, liv. V, chap. 1. *Vix lustro ætatis uno jam peracto, qui die dominicæ natalis, regnare cœpit.*

CHAPITRE XXVIII.

De l'adoption chez les Germains.

Comme chez les Germains on devenoit majeur en recevant les armes, on étoit adopté par le même signe. Ainsi Gontran voulant déclarer majeur son neveu Childebert, et de plus l'adopter, il lui dit : « J'ai mis [1] ce javelot dans tes mains, comme un « signe que je t'ai donné mon royaume. » Et se tournant vers l'assemblée : « Vous voyez que mon « fils Childebert est devenu un homme ; obéissez- « lui. » Théodoric, roi des Ostrogoths, voulant adopter le roi des Hérules, lui écrivit [2] : « C'est une « belle chose parmi nous, de pouvoir être adopté « par les armes : car les hommes courageux sont « les seuls qui méritent de devenir nos enfans. Il « y a une telle force dans cet acte, que celui qui « en est l'objet aimera toujours mieux mourir que « de souffrir quelque chose de honteux. Ainsi, par « la coutume des nations, et parce que vous êtes « un homme, nous vous adoptons par ces bou- « cliers, ces épées, ces chevaux, que nous vous « envoyons. »

[1] Voyez Grégoire de Tours, liv. VII, chap. xviii.
[2] Dans Cassiodore, liv. IV. lett. 2.

CHAPITRE XXIX.

Esprit sanguinaire des rois francs.

Clovis n'avoit pas été le seul des princes chez les Francs, qui eût entrepris des expéditions dans les Gaules; plusieurs de ses parens y avoient mené des tribus particulières; et, comme il y eut de plus grands'succès, et qu'il put donner des établissemens considérables à ceux qui l'avoient suivi, les Francs accoururent à lui de toutes les tribus, et les autres chefs se trouvèrent trop foibles pour lui résister. Il forma le dessein d'exterminer toute sa maison, et il y réussit[1]. Il craignoit, dit Grégoire de Tours[2], que les Francs ne prissent un autre chef. Ses enfans et ses successeurs suivirent cette pratique autant qu'ils purent : on vit sans cesse le frère, l'oncle, le neveu; que dis-je? le fils, le père, conspirer contre toute sa famille. La loi séparoit sans cesse la monarchie; la crainte, l'ambition et la cruauté vouloient la réunir.

[1] Grégoire de Tours, liv. II.
[2] Ibid.

CHAPITRE XXX.

Des assemblées de la nation chez les Francs.

On a dit ci-dessus que les peuples qui ne cultivent point les terres jouissoient d'une grande liberté. Les Germains furent dans ce cas. Tacite dit qu'ils ne donnoient à leurs rois ou chefs qu'un pouvoir très-modéré[1]; et César[2], qu'ils n'avoient point de magistrat commun pendant la paix, mais que, dans chaque village, les princes rendoient la justice entre les leurs. Aussi les Francs, dans la Germanie, n'avoient-ils point de roi, comme Grégoire de Tours[3] le prouve très-bien.

« Les princes, dit Tacite[4], délibèrent sur les petites choses, toute la nation sur les grandes; de

---

[1] *Nec regibus libera aut infinita potestas. Cœterum neque animadvertere, neque vincire, neque verberare,* etc. De morib. Germ. cap. XII.

[2] *In pace nullus est communis magistratus : sed principes regionum atque pagorum inter suos jus dicunt.* C. J. Cæsaris de bello Gall., lib. VI.

[3] Liv. II.

[4] *De minoribus principes consultant, de majoribus omnes, ità tamen ut ea quorum penès plebem arbitrium est, apud principes quoque pertractentur.* De morib. Germ. cap. XI.

« sorte pourtant que les affaires dont le peuple
« prend connoissance sont portées de même de-
« vant les princes. » Cet usage se conserva après la
conquête, comme ¹ on le voit dans tous les monumens.

Tacite ² dit que les crimes capitaux pouvoient
être portés devant l'assemblée. Il en fut de même
après la conquête, et les grands vassaux y furent
jugés.

CHAPITRE XXXI.

De l'autorité du clergé dans la première race.

Chez les peuples barbares, les prêtres ont ordinairement du pouvoir, parce qu'ils ont et l'autorité
qu'ils doivent tenir de la religion, et la puissance
que chez des peuples pareils donne la superstition.
Aussi voyons-nous, dans Tacite, que les prêtres
étoient fort accrédités chez les Germains, qu'ils
mettoient la police ³ dans l'assemblée du peuple.

¹ *Lex consensu populi fit et constitutione regis.* Capitulaires
de Charles-le-Chauve, an 864, art. 6.

² *Licet apud concilium accusare, et discrimen capitis in-
tendere.* De moribus Germanorum, cap. XII.

³ *Silentium per sacerdotes, quibus et coercendi jus est, im-
peratur.* De morib. Germ. cap. XI.

Il n'étoit permis [1] qu'à eux de châtier, de lier, de frapper : ce qu'ils faisoient, non pas par un ordre du prince, ni pour infliger une peine, mais comme par une inspiration de la divinité, toujours présente à ceux qui font la guerre.

Il ne faut pas être étonné si, dès le commencement de la première race, on voit les évêques arbitres [2] des jugemens, si on les voit paroître dans les assemblées de la nation, s'ils influent si fort dans les résolutions des rois, et si on leur donne tant de biens.

---

[1] *Nec regibus libera aut infinita potestas. Cœterùm neque animadvertere, neque vincire, neque verberare, nisi sacerdotibus est permissum; non quasi in pœnam, nec ducis jussu, sed velut deo imperante, quem adesse bellatoribus credunt.* De morib. Germ. cap. VII.

[2] Voyez la Constitution de Clotaire, de l'an 560, art. 6.

LIVRE XIX.

DES LOIS, DANS LE RAPPORT QU'ELLES ONT AVEC LES PRINCIPES QUI FORMENT L'ESPRIT GÉNÉRAL, LES MOEURS, ET LES MANIÈRES D'UNE NATION.

CHAPITRE I.

Du sujet de ce livre.

Cette matière est d'une grande étendue. Dans cette foule d'idées qui se présentent à mon esprit, je serai plus attentif à l'ordre des choses qu'aux choses mêmes. Il faut que j'écarte à droite et à gauche, que je perce, et que je me fasse jour.

CHAPITRE II.

Combien, pour les meilleures lois, il est nécessaire que les esprits soient préparés.

Rien ne parut plus insupportable aux Germains [1] que le tribunal de Varus. Celui que Jus-

[1] Ils coupoient la langue aux avocats, et disoient : *Vipère, cesse de siffler.* Tacite.

tinien érigea [1] chez les Laziens pour faire le procès au meurtrier de leur roi leur parut une chose horrible et barbare. Mithridate [2] haranguant contre les Romains, leur reproche surtout les formalités [3] de leur justice. Les Parthes ne purent supporter ce roi qui, ayant été élevé à Rome, se rendit affable [4] et accessible à tout le monde. La liberté même a paru insupportable à des peuples qui n'étoient pas accoutumés à en jouir. C'est ainsi qu'un air pur est quelquefois nuisible à ceux qui ont vécu dans des pays marécageux.

Un Vénitien, nommé Balbi, étant au Pégu [5], fut introduit chez le roi. Quand celui-ci apprit qu'il n'y avoit point de roi à Venise, il fit un si grand éclat de rire, qu'une toux le prit, et qu'il eut beaucoup de peine à parler à ses courtisans. Quel est le législateur qui pourroit proposer le gouvernement populaire à des peuples pareils?

[1] Agathias, liv. IV.

[2] Justin, liv. XXXVIII, chap. 4.

[3] *Calumnias litium.* Ibid-ibid.

[4] *Prompti aditus, nova comitas, ignotæ Parthis virtutes, nova vitia.* Tacite, Annales, liv. II, § 2.

[5] Il en a fait la description en 1596. Recueil des voyages qui ont servi à l'établissement de la compagnie des Indes, tome III, part. I, page 33.

CHAPITRE III.

De la tyrannie.

Il y a deux sortes de tyrannie : une réelle, qui consiste dans la violence du gouvernement; et une d'opinion, qui se fait sentir lorsque ceux qui gouvernent établissent des choses qui choquent la manière de penser d'une nation.

Dion dit qu'Auguste voulut se faire appeler Romulus ; mais qu'ayant appris que le peuple craignoit qu'il ne voulût se faire roi, il changea de dessein. Les premiers Romains ne vouloient point de roi, parce qu'ils n'en pouvoient souffrir la puissance : les Romains d'alors ne vouloient point de roi, pour n'en point souffrir les manières. Car, quoique César, les triumvirs, Auguste, fussent de véritables rois, ils avoient gardé tout l'extérieur de l'égalité, et leur vie privée contenoit une espèce d'opposition avec le faste des rois d'alors ; et, quand ils ne vouloient point de roi, cela signifioit qu'ils vouloient garder leurs manières, et ne pas prendre celles des peuples d'Afrique et d'Orient.

Dion [1] nous dit que le peuple romain étoit in-

---

[1] Liv. LIV, page 532.

digné contre Auguste, à cause de certaines lois trop dures qu'il avoit faites; mais que, sitôt qu'il eut fait revenir le comédien Pylade, que les factions avoient chassé de la ville, le mécontentement cessa. Un peuple pareil sentoit plus vivement la tyrannie lorsqu'on chassoit un baladin que lorsqu'on lui ôtoit toutes ses lois.

CHAPITRE IV.

Ce que c'est que l'esprit général.

Plusieurs choses gouvernent les hommes; le climat, la religion, les lois, les maximes du gouvernement, les exemples des choses passées, les mœurs, les manières; d'où il se forme un esprit général qui en résulte.

A mesure que, dans chaque nation, une de ces causes agit avec plus de force, les autres lui cèdent d'autant. La nature et le climat dominent presque seuls sur les sauvages, les manières gouvernent les Chinois; les lois tyrannisent le Japon; les mœurs donnoient autrefois le ton dans Lacédémone; les maximes du gouvernement et les mœurs anciennes le donnoient dans Rome.

CHAPITRE V.

Combien il faut être attentif à ne point changer l'esprit général d'une nation.

S'il y avoit dans le monde une nation qui eût une humeur sociable, une ouverture de cœur, une joie dans la vie, un goût, une facilité à communiquer ses pensées; qui fût vive, agréable, enjouée, quelquefois imprudente, souvent indiscrète; et qui eût avec cela du courage, de la générosité, de la franchise, un certain point d'honneur, il ne faudroit point chercher à gêner par des lois ses manières, pour ne point gêner ses vertus. Si en général le caractère est bon, qu'importe de quelques défauts qui s'y trouvent?

On y pourroit contenir les femmes, faire des lois pour corriger leurs mœurs, et borner leur luxe : mais qui sait si on n'y perdroit pas un certain goût qui seroit la source des richesses de la nation, et une politesse qui attire chez elle les étrangers?

C'est au législateur à suivre l'esprit de la nation lorsqu'il n'est pas contraire aux principes du gouvernement; car nous ne faisons rien de mieux que ce que nous faisons librement, et en suivant notre génie naturel.

Qu'on donne un esprit de pédanterie à une nation naturellement gaie, l'état n'y gagnera rien ni pour le dedans ni pour le dehors. Laissez-lui faire les choses frivoles sérieusement, et gaiement les choses sérieuses.

CHAPITRE VI.

Qu'il ne faut pas tout corriger.

Qu'on nous laisse comme nous sommes, disoit un gentilhomme d'une nation qui ressemble beaucoup à celle dont nous venons de donner une idée. La nature répare tout. Elle nous a donné une vivacité capable d'offenser, et propre à nous faire manquer à tous les égards; cette même vivacité est corrigée par la politesse qu'elle nous procure, en nous inspirant du goût pour le monde, et surtout pour le commerce des femmes.

Qu'on nous laisse tels que nous sommes. Nos qualités indiscrètes, jointes à notre peu de malice, font que les lois qui gêneroient l'humeur sociable parmi nous ne seroient point convenables.

CHAPITRE VII.

Des Athéniens et des Lacédémoniens.

Les Athéniens, continuoit ce gentilhomme, étoient un peuple qui avoit quelque rapport avec le nôtre. Il mettoit de la gaieté dans les affaires ; un trait de raillerie lui plaisoit sur la tribune comme sur le théâtre. Cette vivacité qu'il mettoit dans les conseils, il la portoit dans l'exécution. Le caractère des Lacédémoniens étoit grave, sérieux, sec, taciturne. On n'auroit pas plus tiré parti d'un Athénien en l'ennuyant que d'un Lacédémonien en le divertissant.

CHAPITRE VIII.

Effet de l'humeur sociable.

Plus les peuples se communiquent, plus ils changent aisément de manières, parce que chacun est plus un spectacle pour un autre ; on voit mieux les singularités des individus. Le climat qui fait qu'une nation aime à se communiquer fait aussi qu'elle aime à changer ; et ce qui fait qu'une nation aime à changer, fait aussi qu'elle se forme le goût.

La société des femmes gâte les mœurs, et forme le goût : l'envie de plaire plus que les autres établit les parures, et l'envie de plaire plus que soi-même établit les modes. Les modes sont un objet important : à force de se rendre l'esprit frivole, on augmente sans cesse les branches de son commerce [1].

CHAPITRE IX.

De la vanité et de l'orgueil des nations.

La vanité est un aussi bon ressort pour un gouvernement que l'orgueil en est un dangereux. Il n'y a pour cela qu'à se représenter d'un côté les biens sans nombre qui résultent de la vanité; de là le luxe, l'industrie, les arts, les modes, la politesse, le goût; et d'un autre côté les maux infinis qui naissent de l'orgueil de certaines nations; la paresse, la pauvreté, l'abandon de tout, la destruction des nations que le hasard a fait tomber entre leurs mains, et de la leur même. La paresse [2] est l'effet de l'orgueil; le travail est une

[1] Voyez la fable des abeilles.

[2] Les peuples qui suivent le kan de Malacamber, ceux de

suite de la vanité : l'orgueil d'un Espagnol le portera à ne pas travailler ; la vanité d'un Français le portera à savoir travailler mieux que les autres.

Toute nation paresseuse est grave; car ceux qui ne travaillent pas se regardent comme souverains de ceux qui travaillent.

Examinez toutes les nations, et vous verrez que dans la plupart la gravité, l'orgueil et la paresse marchent du même pas.

Les peuples d'Achim [1] sont fiers et paresseux ; ceux qui n'ont point d'esclaves en louent un, ne fût-ce que pour faire cent pas, et porter deux pintes de riz ; ils se croiroient déshonorés s'ils les portoient eux-mêmes.

Il y a plusieurs endroits de la terre où l'on se laisse croître les ongles pour marquer que l'on ne travaille point.

Les femmes des Indes [2] croient qu'il est honteux pour elles d'apprendre à lire : c'est l'affaire, disent-elles, des esclaves qui chantent des canti-

---

Carnataca et de Coromandel, sont des peuples orgueilleux et paresseux ; ils consomment peu, parce qu'ils sont misérables : au lieu que les Mogols et les peuples de l'Indostan s'occupent et jouissent des commodités de la vie, comme les Européens. (Recueil des voyages qui ont servi à l'établissement de la compagnie des Indes, tome I, page 54.)

[1] Voyez Dampier, tome III.

[2] Lettres édifiantes, douzième recueil, page 80.

ques dans les pagodes. Dans une caste, elles ne filent point; dans une autre, elles ne font que des paniers et des nattes, elles ne doivent pas même piler le riz; dans d'autres, il ne faut pas qu'elles aillent querir de l'eau. L'orgueil y a établi ses règles, et il les fait suivre. Il n'est pas nécessaire de dire que les qualités morales ont des effets différens selon qu'elles sont unies à d'autres : ainsi l'orgueil, joint à une vaste ambition, à la grandeur des idées, etc., produisit chez les Romains les effets que l'on sait.

CHAPITRE X.

Du caractère des Espagnols et de celui des Chinois.

Les divers caractères des nations sont mêlés de vertus et de vices, de bonnes et de mauvaises qualités. Les heureux mélanges sont ceux dont il résulte de grands biens; et souvent on ne les soupçonneroit pas : il y en a dont il résulte de grands maux, et qu'on ne soupçonneroit pas non plus.

La bonne foi des Espagnols a été fameuse dans tous les temps. Justin [1] nous parle de leur fidé-

[1] Liv. XLIV, chap. 2.

lité à garder les dépôts; ils ont souvent souffert la mort pour les tenir secrets. Cette fidélité qu'ils avoient autrefois, ils l'ont encore aujourd'hui. Toutes les nations qui commercent à Cadix confient leur fortune aux Espagnols; elles ne s'en sont jamais repenties. Mais cette qualité admirable, jointe à leur paresse, forme un mélange dont il résulte des effets qui leur sont pernicieux : les peuples de l'Europe font, sous leurs yeux, tout le commerce de leur monarchie.

Le caractère des Chinois forme un autre mélange, qui est en contraste avec le caractère des Espagnols. Leur vie précaire [1] fait qu'ils ont une activité prodigieuse, et un désir si excessif du gain qu'aucune nation commerçante ne peut se fier à eux [2]. Cette infidélité reconnue leur a conservé le commerce du Japon; aucun négociant d'Europe n'a osé entreprendre de le faire sous leur nom, quelque facilité qu'il y eût eu à l'entreprendre par leurs provinces maritimes du nord.

[1] Par la nature du climat et du terrain.
[2] Le P. Duhalde, tome II.

CHAPITRE XI.

Réflexions.

JE n'ai point dit ceci pour diminuer rien de la distance infinie qu'il y a entre les vices et les vertus : à Dieu ne plaise! J'ai seulement voulu faire comprendre que tous les vices politiques ne sont pas des vices moraux, et que tous les vices moraux ne sont pas des vices politiques; et c'est ce que ne doivent point ignorer ceux qui font des lois qui choquent l'esprit général.

CHAPITRE XII.

Des manières et des mœurs dans l'état despotique.

C'EST une maxime capitale, qu'il ne faut jamais changer les mœurs et les manières dans l'état despotique; rien ne seroit plus promptement suivi d'une révolution. C'est que, dans ces états, il n'y a point de lois, pour ainsi dire; il n'y a que des mœurs et des manières; et, si vous renversez cela, vous renversez tout.

Les lois sont établies, les mœurs sont inspirées; celles-ci tiennent plus à l'esprit général, celles-là tiennent plus à une institution particuliere : or, il est aussi dangereux, et plus, de renverser l'esprit général que de changer une institution particulière.

On se communique moins dans les pays où chacun, et comme supérieur et comme inférieur, exerce et souffre un pouvoir arbitraire, que dans ceux où la liberté règne dans toutes les conditions. On y change donc moins de manières et de mœurs; les manières plus fixes approchent plus des lois : ainsi il faut qu'un prince ou un législateur y choque moins les mœurs et les manières que dans aucun pays du monde.

Les femmes y sont ordinairement enfermées, et n'ont point de ton a donner. Dans les autres pays où elles vivent avec les hommes, l'envie qu'elles ont de plaire, et le désir que l'on a de leur plaire aussi, font que l'on change continuellement de manières. Les deux sexes se gâtent, ils perdent l'un et l'autre leur qualité distinctive et essentielle; il se met un arbitraire dans ce qui étoit absolu, et les manières changent tous les jours.

CHAPITRE XIII.

Des manières chez les Chinois.

Mais c'est à la Chine que les manières sont indestructibles. Outre que les femmes y sont absolument séparées des hommes, on enseigne dans les écoles les manières comme les mœurs. On connoît un lettré [1] à la façon aisée dont il fait la révérence. Ces choses, une fois données en préceptes et par de graves docteurs, s'y fixent comme des principes de morale, et ne changent plus.

CHAPITRE XIV.

Quels sont les moyens naturels de changer les mœurs et les manières d'une nation.

Nous avons dit que les lois étoient des institutions particulières et précises du législateur, et les mœurs et les manières des institutions de la nation en général. De là il suit que lorsque l'on veut changer les mœurs et les manières, il ne faut

---

[1] Dit le P. Duhalde.

pas les changer par les lois; cela paroîtroit trop tyrannique : il vaut mieux les changer par d'autres mœurs et d'autres manières.

Ainsi, lorsqu'un prince veut faire de grands changemens dans sa nation, il faut qu'il réforme par les lois ce qui est établi par les lois, et qu'il change par les manières ce qui est établi par les manières : et c'est une très-mauvaise politique de changer par les lois ce qui doit être changé par les manières.

La loi qui obligeoit les Moscovites à se faire couper la barbe et les habits, et la violence de Pierre Ier, qui faisoit tailler jusqu'aux genoux les longues robes de ceux qui entroient dans les villes, étoient tyranniques. Il y a des moyens pour empêcher les crimes; ce sont les peines : il y en a pour faire changer les manières; ce sont les exemples.

La facilité et la promptitude avec laquelle cette nation s'est policée a bien montré que ce prince avoit trop mauvaise opinion d'elle, et que ces peuples n'étoient pas des bêtes, comme il le disoit. Les moyens violens qu'il employa étoient inutiles; il seroit arrivé tout de même à son but par la douceur.

Il éprouva lui-même la facilité de ces changemens. Les femmes étoient renfermées, et en quelque façon esclaves; il les appela à la cour, il les fit habiller à l'allemande, il leur envoyoit des étoffes. Ce sexe goûta d'abord une façon de vivre qui flattoit si fort son goût, sa vanité et ses passions, et la fit goûter aux hommes.

Ce qui rendit le changement plus aisé, c'est que les mœurs d'alors étoient étrangères au climat, et y avoient été apportées par le mélange des nations et par les conquêtes. Pierre Ier, donnant les mœurs et les manières de l'Europe à une nation d'Europe, trouva des facilités qu'il n'attendoit pas lui-même. L'empire du climat est le premier de tous les empires. Il n'avoit donc pas besoin de lois pour changer les mœurs et les manières de sa nation; il lui eût suffi d'inspirer d'autres mœurs et d'autres manières.

En général, les peuples sont très-attachés à leurs coutumes; les leur ôter violemment, c'est les rendre malheureux : il ne faut donc pas les changer, mais les engager à les changer eux-mêmes.

Toute peine qui ne dérive pas de la nécessité est tyrannique. La loi n'est pas un pur acte de puissance; les choses indifférentes par leur nature ne sont pas de son ressort.

CHAPITRE XV.

Influence du gouvernement domestique sur le politique.

Ce changement des mœurs des femmes influera sans doute beaucoup dans le gouvernement de Moscovie. Tout est extrêmement lié : le despotisme du prince s'unit naturellement avec la servitude des femmes ; la liberté des femmes, avec l'esprit de la monarchie.

CHAPITRE XVI.

Comment quelques législateurs ont confondu les principes qui gouvernent les hommes.

Les mœurs et les manières sont des usages que les lois n'ont point établis, ou n'ont pas pu, ou n'ont pas voulu établir.

Il y a cette différence entre les lois et les mœurs, que les lois règlent plus les actions du citoyen, et que les mœurs règlent plus les actions de l'homme. Il y a cette différence entre les mœurs et les manières, que les premières regardent plus la conduite intérieure, les autres l'extérieure.

Quelquefois, dans un état, ces choses se confondent [1]. Lycurgue fit un même code pour les lois, les mœurs et les manières; et les législateurs de la Chine en firent de même.

Il ne faut pas être étonné si les législateurs de Lacédémone et de la Chine confondirent les lois, les mœurs et les manières : c'est que les mœurs représentent les lois, et les manières représentent les mœurs.

Les législateurs de la Chine avoient pour principal objet de faire vivre leur peuple tranquille. Ils voulurent que les hommes se respectassent beaucoup; que chacun sentît à tous les instans qu'il devoit beaucoup aux autres; qu'il n'y avoit point de citoyen qui ne dépendît, à quelque égard, d'un autre citoyen. Ils donnèrent donc aux regles de la civilité la plus grande étendue.

Ainsi, chez les peuples chinois, on vit les gens [2] de village observer entre eux des cérémonies comme les gens d'une condition relevée : moyen très-propre à inspirer la douceur, à maintenir parmi le peuple la paix et le bon ordre, et à ôter tous les vices qui viennent d'un esprit dur. En effet, s'affranchir des règles de la civilité,

---

[1] Moïse fit un même code pour les lois et la religion Les premiers Romains confondirent les coutumes anciennes avec les lois.

[2] Voyez le P. Duhalde.

n'est-ce pas chercher le moyen de mettre ses défauts plus à l'aise ?

La civilité vaut mieux, à cet égard, que la politesse. La politesse flatte les vices des autres, et la civilité nous empêche de mettre les nôtres au jour : c'est une barrière que les hommes mettent entre eux pour s'empêcher de se corrompre.

Lycurgue, dont les institutions étoient dures, n'eut point la civilité pour objet lorsqu'il forma les manières : il eut en vue cet esprit belliqueux qu'il vouloit donner à son peuple. Des gens toujours corrigeant, ou toujours corrigés, qui instruisoient toujours, et étoient toujours instruits, également simples et rigides, exerçoient plutôt entre eux des vertus qu'ils n'avoient des égards.

CHAPITRE XVII.

Propriété particulière au gouvernement de la Chine.

Les législateurs de la Chine firent plus [1] : ils confondirent la religion, les lois, les mœurs, et les manières ; tout cela fut la morale, tout cela fut la vertu. Les préceptes qui regardoient ces

---

[1] Voyez les livres classiques dont le P. Duhalde nous a donné de si beaux morceaux.

quatre points furent ce que l'on appela les rites. Ce fut dans l'observation exacte de ces rites que le gouvernement chinois triompha. On passa toute sa jeunesse à les apprendre, toute sa vie à les pratiquer. Les lettrés les enseignèrent, les magistrats les prêchèrent. Et, comme ils enveloppoient toutes les petites actions de la vie, lorsqu'on trouva moyen de les faire observer exactement, la Chine fut bien gouvernée.

Deux choses ont pu aisément graver les rites dans le cœur et l'esprit des Chinois : l'une, leur manière d'écrire extrêmement composée, qui a fait que, pendant une très-grande partie de la vie, l'esprit a été uniquement [1] occupé de ces rites, parce qu'il a fallu apprendre à lire dans les livres et pour les livres qui les contenoient; l'autre, que les préceptes des rites n'ayant rien de spirituel, mais simplement des règles d'une pratique commune, il est plus aisé d'en convaincre et d'en frapper les esprits, que d'une chose intellectuelle.

Les princes qui, au lieu de gouverner par les rites, gouvernèrent par la force des supplices, voulurent faire faire aux supplices ce qui n'est pas dans leur pouvoir, qui est de donner des mœurs. Les

---

[1] C'est ce qui a etabli l'émulation, la fuite de l'oisiveté, et l'estime pour le savoir.

supplices retrancheront bien de la société un citoyen qui, ayant perdu ses mœurs, viole les lois: mais si tout le monde a perdu ses mœurs, les rétabliront-ils? Les supplices arrêteront bien plusieurs conséquences du mal général, mais ils ne corrigeront pas ce mal. Aussi, quand on abandonna les principes du gouvernement chinois, quand la morale y fut perdue, l'état tomba-t-il dans l'anarchie, et on vit des révolutions.

CHAPITRE XVIII.

Conséquence du chapitre précédent.

Il résulte de là que la Chine ne perd point ses lois par la conquête. Les manières, les mœurs, les lois, la religion, y étant la même chose, on ne peut changer tout cela à la fois. Et, comme il faut que le vainqueur ou le vaincu changent, il a toujours fallu à la Chine que ce fût le vainqueur : car ses mœurs n'étant point ses manières; ses manières, ses lois; ses lois, sa religion; il a été plus aisé qu'il se pliât peu à peu au peuple vaincu, que le peuple vaincu à lui.

Il suit encore de là une chose bien triste : c'est qu'il n'est presque pas possible que le christianisme s'établisse jamais à la Chine[1]. Les vœux de virginité, les assemblées des femmes dans les églises, leur communication nécessaire avec les ministres de la religion, leur participation aux sacremens, la confession auriculaire, l'extrême-onction, le mariage d'une seule femme; tout cela renverse les mœurs et les manières du pays, et frappe encore du même coup sur la religion et sur les lois.

La religion chrétienne, par l'établissement de la charité, par un culte public, par la participation aux mêmes sacremens, semble demander que tout s'unisse : les rites des Chinois semblent ordonner que tout se sépare.

Et, comme on a vu que cette séparation[2] tient en général à l'esprit du despotisme, on trouvera dans ceci une des raisons qui font que le gouvernement monarchique et tout gouvernement modéré s'allient mieux[3] avec la religion chrétienne.

---

[1] Voyez les raisons données par les magistrats chinois dans les décrets par lesquels ils proscrivent la religion chrétienne. Lettres édifiantes, dix-septième recueil.

[2] Voyez le livre IV, chap. III; et le livre XIX, chap. XIII.

[3] Voyez ci-après le livre XXIV, chap. III.

CHAPITRE XIX.

Comment s'est faite cette union de la religion, des lois, des mœurs et des manières, chez les Chinois.

Les législateurs de la Chine eurent pour principal objet du gouvernement la tranquillité de l'empire. La subordination leur parut le moyen le plus propre à la maintenir. Dans cette idée, ils crurent devoir inspirer le respect pour les pères : et ils rassemblèrent toutes leurs forces pour cela ; ils établirent une infinité de rites et de cérémonies pour les honorer pendant leur vie et après leur mort. Il étoit impossible de tant honorer les pères morts sans être porté à les honorer vivans. Les cérémonies pour les pères morts avoient plus de rapport à la religion ; celles pour les pères vivans avoient plus de rapport aux lois, aux mœurs et aux manières : mais ce n'étoient que les parties d'un même code, et ce code étoit très-étendu.

Le respect pour les pères étoit nécessairement lié avec tout ce qui représentoit les pères, les vieillards, les maîtres, les magistrats, l'empereur. Ce respect pour les pères supposoit un retour d'amour pour les enfans; et, par conséquent, le même retour des vieillards aux jeunes gens, des magistrats à ceux qui leur étoient soumis, de l'empereur à ses sujets. Tout cela formait les rites, et ces rites l'esprit général de la nation.

On va sentir le rapport que peuvent avoir avec la constitution fondamentale de la Chine les choses qui paroissent les plus indifférentes. Cet empire est formé sur l'idée du gouvernement d'une famille. Si vous diminuez l'autorité paternelle, ou même si vous retranchez les cérémonies qui expriment le respect que l'on a pour elle, vous affoiblissez le respect pour les magistrats, qu'on regarde comme des pères; les magistrats n'auront plus le même soin pour les peuples, qu'ils doivent considérer comme des enfans; ce rapport d'amour qui est entre le prince et les sujets se perdra aussi peu à peu. Retranchez une de ces pratiques, et vous ébranlez l'état. Il est fort indifférent en soi que tous les matins une belle-fille se lève pour aller rendre tels et tels devoirs à sa belle-mère : mais si l'on fait attention que ces pratiques extérieures rappellent sans cesse à un sentiment qu'il est nécessaire d'imprimer dans tous les cœurs, et qui va de tous les cœurs former l'esprit qui gouverne l'empire, l'on verra qu'il est nécessaire qu'une telle ou une telle action particulière se fasse.

CHAPITRE XX.

Explication d'un paradoxe sur les Chinois

Ce qu'il y a de singulier, c'est que les Chinois, dont la vie est entièrement dirigée par les rites, sont néanmoins le peuple le plus fourbe de la terre. Cela paroît surtout dans le commerce, qui n'a jamais pu leur inspirer la bonne foi qui lui est naturelle. Celui qui achète doit porter [1] sa propre balance; chaque marchand en ayant trois, une forte pour acheter, une légère pour vendre, et une juste pour ceux qui sont sur leurs gardes. Je crois pouvoir expliquer cette contradiction.

Les législateurs de la Chine ont eu deux objets : ils ont voulu que le peuple fût soumis et tranquille, et qu'il fût laborieux et industrieux. Par la nature du climat et du terrain, il a une vie précaire; on n'y est assuré de sa vie qu'à force d'industrie et de travail.

Quand tout le monde obéit et que tout le monde travaille, l'état est dans une heureuse situation. C'est la nécessité, et peut-être la nature du climat, qui ont donné à tous les Chinois une avidité in-

---

[1] Journal de Lange, en 1721 et 1722; tome VIII des Voyages du nord, page 363.

concevable pour le gain ; et les lois n'ont pas songé à l'arrêter. Tout a été défendu, quand il a été question d'acquérir par violence; tout a été permis, quand il s'est agi d'obtenir par artifice ou par industrie. Ne comparons donc pas la morale des Chinois avec celle de l'Europe. Chacun, à la Chine, a dû être attentif à ce qui lui étoit utile; si le fripon a veillé à ses intérêts, celui qui est dupe devoit penser aux siens. A Lacédémone, il étoit permis de voler; à la Chine, il est permis de tromper.

CHAPITRE XXI.

Comment les lois doivent être relatives aux mœurs et aux manières.

Il n'y a que des institutions singulières qui confondent ainsi des choses naturellement séparées, les lois, les mœurs et les manières : mais, quoiqu'elles soient séparées, elles ne laissent pas d'avoir entre elles de grands rapports.

On demanda à Solon si les lois qu'il avoit données aux Athéniens étoient les meilleures. « Je leur « ai donné, répondit-il, les meilleures de celles « qu'ils pouvoient souffrir. » Belle parole, qui devroit être entendue de tous les législateurs. Quand la sagesse divine dit au peuple juif, « Je vous ai « donné des préceptes qui ne sont pas bons, » cela signifie qu'ils n'avoient qu'une bonté relative ; ce qui est l'éponge de toutes les difficultés que l'on peut faire sur les lois de Moïse.

CHAPITRE XXII.

Continuation du même sujet.

Quand un peuple a de bonnes mœurs, les lois deviennent simples [1]. Platon dit que Rhadamanthe, qui gouvernoit un peuple extrêmement religieux, expédioit tous les procès avec célérité, déférant seulement le serment sur chaque chef. Mais, dit le même Platon [2], quand un peuple n'est pas religieux, on ne peut faire usage du serment que dans les occasions où celui qui jure est sans intérêt, comme un juge et des témoins.

[1] Des Lois, liv. XII.
[2] Ibid.

CHAPITRE XXIII.

Comment les lois suivent les mœurs.

Dans le temps que les mœurs des Romains étoient pures, il n'y avoit point de loi particuliere contre le péculat. Quand ce crime commença à paroître, il fut trouvé si infâme, que d'être condamné à restituer ce qu'on avoit pris [1] fut regardé comme une grande peine; témoin le jugement de L. Scipion [2].

CHAPITRE XXIV.

Continuation du même sujet.

Les lois qui donnent la tutelle à la mère ont plus d'attention à la conservation de la personne du pupille; celles qui la donnent au plus proche héritier ont plus d'attention à la conservation des biens. Chez les peuples dont les mœurs sont corrompues, il vaut mieux donner la tutelle à la mère.

[1] *In simplum.*
[2] Tite-Live, liv. XXXVIII.

LIV. XIX, CHAP. XXIV.			243

Chez ceux où les lois doivent avoir de la confiance dans les mœurs des citoyens, on donne la tutelle à l'héritier des biens, ou à la mère, et quelquefois à tous les deux.

Si l'on réfléchit sur les lois romaines, on trouvera que leur esprit est conforme à ce que je dis. Dans le temps où l'on fit la loi des douze tables, les mœurs à Rome étoient admirables. On déféra la tutelle au plus proche parent du pupille, pensant que celui-là devoit avoir la charge de la tutelle, qui pouvoit avoir l'avantage de la succession. On ne crut point la vie du pupille en danger, quoiqu'elle fût mise entre les mains de celui à qui sa mort devoit être utile. Mais, lorsque les mœurs changèrent à Rome, on vit les législateurs changer aussi de façon de penser. Si, dans la substitution pupillaire, disent Caïus[1] et Justinien[2], le testateur craint que le substitué ne dresse des embûches au pupille, il peut laisser à découvert la substitution vulgaire[3], et mettre la pupillaire dans une partie du testament qu'on ne pourra ouvrir qu'après un certain temps. Voilà des craintes et des précautions inconnues aux premiers Romains.

[1] Instit., liv. II, tit. 6, § 2 ; la compilation d'Ozel, à Leyde, 1658.
[2] Instit., liv. II, *de pupil., substit.*, § 3.
[3] La substitution vulgaire est : *Si un tel ne prend pas l'hérédité, je lui substitue*, etc. La pupillaire est : *Si un tel meurt avant sa puberté, je lui substitue*, etc.

CHAPITRE XXV.

Continuation du même sujet.

La loi romaine donnoit la liberté de se faire des dons avant le mariage; après le mariage elle ne le permettoit plus. Cela étoit fondé sur les mœurs des Romains, qui n'étoient portés au mariage que par la frugalité, la simplicité, et la modestie; mais qui pouvoient se laisser séduire par les soins domestiques, les complaisances, et le bonheur de toute une vie.

La loi des Wisigoths[1] vouloit que l'époux ne pût donner à celle qu'il devoit épouser au delà du dixième de ses biens, et qu'il ne pût lui rien donner la première année de son mariage. Cela venoit encore des mœurs du pays : les législateurs vouloient arrêter cette jactance espagnole, uniquement portée à faire des libéralités excessives dans une action d'éclat.

Les Romains, par leurs lois, arrêtèrent quelques inconvéniens de l'empire du monde le plus durable, qui est celui de la vertu; les Espagnols, par les leurs, vouloient empêcher les mauvais effets

[1] Liv. III, tit. 1, § 5.

de la tyrannie du monde la plus fragile, qui est celle de la beauté.

CHAPITRE XXVI.

Continuation du même sujet.

La loi de Théodose et de Valentinien [1] tira les causes de répudiation des anciennes mœurs [2] et des manières des Romains. Elle mit au nombre de ces causes l'action d'un mari [3] qui châtieroit sa femme d'une manière indigne d'une personne ingénue. Cette cause fut omise dans les lois suivantes [4] : c'est que les mœurs avoient changé à cet égard; les usages d'Orient avoient pris la place de ceux de l'Europe. Le premier eunuque de l'impératrice, femme de Justinien II, la menaça, dit l'histoire, de ce châtiment dont on punit les enfans dans les écoles. Il n'y a que des mœurs établies, ou des mœurs qui cherchent à s'établir qui puissent faire imaginer une pareille chose.

[1] Leg., 8, cod. *de repudiis.*

[2] Et de la loi des douze tables. Voyez Cicéron, seconde Philippique.

[3] *Si verberibus, quæ ingenuis aliena sunt, afficientem probaverit.*

[4] Dans la novelle, 117, chap. xiv.

Nous avons vu comment les lois suivent les mœurs : voyons à présent comment les mœurs suivent les lois.

CHAPITRE XXVII.

Comment les lois peuvent contribuer à former les mœurs, les manières, et le caractère d'une nation.

Les coutumes d'un peuple esclave sont une partie de sa servitude : celles d'une peuple libre sont une partie de sa liberté.

J'ai parlé, au livre XI[1], d'un peuple libre; j'ai donné les principes de sa constitution : voyons les effets qui ont dû suivre, le caractère qui a pu s'en former, et les manières qui en résultent.

Je ne dis point que le climat n'ait produit, en grande partie, les lois, les mœurs et les manières dans cette nation; mais je dis que les mœurs et les manières de cette nation devroient avoir un grand rapport à ses lois.

Comme il y auroit dans cet état deux pouvoirs visibles, la puissance législative et l'exécutrice; et que tout citoyen y auroit sa volonté propre, et

[1] Chap. vi.

feroit valoir à son gré son indépendance ; la plupart des gens auroient plus d'affection pour une de ces puissances que pour l'autre ; le grand nombre n'ayant pas ordinairement assez d'équité ni de sens pour les affectionner également toutes les deux.

Et, comme la puissance exécutrice, disposant de tous les emplois, pourroit donner de grandes espérances et jamais de craintes, tous ceux qui obtiendroient d'elle seroient portés à se tourner de son côté, et elle pourroit être attaquée par tous ceux qui n'en espéreroient rien.

Toutes les passions y étant libres, la haine, l'envie, la jalousie, l'ardeur de s'enrichir et de se distinguer, paroîtroient dans toute leur étendue ; et si cela étoit autrement, l'état seroit comme un homme abattu par la maladie, qui n'a point de passions parce qu'il n'a point de forces.

La haine qui seroit entre les deux partis dureroit, parce qu'elle seroit toujours impuissante.

Ces partis étant composés d'hommes libres, si l'un prenoit trop le dessus, l'effet de la liberté feroit que celui-ci seroit abaissé, tandis que les citoyens, comme les mains qui secourent le corps, viendroient relever l'autre.

Comme chaque particulier, toujours indépendant, suivroit beaucoup ses caprices et ses fantaisies, on changeroit souvent de parti; on en abandonneroit un où l'on laisseroit tous ses amis pour se lier à un autre dans lequel on trouveroit tous ses ennemis; et souvent, dans cette nation, on pourroit oublier les lois de l'amitié et celles de la haine.

Le monarque seroit dans le cas des particuliers; et, contre les maximes ordinaires de la prudence, il seroit souvent obligé de donner sa confiance à ceux qui l'auroient le plus choqué, et de disgracier ceux qui l'auroient le mieux servi, faisant par nécessité ce que les autres princes font par choix.

On craint de voir échapper un bien que l'on sent, que l'on ne connoît guère, et qu'on peut nous déguiser; et la crainte grossit toujours les objets. Le peuple seroit inquiet sur sa situation, et croiroit être en danger dans les momens même les plus sûrs.

D'autant mieux que ceux qui s'opposeroient le plus vivement à la puissance exécutrice, ne pouvant avouer les motifs intéressés de leur opposition, ils augmenteroient les terreurs du peuple, qui ne sauroit jamais au juste s'il seroit en danger ou non. Mais cela même contribueroit à lui faire éviter les vrais périls où il pourroit dans la suite être exposé.

Mais le corps législatif ayant la confiance du

peuple, et étant plus éclairé que lui, il pourroit le faire revenir des mauvaises impressions qu'on lui auroit données, et calmer ses mouvemens.

C'est le grand avantage qu'auroit ce gouvernement sur les démocraties anciennes, dans lesquelles le peuple avoit une puissance immédiate; car, lorsque des orateurs l'agitoient, ces agitations avoient toujours leur effet.

Ainsi, quand les terreurs imprimées n'auroient point d'objet certain, elles ne produiroient que de vaines clameurs et des injures : et elles auroient même ce bon effet, qu'elles tendroient tous les ressorts du gouvernement, et rendroient tous les citoyens attentifs. Mais, si elles naissoient à l'occasion du renversement des lois fondamentales, elles seroient sourdes, funestes, atroces, et produiroient des catastrophes.

Bientôt on verroit un calme affreux, pendant lequel tout se réuniroit contre la puissance violatrice des lois.

Si, dans le cas où les inquiétudes n'ont pas d'objet certain, quelque puissance étrangère menaçoit l'état, et le mettoit en danger de sa fortune ou de sa gloire; pour lors, les petits intérêts cédant aux plus grands, tout se réuniroit en faveur de la puissance exécutrice.

Que si les disputes étoient formées à l'occasion de la violation des lois fondamentales, et qu'une puissance étrangère parût; il y auroit une révolution qui ne changeroit pas la forme du gouvernement, ni sa constitution : car les révolutions que forme la liberté ne sont qu'une confirmation de la liberté.

Une nation libre peut avoir un libérateur; une nation subjuguée ne peut avoir qu'un autre oppresseur.

Car tout homme qui a assez de force pour chasser celui qui est déjà le maître absolu dans un état, en a assez pour le devenir lui-même.

Comme, pour jouir de la liberté, il faut que chacun puisse dire ce qu'il pense; et que, pour la conserver, il faut encore que chacun puisse dire ce qu'il pense; un citoyen, dans cet état, diroit et écriroit tout ce que les lois ne lui ont pas défendu expressément de dire ou d'écrire.

Cette nation, toujours échauffée, pourroit plus aisément être conduite par ses passions que par la raison, qui ne produit jamais de grands effets sur l'esprit des hommes; et il seroit facile à ceux qui la gouverneroient de lui faire faire des entreprises contre ses véritables intérêts.

Cette nation aimeroit prodigieusement sa liberté, parce que cette liberté seroit vraie : et il pourroit arriver que, pour la défendre, elle sacrifieroit son bien, son aisance, ses intérêts; qu'elle se chargeroit des impôts les plus durs, et tels que le prince le plus absolu n'oseroit les faire supporter à ses sujets.

Mais, comme elle auroit une connoissance certaine de la nécessité de s'y soumettre, qu'elle paieroit dans l'espérance bien fondée de ne payer plus; les charges y seroient plus pesantes que le sentiment de ces charges : au lieu qu'il y a des états où le sentiment est infiniment au-dessus du mal.

Elle auroit un crédit sûr, parce qu'elle emprunteroit à elle-même, et se paieroit elle-même. Il pourroit arriver qu'elle entreprendroit au-dessus de ses forces naturelles, et feroit valoir contre ses ennemis d'immenses richesses de fiction, que la confiance et la nature de son gouvernement rendroient réelles.

Pour conserver sa liberté, elle emprunteroit de ses sujets; et ses sujets, qui verroient que son crédit seroit perdu si elle étoit conquise, auroient un nouveau motif de faire des efforts pour défendre sa liberté.

Si cette nation habitoit une île, elle ne seroit point conquérante, parce que des conquêtes séparées l'affoibliroient. Si le terrain de cette île étoit bon, elle le seroit encore moins, parce qu'elle n'auroit pas besoin de la guerre pour s'enrichir. Et, comme aucun citoyen ne dépendroit d'un autre citoyen, chacun feroit plus de cas de sa liberté que de la gloire de quelques citoyens, ou d'un seul.

Là, on regarderoit les hommes de guerre comme des gens d'un métier qui peut être utile et souvent dangereux, comme des gens dont les services sont laborieux pour la nation même; et les qualités civiles y seroient plus considérées.

Cette nation, que la paix et la liberté rendroient aisée, affranchie des préjugés destructeurs, seroit portée à devenir commerçante. Si elle avoit quelqu'une de ces marchandises primitives qui servent à faire de ces choses auxquelles la main de l'ouvrier donne un grand prix, elle pourroit faire des établissemens propres à se procurer la jouissance de ce don du ciel dans toute son étendue.

Si cette nation étoit située vers le nord, et qu'elle eût un grand nombre de denrées superflues; comme elle manqueroit aussi d'un grand nombre de marchandises que son climat lui refuseroit, elle feroit un commerce nécessaire, mais grand, avec les peuples du midi : et, choisissant les états qu'elle favoriseroit d'un commerce avantageux, elle feroit des traités réciproquement utiles avec la nation qu'elle auroit choisie.

Dans un état où d'un côté l'opulence seroit extrême, et de l'autre les impôts excessifs, on ne pourroit guère vivre sans industrie avec une fortune bornée. Bien des gens, sous prétexte de voyages ou de santé, s'exileroient de chez eux, et iroient chercher l'abondance dans les pays de la servitude même.

Une nation commerçante a un nombre prodigieux de petits intérêts particuliers ; elle peut donc choquer et être choquée d'une infinité de manières. Celle-ci deviendroit souverainement jalouse ; et elle s'affligeroit plus de la prospérité des autres qu'elle ne jouiroit de la sienne.

Et ses lois, d'ailleurs douces et faciles, pourroient être si rigides à l'égard du commerce et de la navigation qu'on feroit chez elle, qu'elle sembleroit ne négocier qu'avec des ennemis.

Si cette nation envoyoit au loin des colonies, elle le feroit plus pour étendre son commerce que sa domination.

Comme on aime à établir ailleurs ce qu'on trouve établi chez soi, elle donneroit aux peuples de ses colonies la forme de son gouvernement propre : et ce gouvernement portant avec lui la prospérité, on verroit se former de grands peuples dans les forêts mêmes qu'elle enverroit habiter.

Il pourroit être qu'elle auroit autrefois subjugué une nation voisine, qui, par sa situation, la bonté de ses ports, la nature de ses richesses, lui donneroit de la jalousie : ainsi, quoiqu'elle lui eût donné ses propres lois, elle la tiendroit dans une grande dépendance ; de façon que les citoyens y seroient libres, et que l'état lui-même seroit esclave.

L'état conquis auroit un très-bon gouvernement civil, mais il seroit accablé par le droit des gens : et on lui imposeroit des lois de nation à nation, qui seroient telles, que sa prospérité ne seroit que précaire, et seulement en dépôt pour un maître.

La nation dominante habitant une grande île, et étant en possession d'un grand commerce, auroit toutes sortes de facilités pour avoir des forces de mer : et, comme la conservation de sa liberté demanderoit qu'elle n'eût ni places, ni forteresses, ni armée de terre, elle auroit besoin d'une armée de mer qui la garantît des invasions ; et sa marine seroit supérieure à celle de toutes les autres puissances, qui, ayant besoin d'employer leurs finances pour la guerre de terre, n'en auroient plus assez pour la guerre de mer.

L'empire de la mer a toujours donné aux peuples qui l'ont possédé une fierté naturelle, parce que se sentant capables d'insulter partout, ils croient que leur pouvoir n'a pas plus de bornes que l'océan.

Cette nation pourroit avoir une grande influence dans les affaires de ses voisins. Car, comme elle n'emploieroit pas sa puissance à conquérir, on rechercheroit plus son amitié et l'on craindroit plus sa haine que l'inconstance de son gouvernement et son agitation intérieure ne sembleroient le promettre.

Ainsi, ce seroit le destin de la puissance exécutrice, d'être presque toujours inquiétée au dedans, et respectée au dehors.

S'il arrivoit que cette nation devînt en quelques occasions le centre des négociations de l'Europe, elle y porteroit un peu plus de probité et de bonne foi que les autres, parce que ses ministres étant souvent obligés de justifier leur conduite devant un conseil populaire, leurs négociations ne pourroient être secrètes, et ils seroient forcés d'être à cet égard un peu plus honnêtes gens.

De plus, comme ils seroient en quelque façon garans des événemens qu'une conduite détournée pourroit faire naître, le plus sûr pour eux seroit de prendre le plus droit chemin.

Si les nobles avoient eu dans de certains temps un pouvoir immodéré dans la nation, et que le monarque eût trouvé le moyen de les abaisser en élevant le peuple, le point de l'extrême servitude auroit été entre le moment de l'abaissement des grands, et celui où le peuple auroit commencé à sentir son pouvoir.

Il pourroit être que cette nation ayant été autrefois soumise à un pouvoir arbitraire, en auroit, en plusieurs occasions, conservé le style; de manière que, sur le fond d'un gouvernement libre, on verroit souvent la forme d'un gouvernement absolu.

A l'égard de la religion, comme dans cet état chaque citoyen auroit sa volonté propre, et seroit par conséquent conduit par ses propres lumières, ou ses fantaisies, il arriveroit, ou que chacun auroit beaucoup d'indifférence pour toutes sortes de religions de quelque espèce qu'elles fussent, moyennant quoi tout le monde seroit porté à embrasser la religion dominante; ou que l'on seroit zélé pour la religion en général, moyennant quoi les sectes se multiplieroient.

Il ne seroit pas impossible qu'il y eût dans cette nation des gens qui n'auroient point de religion, et qui ne voudroient pas cependant souffrir qu'on les obligeât à changer celle qu'ils auroient, s'ils en avoient une : car ils sentiroient d'abord que la vie et les biens ne sont pas plus à eux que leur manière de penser; et que qui peut ravir l'un, peut encore mieux ôter l'autre.

Si, parmi les différentes religions, il y en avoit une à l'établissement de laquelle on eût tenté de parvenir par la voie de l'esclavage, elle y seroit odieuse, parce que, comme nous jugeons des choses par les liaisons et les accessoires que nous y mettons, celle-ci ne se présenteroit jamais à l'esprit avec l'idée de liberté.

Les lois contre ceux qui professeroient cette religion ne seroient point sanguinaires ; car la liberté n'imagine point ces sortes de peines : mais elles seroient si réprimantes, qu'elles feroient tout le mal qui peut se faire de sang-froid.

Il pourroit arriver de mille manières que le clergé auroit si peu de crédit que les autres citoyens en auroient davantage. Ainsi, au lieu de se séparer, il aimeroit mieux supporter les mêmes charges que les laïques, et ne faire à cet égard qu'un même corps : mais, comme il chercheroit toujours à s'attirer le respect du peuple, il se distingueroit par une vie plus retirée, une conduite plus réservée, et des mœurs plus pures.

Ce clergé ne pouvant protéger la religion, ni être protégé par elle, sans force, pour contraindre, chercheroit à persuader : on verroit sortir de sa plume de très-bons ouvrages, pour prouver la révélation et la providence du grand être.

Il pourroit arriver qu'on éluderoit ses assemblées, et qu'on ne voudroit pas lui permettre de corriger ses abus mêmes ; et que, par un délire de la liberté, on aimeroit mieux laisser sa réforme imparfaite que de souffrir qu'il fût réformateur.

Les dignités, faisant partie de la constitution fondamentale, seroient plus fixes qu'ailleurs ; mais, d'un autre côté, les grands, dans ce pays de liberté, s'approcheroient plus du peuple ; les rangs seroient donc plus séparés, et les personnes plus confondues.

Ceux qui gouvernent, ayant une puissance qui se remonte, pour ainsi dire, et se refait tous les jours, auroient plus d'égard pour ceux qui leur sont utiles que pour ceux qui les divertissent; ainsi on y verroit peu de courtisans, de flatteurs, de complaisans, enfin de toutes ces sortes de gens qui font payer aux grands le vide même de leur esprit.

On n'y estimeroit guère les hommes par des talens ou des attributs frivoles, mais par des qualités réelles; et de ce genre, il n'y en a que deux, les richesses et le mérite personnel.

Il y auroit un luxe solide, fondé, non pas sur le raffinement de la vanité, mais sur celui des besoins réels; et l'on ne chercheroit guère dans les choses que les plaisirs que la nature y a mis.

On y jouiroit d'un grand superflu, et cependant les choses frivoles y seroient proscrites : ainsi plusieurs ayant plus de bien que d'occasions de dépense, l'emploieroient d'une manière bizarre; et dans cette nation il y auroit plus d'esprit que de goût.

Comme on seroit toujours occupé de ses intérêts, on n'auroit point cette politesse qui est fondée sur l'oisiveté; et réellement on n'en auroit pas le temps.

L'époque de la politesse des Romains est la même que celle de l'établissement du pouvoir arbitraire. Le gouvernement absolu produit l'oisiveté; et l'oisiveté fait naître la politesse.

Plus il y a de gens dans une nation qui ont besoin d'avoir des ménagemens entre eux et de ne pas déplaire, plus il y a de politesse. Mais c'est plus la politesse des mœurs que celle des manières, qui doit nous distinguer des peuples barbares.

Dans une nation où tout homme à sa manière prendroit part à l'administration de l'état, les femmes ne devroient guère vivre avec les hommes. Elles seroient donc modestes, c'est-à-dire timides; cette timidité feroit leur vertu : tandis que les hommes, sans galanterie, se jetteroient dans une débauche qui leur laisseroit toute leur liberté et leur loisir.

Les lois n'y étant pas faites pour un particulier plus que pour un autre, chacun se regarderoit comme monarque; et les hommes, dans cette nation, seroient plutôt des confédérés que des concitoyens.

Si le climat avoit donné à bien des gens un esprit inquiet et des vues étendues, dans un pays où la constitution donneroit à tout le monde une part au gouvernement et des intérêts politiques, on parleroit beaucoup de politique; on verroit des gens qui passeroient leur vie à calculer des événemens qui, vu la nature des choses et le caprice de la fortune, c'est-à-dire des hommes, ne sont guère soumis au calcul.

Dans une nation libre, il est très-souvent indifférent que les particuliers raisonnent bien ou mal; il suffit qu'ils raisonnent: de là sort la liberté, qui garantit des effets de ces mêmes raisonnemens.

De même, dans un gouvernement despotique, il est également pernicieux qu'on raisonne bien ou mal; il suffit qu'on raisonne pour que le principe du gouvernement soit choqué.

Bien des gens qui ne se soucieroient de plaire à personne s'abandonneroient à leur humeur. La plupart, avec de l'esprit, seroient tourmentés par leur esprit même: dans le dédain où le dégoût de toutes choses, ils seroient malheureux avec tant de sujets de ne l'être pas.

Aucun citoyen ne craignant aucun citoyen, cette nation seroit fière; car la fierté des rois n'est fondée que sur leur indépendance.

Les nations libres sont superbes, les autres peuvent plus aisément être vaines.

Mais ces hommes si fiers, vivant beaucoup avec eux-mêmes, se trouveroient souvent au milieu de gens inconnus; ils seroient timides, et l'on verroit en eux la plupart du temps un mélange bizarre de mauvaise honte et de fierté.

Le caractère de la nation paroîtroit surtout dans

leurs ouvrages d'esprit, dans lesquels on verroit des gens recueillis, et qui auroient pensé tout seuls.

La société nous apprend à sentir les ridicules; la retraite nous rend plus propres à sentir les vices. Leurs écrits satiriques seroient sanglans; et l'on verroit bien des Juvénals chez eux, avant d'avoir trouvé un Horace.

Dans les monarchies extrèmement absolues, les historiens trahissent la vérité, parce qu'ils n'ont pas la liberté de la dire : dans les états extrêmement libres, ils trahissent la vérité, à cause de leur liberté même, qui, produisant toujours des divisions, chacun devient aussi esclave des préjugés de sa faction, qu'il le seroit d'un despote.

Leurs poëtes auroient plus souvent cette rudesse originale de l'invention, qu'une certaine délicatesse que donne le goût; on y trouveroit quelque chose qui approcheroit plus de la force de Michel-Ange que de la grâce de Raphaël.

LIVRE XX.

DES LOIS, DANS LE RAPPORT QU'ELLES ONT AVEC LE COMMERCE, CONSIDÉRÉ DANS SA NATURE ET SES DISTINCTIONS.

> Docuit quæ maximus Atlas.
> (VIRG., Æneid.)

CHAPITRE I.

Du commerce.

Les matières qui suivent demanderoient d'être traitées avec plus d'étendue ; mais la nature de cet ouvrage ne le permet pas. Je voudrois couler sur une rivière tranquille ; je suis entraîné par un torrent.

Le commerce guérit des préjugés destructeurs; et c'est presque une règle générale que partout où il y a des mœurs douces, il y a du commerce, et que partout où il y a du commerce, il y a des mœurs douces.

Qu'on ne s'étonne donc point si nos mœurs sont moins féroces qu'elles ne l'étoient autrefois. Le commerce a fait que la connoissance des mœurs de toutes les nations a pénétré partout : on les a comparées entre elles, et il en a résulté de grands biens.

On peut dire que les lois du commerce perfectionnent les mœurs, par la même raison que ces mêmes lois perdent les mœurs. Le commerce corrompt les mœurs pures [1]; c'étoit le sujet des plaintes de Platon : il polit et adoucit les mœurs barbares, comme nous le voyons tous les jours.

CHAPITRE II.

De l'esprit du commerce.

L'EFFET naturel du commerce est de porter à la paix. Deux nations qui négocient ensemble se rendent réciproquement dépendantes; si l'une a intérêt d'acheter, l'autre a intérêt de vendre; et toutes les unions sont fondées sur des besoins mutuels.

Mais, si l'esprit de commerce unit les nations, il n'unit pas de même les particuliers. Nous

---

[1] César dit des Gaulois que le voisinage et le commerce de Marseille les avoient gâtés de façon qu'eux, qui autrefois avoient toujours vaincu les Germains, leur étoient devenus inférieurs. Guerre des Gaules, liv. VI.

voyons que, dans les pays ¹ où l'on n'est affecté que de l'esprit de commerce, on trafique de toutes les actions humaines et de toutes les vertus morales : les plus petites choses, celles que l'humanité demande, s'y font ou s'y donnent pour de l'argent.

L'esprit de commerce produit dans les hommes un certain sentiment de justice exacte, opposé d'un côté au brigandage et de l'autre à ces vertus morales qui font qu'on ne discute pas toujours ses intérêts avec rigidité, et qu'on peut les négliger pour ceux des autres.

La privation totale du commerce produit au contraire le brigandage, qu'Aristote met au nombre des manières d'acquérir. L'esprit n'en est point opposé à de certaines vertus morales : par exemple, l'hospitalité, très-rare dans les pays de commerce, se trouve admirablement parmi les peuples brigands.

C'est un sacrilége chez les Germains, dit Tacite, de fermer sa maison à quelque homme que ce soit, connu ou inconnu. Celui qui a exercé ² l'hospitalité envers un étranger va lui montrer une autre maison où on l'exerce encore, et il y est reçu avec la même humanité. Mais, lorsque les

---

¹ La Hollande.

² *Et qui modò hospes fuerat, monstrator hospitii.* De moribus Germanorum. Voyez aussi César, Guerre des Gaules, liv. VI, § 21.

Germains eurent fondé des royaumes, l'hospitalité leur devint à charge. Cela paroît par deux lois du code [1] des Bourguignons, dont l'une inflige une peine à tout barbare qui iroit montrer à un étranger la maison d'un Romain; et l'autre règle que celui qui recevra un étranger sera dédommagé par les habitans, chacun pour sa quote part.

CHAPITRE III.

De la pauvreté des peuples.

Il y a deux sortes de peuples pauvres : ceux que la dureté du gouvernement a rendus tels; et ces gens-là sont incapables de presque aucune vertu, parce que leur pauvreté fait une partie de leur servitude : les autres ne sont pauvres que parce qu'ils ont dédaigné, ou parce qu'ils n'ont pas connu les commodités de la vie ; et ceux-ci peuvent faire de grandes choses, parce que cette pauvreté fait une partie de leur liberté.

[1] Tit. 38.

CHAPITRE IV.

Du commerce dans les divers gouvernemens.

Le commerce a du rapport avec la constitution. Dans le gouvernement d'un seul, il est ordinairement fondé sur le luxe; et, quoiqu'il le soit aussi sur les besoins réels, son objet principal est de procurer à la nation qui le fait tout ce qui peut servir à son orgueil, à ses délices, et à ses fantaisies. Dans le gouvernement de plusieurs, il est plus souvent fondé sur l'économie. Les négocians, ayant l'œil sur toutes les nations de la terre, portent à l'une ce qu'ils tirent de l'autre. C'est ainsi que les républiques de Tyr, de Carthage, d'Athènes, de Marseille, de Florence, de Venise, et de Hollande, ont fait le commerce.

Cette espèce de trafic regarde le gouvernement de plusieurs par sa nature, et le monarchique par occasion. Car, comme il n'est fondé que sur la pratique de gagner peu, et même de gagner moins qu'aucune autre nation, et de ne se dédommager qu'en gagnant continuellement, il n'est guère possible qu'il puisse être fait par un peuple chez qui le luxe est établi, qui dépense beaucoup, et qui ne voit que de grands objets.

C'est dans ces idées que Cicéron [1] disoit si bien : « Je n'aime point qu'un même peuple soit « en même temps le dominateur et le facteur de « l'univers. » En effet, il faudroit supposer que chaque particulier dans cet état, et tout l'état même, eussent toujours la tête pleine de grands projets, et cette même tête remplie de petits; ce qui est contradictoire.

Ce n'est pas que, dans ces états qui subsistent par le commerce d'économie, on ne fasse aussi les plus grandes entreprises, et que l'on n'y ait une hardiesse qui ne se trouve pas dans les monarchies : en voici la raison.

Un commerce mène à l'autre, le petit au médiocre, le médiocre au grand; et celui qui a eu tant d'envie de gagner peu, se met dans une situation où il n'en a pas moins de gagner beaucoup.

De plus, les grandes entreprises des négocians sont toujours nécessairement mêlées avec les affaires publiques. Mais, dans les monarchies, les affaires publiques sont, la plupart du temps, aussi suspectes aux marchands qu'elles leur paroissent sûres dans les états républicains. Les grandes entreprises de commerce ne sont donc

---

[1] *Nolo eumdem populum imperatorem et portitorem esse terrarum.*

pas pour les monarchies, mais pour le gouvernement de plusieurs.

En un mot, une plus grande certitude de sa prospérité, que l'on croit avoir dans ces états, fait tout entreprendre; et, parce qu'on croit être sûr de ce que l'on a acquis, on ose l'exposer pour acquérir davantage; on ne court de risque que sur les moyens d'acquérir : or, les hommes espèrent beaucoup de leur fortune.

Je ne veux pas dire qu'il y ait aucune monarchie qui soit totalement exclue du commerce d'économie; mais elle y est moins portée par sa nature. Je ne veux pas dire que les républiques que nous connoissons soient entièrement privées du commerce de luxe; mais il a moins de rapport à leur constitution.

Quant à l'état despotique, il est inutile d'en parler. Règle générale : dans une nation qui est dans la servitude, on travaille plus à conserver qu'à acquérir; dans une nation libre, on travaille plus à acquérir qu'à conserver.

CHAPITRE V.

Des peuples qui ont fait le commerce d'économie.

Marseille, retraite nécessaire au milieu d'une mer orageuse; Marseille, ce lieu où les vents, les bancs de la mer, la disposition des côtes ordonnent de toucher, fut fréquentée par les gens de mer. La stérilité [1] de son territoire détermina ses citoyens au commerce d'économie. Il fallut qu'ils fussent laborieux, pour suppléer à la nature qui se refusoit; qu'ils fussent justes, pour vivre parmi les nations barbares qui devoient faire leur prospérité; qu'ils fussent modérés, pour que leur gouvernement fût toujours tranquille; enfin, qu'ils eussent des mœurs frugales, pour qu'ils pussent toujours vivre d'un commerce qu'ils conserveroient plus sûrement lorsqu'il seroit moins avantageux.

On a vu partout la violence et la vexation donner naissance au commerce d'économie, lorsque les hommes sont contraints de se réfugier dans les marais, dans les îles, les bas-fonds de la mer, et ses écueils même. C'est ainsi que Tyr, Venise, et les villes de Hollande furent fondées; les fugitifs

---

[1] Justin, liv. XLIII, chap. III.

y trouvèrent leur sûreté. Il fallut subsister; ils tirèrent leur subsistance de tout l'univers.

CHAPITRE VI.

Quelques effets d'une grande navigation.

Il arrive quelquefois qu'une nation qui fait le commerce d'économie, ayant besoin d'une marchandise d'un pays qui lui serve de fonds pour se procurer les marchandises d'un autre, se contente de gagner très-peu, et quelquefois rien, sur les unes, dans l'espérance ou la certitude de gagner beaucoup sur les autres. Ainsi, lorsque la Hollande faisoit presque seule le commerce du midi au nord de l'Europe, les vins de France, qu'elle portoit au nord, ne lui servoient, en quelque manière, que de fonds pour faire son commerce dans le nord.

On sait que souvent, en Hollande, de certains genres de marchandise venue de loin ne s'y vendent pas plus cher qu'ils n'ont coûté sur les lieux mêmes. Voici la raison qu'on en donne : un capitaine qui a besoin de lester son vaisseau prendra du marbre; il a besoin de bois pour l'arrimage, il en achètera; et pourvu qu'il n'y perde rien, il croira avoir beaucoup fait. C'est ainsi que la Hollande a aussi ses carrières et ses forêts.

Non-seulement un commerce qui ne donne rien peut être utile, un commerce même désavantageux peut l'être. J'ai ouï dire en Hollande que la pêche de la baleine, en général, ne rend presque jamais ce qu'elle coûte : mais ceux qui ont été employés à la construction du vaisseau, ceux qui ont fourni les agrès, les apparaux, les vivres, sont aussi ceux qui prennent le principal intérêt à cette pêche. Perdissent-ils sur la pêche, ils ont gagné sur les fournitures. Ce commerce est une espèce de loterie, et chacun est séduit par l'espérance d'un billet noir. Tout le monde aime à jouer; et les gens les plus sages jouent volontiers, lorsqu'ils ne voient point les apparences du jeu, ses égaremens, ses violences, ses dissipations, la perte du temps, et même de toute la vie.

CHAPITRE VII.

Esprit de l'Angleterre sur le commerce.

L'Angleterre n'a guère de tarif réglé avec les autres nations; son tarif change, pour ainsi dire, à chaque parlement, par les droits particuliers qu'elle ôte ou qu'elle impose. Elle a voulu encore conserver sur cela son indépendance. Souverainement jalouse du commerce qu'on fait chez elle,

elle se lie peu par des traités, et ne dépend que de ses lois.

D'autres nations ont fait céder des intérêts du commerce à des intérêts politiques ; celle-ci a toujours fait céder ses intérêts politiques aux intérêts de son commerce.

C'est le peuple du monde qui a le mieux su se prévaloir à la fois de ces trois grandes choses : la religion, le commerce et la liberté.

CHAPITRE VIII.

Comment on a gêné quelquefois le commerce d'économie.

On a fait, dans certaines monarchies, des lois très-propres à abaisser les états qui font le commerce d'économie. On leur a défendu d'apporter d'autres marchandises que celles du cru de leur pays ; on ne leur a permis de venir trafiquer qu'avec des navires de la fabrique du pays où ils viennent.

Il faut que l'état qui impose ces lois puisse aisément faire lui-même le commerce : sans cela, il se fera pour le moins un tort égal. Il vaut mieux avoir affaire à une nation qui exige peu, et que les besoins du commerce rendent en quelque façon dépendante ; à une nation qui, par l'étendue de ses vues ou de ses affaires, sait où placer toutes les marchandises superflues ; qui est riche, et peut se charger de beaucoup de denrées; qui les paiera promptement, qui a, pour ainsi dire, des nécessités d'etre fidèle; qui est pacifique par principe; qui cherche à gagner, et non pas à conquérir : il vaut mieux, dis-je, avoir affaire à cette nation qu'à d'autres toujours rivales, et qui ne donneroient pas tous ces avantages.

CHAPITRE IX.

De l'exclusion en fait de commerce.

La vraie maxime est de n'exclure aucune nation de son commerce sans de grandes raisons. Les Japonais ne commercent qu'avec deux nations, la chinoise et la hollandaise. Les Chinois [1] gagnent mille pour cent sur le sucre, et quelquefois autant sur les retours. Les Hollandais font des profits à peu près pareils. Toute nation qui se conduira sur les maximes japonaises sera nécessairement trompée. C'est la concurrence qui met un prix juste aux marchandises, et qui établit les vrais rapports entre elles.

Encore moins un état doit-il s'assujettir à ne

[1] Le P. Duhalde, tome II, page 170.

vendre ses marchandises qu'à une seule nation, sous prétexte qu'elle les prendra toutes à un certain prix. Les Polonais ont fait pour leur blé ce marché avec la ville de Dantzick; plusieurs rois des Indes ont de pareils contrats pour les épiceries avec les Hollandais[1]. Ces conventions ne sont propres qu'à une nation pauvre, qui veut bien perdre l'espérance de s'enrichir, pourvu qu'elle ait une subsistance assurée; ou à des nations dont la servitude consiste à renoncer à l'usage des choses que la nature leur avoit données, ou à faire sur ces choses un commerce désavantageux.

CHAPITRE X.

Établissement propre au commerce d'économie.

Dans les états qui font le commerce d'économie, on a heureusement établi des banques, qui, par leur crédit, ont formé de nouveaux signes des valeurs. Mais on auroit tort de les transporter dans les états qui font le commerce de luxe. Les mettre dans des pays gouvernés par un seul, c'est supposer l'argent d'un côté, et de l'autre la puis-

[1] Cela fut premièrement établi par les Portugais. Voyages de François Pirard, chap. xv, partie II.

sance; c'est-à-dire, d'un côté la faculté de tout avoir sans aucun pouvoir, et de l'autre le pouvoir avec la faculté de rien du tout. Dans un gouvernement pareil, il n'y a jamais eu que le prince qui ait eu, ou qui ait pu avoir un trésor; et, partout où il y en a un, dès qu'il est excessif, il devient d'abord le trésor du prince.

Par la même raison, les compagnies de négocians qui s'associent pour un certain commerce conviennent rarement au gouvernement d'un seul. La nature de ces compagnies est de donner aux richesses particulières la force des richesses pubiques. Mais, dans ces états, cette force ne peut se trouver que dans les mains du prince. Je dis plus : elles ne conviennent pas toujours dans les états où l'on fait le commerce d'économie ; et, si les affaires ne sont si grandes qu'elles soient au-dessus de la portée des particuliers, on fera encore mieux de ne point gêner, par des priviléges exclusifs, la liberté du commerce.

CHAPITRE XI.

Continuation du même sujet.

Dans les états qui font le commerce d'économie, on peut établir un port franc. L'économie de l'état, qui suit toujours la frugalité des particuliers, donne, pour ainsi dire, l'âme à son commerce d'économie. Ce qu'il perd de tributs par l'établissement dont nous parlons est compensé par ce qu'il peut tirer de la richesse industrieuse de la république. Mais, dans le gouvernement monarchique, de pareils établissemens seroient contre la raison; ils n'auroient d'autre effet que de soulager le luxe du poids des impôts. On se priveroit de l'unique bien que ce luxe peut procurer, et du seul frein que, dans une constitution pareille, il puisse recevoir.

CHAPITRE XII.

De la liberté du commerce.

La liberté du commerce n'est pas une faculté accordée aux négocians de faire ce qu'ils veulent; ce seroit bien plutôt sa servitude. Ce qui gêne le commerçant ne gêne pas pour cela le commerce. C'est dans les pays de la liberté que le négociant trouve des contradictions sans nombre; et il n'est jamais moins croisé par les lois que dans les pays de la servitude.

L'Angleterre défend de faire sortir ses laines; elle veut que le charbon soit transporté par mer dans la capitale; elle ne permet point la sortie de ses chevaux, s'il ne sont coupés; les vaisseaux [1] de ses colonies qui commercent en Europe doivent mouiller en Angleterre. Elle gêne le négociant; mais c'est en faveur du commerce.

CHAPITRE XIII.

Ce qui détruit cette liberté.

La où il y a du commerce, il y a des douanes. L'objet du commerce est l'exportation et l'importation des marchandises en faveur de l'état; et l'objet des douanes est un certain droit sur cette même exportation et importation, aussi en faveur de l'état. Il faut donc que l'état soit neutre entre sa douane et son commerce, et qu'il fasse en sorte que ces deux choses ne se croisent point; et alors on y jouit de la liberté du commerce.

La finance détruit le commerce par ses injustices, par ses vexations, par l'excès de ce qu'elle impose: mais elle le détruit encore, indépendamment de cela, par les difficultés qu'elle fait naître,

---

[1] *Acte de navigation de 1660.* Ce n'a été qu'en temps de guerre que ceux de Boston et de Philadelphie ont envoyé leurs vaisseaux en droiture jusque dans la Méditerranée porter leurs denrées.

et les formalités qu'elle exige. En Angleterre, où les douanes sont en régie, il y a une facilité de négocier singulière : un mot d'écriture fait les plus grandes affaires ; il ne faut point que le marchand perde un temps infini, et qu'il ait des commis exprès pour faire cesser toutes les difficultés des fermiers, ou pour s'y soumettre.

CHAPITRE XIV.

Des lois du commerce qui emportent la confiscation des marchandises.

La grande chartre des Anglais défend de saisir et de confisquer, en cas de guerre, les marchandises des négocians étrangers, à moins que ce ne soit par représailles. Il est beau que la nation anglaise ait fait de cela un des articles de sa liberté.

Dans la guerre que l'Espagne eut avec les Anglais en 1740, elle fit une loi [1] qui punissoit de mort ceux qui introduiroient dans les états d'Espagne des marchandises d'Angleterre ; elle infligeoit la même peine à ceux qui porteroient dans les états d'Angleterre des marchandises d'Espagne. Une ordonnance pareille ne peut, je crois, trouver

[1] Publiée à Cadix au mois de mars 1740.

de modèle que dans les lois du Japon. Elle choque nos mœurs, l'esprit du commerce, et l'harmonie qui doit être dans la proportion des peines : elle confond toutes les idées, faisant un crime d'état de ce qui n'est qu'une violation de police.

CHAPITRE XV.

De la contrainte par corps.

Solon[1] ordonna à Athènes qu'on n'obligeroit plus le corps pour dettes civiles. Il tira cette loi d'Égypte[2] ; Bocchoris l'avoit faite, et Sésostris l'avoit renouvelée.

Cette loi est très-bonne pour les affaires[3] civiles ordinaires ; mais nous avons raison de ne point l'observer dans celles du commerce. Car les négocians étant obligés de confier de grandes sommes pour des temps souvent fort courts, de les donner et de les reprendre, il faut que le débi-

---

[1] Plutarque, au traité, *Qu'il ne faut point emprunter à usure.*

[2] Diodore, liv. I, part. II, chap. III.

[3] Les législateurs grecs étoient blâmables qui avoient défendu de prendre en gage les armes et la charrue d'un homme, et permettoient de prendre l'homme même. Diodore, liv. I, part. II, chap. III.

teur remplisse toujours au temps fixé ses engagemens ; ce qui suppose la contrainte par corps.

Dans les affaires qui dérivent des contrats civils ordinaires, la loi ne doit point donner la contrainte par corps, parce qu'elle fait plus de cas de la liberté d'un citoyen que de l'aisance d'un autre. Mais, dans les conventions qui dérivent du commerce, la loi doit faire plus de cas de l'aisance publique que de la liberté d'un citoyen ; ce qui n'empêche pas les restrictions et les limitations que peuvent demander l'humanité et la bonne police.

CHAPITRE XVI.

Belle loi.

La loi de Genève qui exclut des magistratures, et même de l'entrée dans le grand conseil, les enfans de ceux qui ont vécu ou qui sont morts insolvables, à moins qu'ils n'acquittent les dettes de leur père, est très-bonne. Elle a cet effet, qu'elle donne de la confiance pour les négocians ; elle en donne pour les magistrats ; elle en donne pour la cité même. La foi particulière y a encore la force de la foi publique.

CHAPITRE XVII.

Loi de Rhodes.

Les Rhodiens allèrent plus loin. Sextus Empiricus [1] dit que, chez eux, un fils ne pouvoit se dispenser de payer les dettes de son père, en renonçant à sa succession. La loi de Rhodes étoit donnée à une république fondée sur le commerce: or, je crois que la raison du commerce même y devoit mettre cette limitation, que les dettes contractées par le père depuis que le fils avoit commencé à faire le commerce, n'affecteroient point les biens acquis par celui-ci. Un négociant doit toujours connoître ses obligations, et se conduire à chaque instant suivant l'état de sa fortune.

CHAPITRE XVIII.

Des juges pour le commerce.

Xénophon, au livre *des revenus*, voudroit qu'on donnât des récompenses à ceux des préfets du com-

---

[1] Hypotyposes, liv. I, chap. xiv.

merce qui expédient le plus vite les procès. Il sentoit le besoin de notre juridiction consulaire.

Les affaires du commerce sont très-peu susceptibles de formalités : ce sont des actions de chaque jour, que d'autres de même nature doivent suivre chaque jour ; il faut donc qu'elles puissent être décidées chaque jour. Il en est autrement des actions de la vie qui influent beaucoup sur l'avenir, mais qui arrivent rarement. On ne se marie guère qu'une fois ; on ne fait pas tous les jours des donations ou des testamens ; on n'est majeur qu'une fois.

Platon [1] dit que, dans une ville où il n'y a point de commerce maritime, il faut la moitié moins de lois civiles ; et cela est très-vrai. Le commerce introduit dans le même pays différentes sortes de peuples, un grand nombre de conventions, d'espèces de biens, et de manières d'acquérir.

Ainsi, dans une ville commerçante, il y a moins de juges, et plus de lois.

---

[1] Des Lois, liv. VIII.

CHAPITRE XIX.

Que le prince ne doit point faire le commerce.

Théophile [1], voyant un vaisseau où il y avoit des marchandises pour sa femme Théodora, le fit brûler. « Je suis empereur, lui dit-il, et vous me « faites patron de galère. En quoi les pauvres gens « pourront-ils gagner leur vie, si nous faisons « encore leur métier ? » Il auroit pu ajouter : Qui pourra nous réprimer, si nous faisons des monopoles ? Qui nous obligera de remplir nos engagemens ? Ce commerce que nous faisons, les courtisans voudront le faire; ils seront plus avides et plus injustes que nous. Le peuple a de la confiance en notre justice; il n'en a point en notre opulence : tant d'impôts qui font sa misère sont des preuves certaines de la nôtre.

[1] Zonare.

CHAPITRE XX.

Continuation du même sujet.

Lorsque les Portugais et les Castillans dominoient dans les Indes orientales, le commerce avoit des branches si riches, que leurs princes ne manquèrent pas de s'en saisir. Cela ruina leurs établissemens dans ces parties-là.

Le vice-roi de Goa accordoit à des particuliers des priviléges exclusifs. On n'a point de confiance en de pareilles gens; le commerce est discontinué par le changement perpétuel de ceux à qui on le confie; personne ne ménage ce commerce, et ne se soucie de le laisser perdu à son successeur; le profit reste dans des mains particulières, et ne s'étend pas assez.

CHAPITRE XXI.

Du commerce de la noblesse dans la monarchie.

Il est contre l'esprit du commerce que la noblesse le fasse dans la monarchie. « Cela seroit

« pernicieux aux villes, disent [1] les empereurs
« Honorius et Théodose, et ôteroit entre les mar-
« chands et les plébéiens la facilité d'acheter et de
« vendre. »

Il est contre l'esprit de la monarchie que la noblesse y fasse le commerce. L'usage, qui a permis en Angleterre le commerce à la noblesse, est une des choses qui ont le plus contribué à y affoiblir le gouvernement monarchique.

CHAPITRE XXII.

Réflexion particulière.

Des gens frappés de ce qui se pratique dans quelques états, pensent qu'il faudroit qu'en France il y eût des lois qui engageassent les nobles à faire le commerce. Ce seroit le moyen d'y détruire la noblesse, sans aucune utilité pour le commerce. La pratique de ce pays est très-sage : les négocians n'y sont pas nobles; mais ils peuvent le devenir. Ils ont l'espérance d'obtenir la noblesse, sans en avoir l'inconvénient actuel. Ils n'ont pas de moyens plus sûrs de sortir de leur profession que de la bien faire, ou de la faire avec honneur ;

---

[1] Leg. *Nobiliores, cod. de commerc. et leg. ult. cod. de rescind. vendit.*

chose qui est ordinairement attachée à la suffisance.

Les lois qui ordonnent que chacun reste dans sa profession, et la fasse passer à ses enfans, ne sont et ne peuvent être utiles que dans les états [1] despotiques, où personne ne peut ni ne doit avoir d'émulation.

Qu'on ne dise pas que chacun fera mieux sa profession lorsqu'on ne pourra pas la quitter pour une autre. Je dis qu'on fera mieux sa profession, lorsque ceux qui y auront excellé espèreront de parvenir à une autre.

L'acquisition qu'on peut faire de la noblesse à prix d'argent encourage beaucoup les négocians à se mettre en état d'y parvenir. Je n'examine pas si l'on fait bien de donner ainsi aux richesses le prix de la vertu : il y a tel gouvernement où cela peut-être très-utile.

En France, cet état de la robe qui se trouve entre la grande noblesse et le peuple; qui, sans avoir le brillant de celle-là, en a tous les priviléges; cet état qui laisse les particuliers dans la médiocrité, tandis que le corps dépositaire des lois est dans la gloire; cet état encore dans lequel on n'a de moyen de se distinguer que par la suffisance et par la vertu; profession honorable,

---

[1] Effectivement cela y est souvent ainsi établi.

mais qui en laisse toujours voir une plus distinguée : cette noblesse toute guerrière, qui pense qu'en quelque degré de richesses que l'on soit, il faut faire sa fortune; mais qu'il est honteux d'augmenter son bien, si on ne commence par le dissiper; cette partie de la nation, qui sert toujours avec le capital de son bien; qui, quand elle est ruinée, donne sa place à une autre qui servira avec son capital encore; qui va à la guerre pour que personne n'ose dire qu'elle n'y a pas été; qui, quand elle ne peut espérer les richesses, espère les honneurs; et, lorsqu'elle ne les obtient pas, se console, parce qu'elle a acquis de l'honneur : toutes ces choses ont nécessairement contribué à la grandeur de ce royaume. Et si, depuis deux o utrois siècles, il a augmenté sans cesse sa puissance, il faut attribuer cela à la bonté de ses lois, non pas à la fortune, qui n'a pas ces sortes de constance.

CHAPITRE XXIII.

A quelles nations il est desavantageux de faire le commerce.

Les richesses consistent en fonds de terre, ou en effets mobiliers : les fonds de terre de chaque pays sont ordinairement possédés par ses habitans. La plupart des états ont des lois qui dégoûtent les étrangers de l'acquisition de leurs terres ; il n'y a même que la présence du maître qui les fasse valoir : ce genre de richesses appartient donc à chaque état en particulier. Mais les effets mobiliers, comme l'argent, les billets, les lettres de change, les actions sur les compagnies, les vaisseaux, toutes les marchandises, appartiennent au monde entier, qui, dans ce rapport, ne compose qu'un seul état, dont toutes les sociétés sont les membres : le peuple qui possède le plus de ces effets mobiliers de l'univers est le plus riche. Quelques états en ont une immense quantité : ils les acquièrent chacun par leurs denrées, par le travail de leurs ouvriers, par leur industrie, par leurs découvertes, par le hasard même. L'avarice des nations se dispute les meubles de tout l'univers. Il peut se trouver un état si malheureux, qu'il sera privé des effets des autres pays, et même encore de presque tous les siens : les propriétaires des fonds de terre n'y seront que les colons des étrangers. Cet état manquera de tout, et ne pourra rien acquérir ; il vaudroit bien mieux qu'il n'eût de commerce avec aucune nation du monde : c'est le commerce qui, dans les circonstances où il se trouvoit, l'a conduit à la pauvreté.

Un pays qui envoie toujours moins de marchandises ou de denrées qu'il n'en reçoit, se met lui-même en équilibre en s'appauvrissant : il recevra toujours moins, jusqu'à ce que, dans une pauvreté extrême, il ne reçoive plus rien.

Dans les pays de commerce, l'argent qui s'est tout à coup évanoui revient, parce que les états qui l'ont reçu le doivent : dans les états dont nous parlons, l'argent ne revient jamais, parce que ceux qui l'ont pris ne doivent rien.

La Pologne servira ici d'exemple. Elle n'a presque aucune des choses que nous appelons les effets mobiliers de l'univers, si ce n'est le blé de ses terres. Quelques seigneurs possèdent des provinces entières ; ils pressent le laboureur pour avoir une plus grande quantité de blé qu'ils puissent envoyer aux étrangers, et se procurer les choses que demande leur luxe. Si la Pologne ne commerçoit avec aucune nation, ses peuples seroient plus heureux. Ses grands, qui n'auroient que leur blé, le donneroient à leurs paysans pour vivre ; de trop grands domaines leur seroient à charge ; ils les partageroient à leurs paysans ; tout le monde, trouvant des peaux ou des laines dans ses troupeaux, il n'y auroit plus une dépense immense à faire pour les habits ; les grands, qui aiment toujours le luxe, et qui ne le pourroient trouver que dans leur pays, encourageroient les pauvres au travail. Je dis que cette nation seroit plus florissante, à moins qu'elle ne devînt barbare; chose que les lois pourroient prévenir.

Considérons à présent le Japon. La quantité excessive de ce qu'il peut recevoir produit la quantité excessive de ce qu'il peut envoyer : les choses seront en équilibre comme si l'importation et l'exportation étoient modérées; et d'ailleurs cette espèce d'enflure produira à l'état mille avantages : il y aura plus de consommation, plus de choses sur lesquelles les arts peuvent s'exercer, plus d'hommes employés, plus de moyens d'acquérir de la puissance : il peut arriver des cas où l'on ait besoin d'un secours prompt, qu'un état si plein peut donner plus tôt qu'un autre. Il est difficile qu'un pays n'ait des choses superflues; mais c'est la nature du commerce de rendre les choses superflues utiles, et les utiles nécessaires. L'état pourra donc donner les choses nécessaires à un plus grand nombre de sujets.

Disons donc que ce ne sont point les nations qui n'ont besoin de rien qui perdent à faire le commerce; ce sont celles qui ont besoin de tout. Ce ne sont point les peuples qui se suffisent à eux-mêmes, mais ceux qui n'ont rien chez eux, qui trouvent de l'avantage à ne trafiquer avec personne.

LIVRE XXI.

DES LOIS, DANS LE RAPPORT QU'ELLES ONT AVEC LE COMMERCE CONSIDÉRÉ DANS LES RÉVOLUTIONS QU'IL A EUES DANS LE MONDE.

CHAPITRE I.

Quelques considérations générales.

Quoique le commerce soit sujet à de grandes révolutions, il peut arriver que de certaines causes physiques, la qualité du terrain ou du climat, fixent pour jamais sa nature.

Nous ne faisons aujourd'hui le commerce des Indes que par l'argent que nous y envoyons. Les Romains [1] y portoient toutes les années environ cinquante millions de sesterces. Cet argent, comme le nôtre aujourd'hui, étoit converti en marchandises qu'ils rapportoient en occident. Tous les peuples qui ont négocié aux Indes y ont toujours porté des métaux, et en ont rapporté des marchandises.

[1] Pline, liv. VI, chap. XXIII.

C'est la nature même qui produit cet effet. Les Indiens ont leurs arts, qui sont adaptés à leur manière de vivre. Notre luxe ne sauroit être le leur, ni nos besoins être leurs besoins. Le climat ne leur demande ni ne leur permet presque rien de ce qui vient de chez nous. Ils vont en grande partie nus; les vêtemens qu'ils ont, le pays les leur fournit convenables; et leur religion, qui a sur eux tant d'empire, leur donne de la répugnance pour les choses qui nous servent de nourriture. Ils n'ont donc besoin que de nos métaux, qui sont les signes des valeurs, et pour lesquels ils donnent des marchandises, que leur frugalité et la nature de leur pays leur procurent en grande abondance. Les auteurs anciens qui nous ont parlé des Indes nous les dépeignent[1] telles que nous les voyons aujourd'hui, quant à la police, aux manières, et aux mœurs. Les Indes ont été, les Indes seront ce qu'elles sont à présent; et, dans tous les temps, ceux qui négocieront aux Indes y porteront de l'argent, et n'en rapporteront pas.

[1] Voyez Pline, liv. VI, chap. XIX; et Strabon, liv. XV.

CHAPITRE II.

Des peuples d'Afrique.

La plupart des peuples des côtes de l'Afrique sont sauvages ou barbares. Je crois que cela vient beaucoup de ce que des pays presque inhabitables séparent de petits pays qui peuvent être habités. Ils sont sans industrie; ils n'ont point d'arts; ils ont en abondance des métaux précieux qu'ils tiennent immédiatement des mains de la nature. Tous les peuples policés sont donc en état de négocier avec eux avec avantage; ils peuvent leur faire estimer beaucoup des choses de nulle valeur, et en recevoir un très-grand prix.

CHAPITRE III.

Que les besoins des peuples du midi sont différens de ceux des peuples du nord.

Il y a dans l'Europe une espèce de balancement entre les nations du midi et celles du nord. Les premières ont toutes sortes de commodités pour la vie, et peu de besoins; les secondes ont beaucoup de besoins, et peu de commodités pour la vie. Aux unes, la nature a donné beaucoup, et elles ne lui demandent que peu; aux autres, la nature donne peu, et elles lui demandent beaucoup. L'équilibre se maintient par la paresse qu'elle a donnée aux nations du midi, et par l'industrie et l'activité qu'elle a données à celles du nord. Ces dernières sont obligées de travailler beaucoup, sans quoi elles manqueroiént de tout, et deviendroient barbares. C'est ce qui a naturalisé la servitude chez les peuples du midi : comme ils peuvent aisément se passer de richesses, ils peuvent encore mieux se passer de liberté. Mais les peuples du nord ont besoin de la liberté, qui leur procure plus de moyens de satisfaire tous les besoins que la nature leur a donnés. Les peuples du nord sont donc dans un état forcé, s'ils ne sont libres ou barbares : presque tous les peuples du midi sont, en quelque façon, dans un état violent, s'ils ne sont esclaves.

CHAPITRE IV.

Principale différence du commerce des anciens d'avec celui d'aujourd'hui.

Le monde se met de temps en temps dans des situations qui changent le commerce. Aujourd'hui le commerce de l'Europe se fait principalement du nord au midi. Pour lors la différence des climats fait que les peuples ont un grand besoin des marchandises les uns des autres. Par exemple, les boissons du midi portées au nord forment une espèce de commerce que les anciens n'avoient guère. Aussi la capacité des vaisseaux, qui se mesuroit autrefois par muids de blé, se mesure-t-elle aujourd'hui par tonneaux de liqueur.

Le commerce ancien que nous connoissons, se faisant d'un port de la Méditerranée à l'autre, étoit presque tout dans le midi. Or, les peuples du même climat ayant chez eux à peu près les mêmes choses, n'ont pas tant de besoin de commercer entre eux que ceux d'un climat différent. Le commerce en Europe étoit donc autrefois moins étendu qu'il ne l'est à présent.

Ceci n'est point contradictoire avec ce que j'ai dit de notre commerce des Indes : la différence excessive du climat fait que les besoins relatifs sont nuls.

CHAPITRE V.

Autres différences.

Le commerce, tantôt détruit par les conquérans, tantôt gêné par les monarques, parcourt la terre, fuit d'où il est opprimé, se repose où on le laisse respirer : il règne aujourd'hui où l'on ne voyoit que des déserts, des mers et des rochers; là où il régnoit, il n'y a que des déserts.

A voir aujourd'hui la Colchide, qui n'est plus qu'une vaste forêt, où le peuple, qui diminue tous les jours, ne défend sa liberté que pour se vendre en détail aux Turcs et aux Persans, on ne diroit jamais que cette contrée eût été, du temps des Romains, pleine de villes où le commerce appeloit toutes les nations du monde. On n'en trouve aucun monument dans le pays; il n'y en a de traces que dans Pline [1] et Strabon [2].

L'histoire du commerce est celle de la communication des peuples. Leurs destructions diverses,

[1] Liv. VI.
[2] Liv. II.

et de certains flux et reflux de populations et de dévastations, en forment les plus grands événemens.

CHÂPITRE VI.

Du commerce des anciens.

Les trésors immenses de [1] Sémiramis, qui ne pouvoient avoir été acquis en un jour, nous font penser que les Assyriens avoient eux-mêmes pillé d'autres nations riches, comme les autres nations les pillèrent après.

L'effet du commerce sont les richesses; la suite des richesses, le luxe; celle du luxe, la perfection des arts. Les arts, portés au point où on les trouve du temps de Sémiramis [2], nous marquent un grand commerce déjà établi.

Il y avoit un grand commerce de luxe dans les empires d'Asie. Ce seroit une belle partie de l'histoire du commerce que l'histoire du luxe; le luxe des Perses étoit celui des Mèdes, comme celui des Mèdes étoit celui des Assyriens.

Il est arrivé de grands changemens en Asie. La

[1] Diodore, liv. II.
[2] *Ibid.*

partie de la Perse qui est au nord-est, l'Hyrcanie, la Margiane, la Bactriane, etc., étoient autrefois pleines de villes florissantes [1] qui ne sont plus; et le nord [2] de cet empire, c'est-à-dire l'isthme qui sépare la mer Caspienne du Pont-Euxin, étoit couvert de villes et de nations qui ne sont plus encore.

Ératosthène [3] et Aristobule tenoient de Patrocle [4] que les marchandises des Indes passoient par l'Oxus dans la mer du Pont. Marc Varron [5] nous dit que l'on apprit, du temps de Pompée dans la guerre contre Mithridate, que l'on alloit en sept jours de l'Inde dans le pays des Bactriens, et au fleuve Icarus, qui se jette dans l'Oxus; que par là les marchandises de l'Inde pouvoient traverser la mer Caspienne, entrer de là dans l'embouchure du Cyrus; que, de ce fleuve, il ne falloit qu'un trajet par terre de cinq jours pour aller au Phase, qui conduisoit dans le Pont-Euxin. C'est sans doute par les nations qui peuploient ces divers pays que les grands empires des Assyriens, des Mèdes et des Perses, avoient une communication

---

[1] Voyez Pline, liv. VI, chap. XVI; et Strabon, liv. XI.

[2] Strabon, liv. XI.

[3] *Ibid.*

[4] L'autorité de Patrocle est considérable, comme il paroit par un récit de Strabon, liv. II.

[5] Dans Pline, liv. VI, chap. XVII. Voyez aussi Strabon, liv. XI, sur le trajet des marchandises du Phase au Cyrus.

avec les parties de l'Orient et de l'Occident les plus reculées.

Cette communication n'est plus. Tous ces pays ont été dévastés par les Tartares [1], et cette nation destructrice les habite encore pour les infester. L'Oxus ne va plus à la mer Caspienne ; les Tartares l'ont détourné pour des raisons particulières [2]; il se perd dans des sables arides.

Le Jaxarte, qui formoit autrefois une barrière entre les nations policées et les nations barbares, a été tout de même détourné [3] par les Tartares, et ne va plus jusqu'à la mer.

Séleucus Nicator forma le projet [4] de joindre le Pont-Euxin à la mer Caspienne. Ce dessein, qui eût donné bien des facilités au commerce qui se faisoit dans ce temps-là, s'évanouit à sa mort [5]. On ne sait s'il auroit pu l'exécuter dans l'isthme qui sépare les deux mers. Ce pays est aujourd'hui très-peu connu; il est dépeuplé et plein de forêts.

[1] Il faut que, depuis le temps de Ptolomée, qui nous décrit tant de rivières qui se jettent dans la partie orientale de la mer Caspienne, il y ait eu de grands changemens dans ce pays. La carte du czar ne met de ce côté-là que la rivière d'Astrabat ; et celle de M. Bathalsi, rien du tout.

[2] Voyez la relation de Genkinson, dans le Recueil des voyages du nord, tom. IV.

[3] Je crois que de là s'est formé le lac Aral.

[4] Claude César, dans Pline, liv. VI, chap. 11.

[5] Il fut tué par Ptolomée Céranus.

Les eaux n'y manquent pas, car une infinité de rivières y descendent du mont Caucase; mais ce Caucase, qui forme le nord de l'isthme, et qui étend des espèces de bras¹ au midi, auroit été un grand obstacle, surtout dans ces temps-là, où l'on n'avoit point l'art de faire des écluses.

On pourroit croire que Séleucus vouloit faire la jonction des deux mers dans le lieu même où le czar Pierre Ier l'a faite depuis, c'est-à-dire dans cette langue de terre où le Tanaïs s'approche du Volga : mais le nord de la mer Caspienne n'étoit pas encore découvert.

Pendant que dans les empires d'Asie il y avoit un commerce de luxe, les Tyriens faisoient par toute la terre un commerce d'économie. Bochard a employé le premier livre de son Chanaan à faire l'énumération des colonies qu'ils envoyèrent dans tous les pays qui sont près de la mer; ils passèrent les colonnes d'Hercule, et firent des établissemens² sur les côtes de l'Océan.

Dans ces temps-là, les navigateurs étoient obligés de suivre les côtes, qui étoient pour ainsi dire leur boussole. Les voyages étoient longs et pénibles. Les travaux de la navigation d'Ulysse ont été un sujet fertile pour le plus beau poëme du monde, après celui qui est le premier de tous.

---

¹ Voyez Strabon, liv. XI.

² Ils fondèrent Tartèse, et s'établirent à Cadix.

Le peu de connoissance que la plupart des peuples avoient de ceux qui étoient éloignés d'eux favorisoit les nations qui faisoient le commerce d'économie. Elles mettoient dans leur négoce les obscurités qu'elles vouloient : elles avoient tous les avantages que les nations intelligentes prennent sur les peuples ignorans.

. L'Égypte, éloignée par la religion et par les mœurs de toute communication avec les étrangers, ne faisoit guère de commerce au dehors : elle jouissoit d'un terrain fertile et d'une extrême abondance. C'étoit le Japon de ces temps-là : elle se suffisoit à elle-même.

Les Égyptiens furent si peu jaloux du commerce du dehors, qu'ils laissèrent celui de la mer Rouge à toutes les petites nations qui y eurent quelque port. Ils souffrirent que les Iduméens, les Juifs, et les Syriens, y eussent des flottes. Salomon [1] employa à cette navigation, des Tyriens qui connoissoient ces mers.

Josèphe [2] dit que sa nation, uniquement occupée de l'agriculture, connoissoit peu la mer : aussi ne fut-ce que par occasion que les Juifs négocièrent dans la mer Rouge. Ils conquirent, sur les Iduméens, Elath et Asiongaber, qui leur don-

---

[1] Liv. III des Rois, chap. ix, v. 26 ; Paralip, liv. II, chap. viii, v. 17.

[2] Contre Appion.

nèrent ce commerce : ils perdirent ces deux villes, et perdirent ce commerce aussi.

Il n'en fut pas de même des Phéniciens : ils ne faisoient pas un commerce de luxe ; ils ne négocioient point par la conquête, leur frugalité, leur habileté, leur industrie, leurs périls, leurs fatigues, les rendoient nécessaires à toutes les nations du monde.

Les nations voisines de la mer Rouge ne négocioient que dans cette mer et celle d'Afrique. L'étonnement de l'univers, à la découverte de la mer des Indes, faite sous Alexandre, le prouve assez. Nous avons dit[1] qu'on porte toujours aux Indes des métaux précieux, et que l'on n'en rapporte point[2] : les flottes juives, qui rapportoient par la mer Rouge de l'or et de l'argent, revenoient d'Afrique et non pas des Indes.

Je dis plus : cette navigation se faisoit sur la côte orientale de l'Afrique ; et l'état où étoit la marine pour lors prouve assez qu'on n'alloit pas dans des lieux bien reculés.

Je sais que les flottes de Salomon et de Jozaphat ne revenoient que la troisième année ; mais

---

[1] Au chap. 1 de ce livre.

[2] La proportion établie en Europe entre l'or et l'argent peut quelquefois faire trouver du profit à prendre dans les Indes de l'or pour de l'argent ; mais c'est peu de chose.

je ne vois pas que la longueur du voyage prouve la grandeur de l'éloignement.

Pline et Strabon nous disent que le chemin qu'un navire des Indes et de la mer Rouge, fabriqué de joncs, faisoit en vingt jours, un navire grec ou romain le faisoit en sept [1]. Dans cette proportion, un voyage d'un an pour les flottes grecques et romaines étoit à peu près de trois pour celles de Salomon.

Deux navires d'une vitesse inégale ne font pas leur voyage dans un temps proportionné à leur vitesse : la lenteur produit souvent une plus grande lenteur. Quand il s'agit de suivre les côtes, et qu'on se trouve sans cesse dans une différente position; qu'il faut attendre un bon vent pour sortir d'un golfe, en avoir un autre pour aller en avant, un navire bon voilier profite de tous les temps favorables; tandis que l'autre reste dans un endroit difficile, et attend plusieurs jours un autre changement.

Cette lenteur des navires des Indes, qui, dans un temps égal, ne pouvoient faire que le tiers du chemin que faisoient les vaisseaux grecs et romains, peut s'expliquer par ce que nous voyons aujourd'hui dans notre marine. Les navires des Indes, qui étoient de joncs, tiroient moins d'eau que les

[1] Voyez Pline, liv. VI, chap. xxii; et Strabon, liv. XV.

vaisseaux grecs et romains, qui étoient de bois, et joints avec du fer.

On peut comparer ces navires des Indes à ceux de quelques nations d'aujourd'hui, dont les ports ont peu de fond : tels sont ceux de Venise, et même en général de l'Italie [1], de la mer Baltique, et de la province de Hollande [2]. Leurs navires, qui doivent en sortir et y rentrer, sont d'une fabrique ronde et large de fond ; au lieu que les navires d'autres nations qui ont de bons ports sont, par le bas, d'une forme qui les fait entrer profondément dans l'eau. Cette mécanique fait que ces derniers navires naviguent plus près du vent, et que les premiers ne naviguent presque que quand ils ont le vent en poupe. Un navire qui entre beaucoup dans l'eau navigue vers le même côté à presque tous les vents : ce qui vient de la résistance que trouve dans l'eau le vaisseau poussé par le vent, qui fait un point d'appui, et de la forme longue du vaisseau qui est présenté au vent par son côté, pendant que, par l'effet de la figure du gouvernail, on tourne la proue vers le côté que l'on se propose ; en sorte qu'on peut aller très-près du vent, c'est-à-dire très-près du côté

---

[1] Elle n'a presque que des rades ; mais la Sicile a de très-bons ports.

[2] Je dis de la province de Hollande ; car les ports de celle de Zélande sont assez profonds.

d'où vient le vent. Mais, quand le navire est d'une figure ronde et large de fond, et que par conséquent il enfonce peu dans l'eau, il n'y a plus de point d'appui; le vent chasse le vaisseau, qui ne peut résister, ni guère aller que du côté opposé au vent. D'où il suit que les vaisseaux d'une construction ronde de fond sont plus lents dans leurs voyages: 1° ils perdent beaucoup de temps à attendre le vent, surtout s'ils sont obligés de changer souvent de direction ; 2° ils vont plus lentement, parce que, n'ayant pas de point d'appui, ils ne sauroient porter autant de voiles que les autres. Que si, dans un temps où la marine s'est si fort perfectionnée, dans un temps où les arts se communiquent, dans un temps où l'on corrige, par l'art, et les défauts de la nature, et les défauts de l'art même, on sent ces différences, que devoit-ce être dans la marine des anciens?

Je ne saurois quitter ce sujet. Les navires des Indes étoient petits, et ceux des Grecs et des Romains, si l'on en excepte ces machines que l'ostentation fit faire, étoient moins grands que les nôtres. Or, plus un navire est petit, plus il est en danger dans les gros temps. Telle tempête submerge un navire, qui ne feroit que le tourmenter, s'il étoit plus grand. Plus un corps en surpasse un autre en grandeur, plus sa surface est relativement petite : d'où il suit que dans un petit navire il y a une moindre raison, c'est-à-dire une plus grande différence de la surface du navire au poids ou à la charge qu'il peut porter, que dans un grand. On sait que, par une pratique à peu près générale, on met dans un navire une charge d'un poids égal à celui de la moitié de l'eau qu'il pourroit contenir. Supposons qu'un navire tînt huit cents tonneaux d'eau, sa charge seroit de quatre cents tonneaux ; celle d'un navire qui ne tiendroit que quatre cents tonneaux d'eau seroit de deux cents tonneaux. Ainsi la grandeur du premier navire seroit, au poids qu'il porteroit, comme 8 est à 4, et celle du second, comme 4 est à 2. Supposons que la surface du grand soit à la surface du petit comme 8 est à 6, la surface[1] de celui-ci sera à son poids comme 6 est à 2; tandis que la surface de celui-là ne sera à son poids que comme 8 est à 4 ; et les vents et les flots n'agissant que sur la surface, le grand vaisseau résistera plus par son poids à leur impétuosité que le petit.

---

[1] C'est-à-dire, pour comparer les grandeurs de même genre, l'action ou la prise du fluide sur le navire sera à la résistance du même navire comme, etc.

CHAPITRE VII.

Du commerce des Grecs.

Les premiers Grecs étoient tous pirates. Minos, qui avoit eu l'empire de la mer, n'avoit eu peut-être que de plus grands succès dans les brigandages : son empire étoit borné aux environs de son île. Mais, lorsque les Grecs devinrent un grand peuple, les Athéniens obtinrent le véritable empire de la mer, parce que cette nation commerçante et victorieuse donna la loi au monarque [1] le plus puissant d'alors, et abattit les forces maritimes de la Syrie, de l'île de Chypre et de la Phénicie.

Il faut que je parle de cet empire de la mer qu'eut Athènes. « Athènes, dit Xénophon [2], a
« l'empire de la mer : mais, comme l'Attique
« tient à la terre, les ennemis la ravagent, tandis
« qu'elle fait ses expéditions au loin. Les princi-
« paux laissent détruire leurs terres, et mettent
« leurs biens en sûreté dans quelque île : la po-
« pulace, qui n'a point de terres, vit sans aucune

---

[1] Le roi de Perse.
[2] *De republ. Athen.*

« inquiétude. Mais, si les Athéniens habitoient
« une île, et avoient outre cela l'empire de la
« mer, ils auroient le pouvoir de nuire aux au-
« tres sans qu'on pût leur nuire, tandis qu'ils
« seroient les maîtres de la mer. » Vous diriez que
Xénophon a voulu parler de l'Angleterre.

Athènes, remplie de projets de gloire; Athènes,
qui augmentoit la jalousie, au lieu d'augmenter
l'influence; plus attentive à étendre son empire
maritime qu'à en jouir; avec un tel gouvernement politique, que le bas peuple se distribuoit
les revenus publics, tandis que les riches étoient
dans l'oppression, ne fit point ce grand commerce que lui promettoient le travail de ses mines, la multitude de ses esclaves, le nombre de
ses gens de mer, son autorité sur les villes grecques, et, plus que tout cela, les belles institutions
de Solon. Son négoce fut presque borné à la
Grèce et au Pont-Euxin, d'où elle tira sa subsistance.

Corinthe fut admirablement bien située : elle
sépara deux mers, ouvrit et ferma le Pélopon-
nèse, et ouvrit et ferma la Grèce. Elle fut une ville
de la plus grande importance dans un temps où
le peuple grec étoit un monde, et les villes grecques des nations. Elle fit un plus grand commerce
qu'Athènes. Elle avoit un port pour recevoir les
marchandises d'Asie : elle en avoit un autre pour

recevoir celles d'Italie; car, comme il y avoit de grandes difficultés à tourner le promontoire Malée, où des vents [1] opposés se rencontrent et causent des naufrages, on aimoit mieux aller à Corinthe, et l'on pouvoit même faire passer par terre les vaisseaux d'une mer à l'autre. Dans aucune ville on ne porta si loin les ouvrages de l'art. La religion acheva de corrompre ce que son opulence lui avoit laissé de mœurs. Elle érigea un temple à Vénus, où plus de mille courtisanes furent consacrées. C'est de ce séminaire que sortirent la plupart de ces beautés célèbres dont Athénée a osé écrire l'histoire.

Il paroît que, du temps d'Homère, l'opulence de la Grèce étoit à Rhodes, à Corinthe, et à Orchomène. « Jupiter [2], dit-il, aima les Rhodiens, « et leur donna de grandes richesses. » Il donne à Corinthe [3] l'épithète de riche.

De même, quand il veut parler des villes qui ont beaucoup d'or, il cite Orchomène [4], qu'il joint à Thèbes d'Egypte. Rhodes et Corinthe conservèrent leur puissance, et Orchomène la perdit. La position d'Orchomène, près de l'Helles-

[1] Voyez Strabon, liv. VIII.
[2] Iliade, liv. II.
[3] *Ibid.*
[4] *Ibid.*, liv. IX. Voyez Strabon, liv. IX, page 414, édition de 1620.

pont, de la Propontide et du Pont-Euxin, fait naturellement penser qu'elle tiroit ses richesses d'un commerce sur les côtes de ces mers, qui avoient donné lieu à la fable de la toison d'or. Et effectivement le nom de Miniares est donné à Orchomène [1], et encore aux Argonautes; mais, comme dans la suite ces mers devinrent plus connues; que les Grecs y établirent un très-grand nombre de colonies; que ces colonies négocièrent avec les peuples barbares; qu'elles communiquèrent avec leur métropole; Orchomène commença à déchoir, et elle rentra dans la foule des autres villes grecques.

Les Grecs, avant Homère, n'avoient guère négocié qu'entre eux, et chez quelque peuple barbare; mais ils étendirent leur domination à mesure qu'ils formèrent de nouveaux peuples. La Grèce étoit une grande péninsule dont les caps sembloient avoir fait reculer les mers, et les golfes s'ouvrir de tous côtés, comme pour les recevoir encore. Si l'on jette les yeux sur la Grèce, on verra, dans un pays assez resserré, une vaste étendue de côtes. Ses colonies innombrables faisoient une immense circonférence autour d'elle; et elle y voyoit, pour ainsi dire, tout le monde qui n'étoit pas barbare. Pénétra-t-elle en Sicile et

---

[1] Strabon, liv. IX, page 414, édition de 1620.

en Italie; elle y forma des nations. Navigua-t-elle vers les mers du Pont, vers les côtes de l'Asie mineure, vers celles d'Afrique; elle en fit de même. Ses villes acquirent de la prospérité à mesure qu'elles se trouvèrent près de nouveaux peuples; et, ce qu'il y avoit d'admirable, des îles sans nombre, situées comme en première ligne, l'entouroient encore.

Quelles causes de prospérité pour la Grèce, que des jeux qu'elle donnoit pour ainsi dire à l'univers, des temples où tous les rois envoyoient des offrandes, des fêtes où l'on s'assembloit de toutes parts, des oracles qui faisoient l'attention de toute la curiosité humaine, enfin le goût et les arts portés à un point, que de croire les surpasser sera toujours ne les pas connoître!

CHAPITRE VIII.

D'Alexandre. Sa conquête.

Quatre événemens arrivés sous Alexandre firent dans le commerce une grande révolution : la prise de Tyr, la conquête de l'Égypte, celle des Indes, et la découverte de la mer qui est au midi de ce pays.

L'empire des Perses s'étendoit jusqu'à l'Indus[1] Long-temps avant Alexandre, Darius[2] avoit envoyé des navigateurs qui descendirent ce fleuve, et allèrent jusqu'à la mer Rouge. Comment donc les Grecs furent-ils les premiers qui firent par le midi le commerce des Indes? Comment les Perses ne l'avoient-ils pas fait auparavant? Que leur servoient des mers qui étoient si proches d'eux, des mers qui baignoient leur empire? Il est vrai qu'Alexandre conquit les Indes : mais faut-il conquérir un pays pour y négocier? J'examinerai ceci.

L'Ariane[3], qui s'étendoit depuis le golfe Persique jusqu'à l'Indus, et de la mer du midi jusqu'aux montagnes des Paropamisades, dépendoit bien en quelque façon de l'empire des Perses : mais, dans sa partie méridionale, elle étoit aride, brûlée, inculte et barbare. La tradition[4] portoit que les armées de Sémiramis et de Cyrus avoient péri dans ces déserts; et Alexandre, qui se fit suivre par sa flotte, ne laissa pas d'y perdre une grande partie de son armée. Les Perses laissoient toute la côte au pouvoir des Ichtyophages[5], des Orittes, et autres peuples barbares. D'ailleurs,

---

[1] Strabon, liv. XV.
[2] Hérodote, *in Melpomene*.
[3] Strabon, liv. XV.
[4] *Ibid.*
[5] Pline, liv. VI, chap. XXIII. Strabon, liv. XV.

les Perses n'étoient pas navigateurs, et leur religion même leur ôtoit toute idée de commerce maritime [1]. La navigation que Darius fit faire sur l'Indus et la mer des Indes fut plutôt une fantaisie d'un prince qui veut montrer sa puissance, que le projet réglé d'un monarque qui veut l'employer. Elle n'eut de suite ni pour le commerce ni pour la marine; et, si l'on sortit de l'ignorance, ce fut pour y retomber.

Il y a plus : il étoit reçu [2], avant l'expédition d'Alexandre, que la partie méridionale des Indes étoit inhabitable [3]; ce qui suivoit de la tradition que Sémiramis [4] n'en avoit ramené que vingt hommes, et Cyrus que sept.

Alexandre entra par le nord. Son dessein étoit de marcher vers l'orient : mais, ayant trouvé la partie du midi pleine de grandes nations, de villes et de rivières, il en tenta la conquête et la fit.

Pour lors, il forma le dessein d'unir les Indes

---

[1] Pour ne point souiller les élémens, ils ne naviguoient pas sur les fleuves. M. Hyde, Religion des Perses. Encore aujourd'hui ils n'ont point de commerce maritime, et ils traitent d'athées ceux qui vont sur mer.

[2] Strabon, liv. XV.

[3] Hérodote, *in Melpomene*, dit que Darius conquit les Indes. Cela ne peut être entendu que de l'Ariane : encore ne fut-ce qu'une conquête en idée.

[4] Strabon, liv. XV.

avec l'Occident par un commerce maritime, comme il les avoit unis par des colonies qu'il avoit établies dans les terres.

Il fit construire une flotte sur l'Hydaspe, descendit cette rivière, entra dans l'Indus, et navigua jusqu'à son embouchure. Il laissa son armée et sa flotte à Patale, alla lui-même avec quelques vaisseaux reconnoître la mer, marqua les lieux où il voulut que l'on construisît des ports, des havres, des arsenaux. De retour à Patale, il se sépara de sa flotte, et prit la route de terre pour lui donner du secours et en recevoir. La flotte suivit la côte depuis l'embouchure de l'Indus, le long du rivage des pays des Orittes, des Ichtyophages, de la Caramanie et de la Perse. Il fit creuser des puits, bâtir des villes; il défendit aux Ichtyophages [1] de vivre de poisson ; il vouloit que les bords de cette mer fussent habités par des nations civilisées. Néarque et Onésicrite ont fait le journal de cette navigation, qui fut de dix mois.

[1] Ceci ne sauroit s'entendre de tous les Ichtyophages, qui habitoient une côte de dix mille stades. Comment Alexandre auroit-il pu leur donner la subsistance? Comment se seroit-il fait obéir? Il ne peut être ici question que de quelques peuples particuliers. Néarque, dans le livre *Rerum indicarum*, dit qu'à l'extrémité de cette côte, du côté de la Perse, il avoit trouvé les peuples moins ichtyophages. Je croirois que l'ordre d'Alexandre regardoit cette contrée, ou quelque autre encore plus voisine de la Perse.

Ils arrivèrent à Suse; ils y trouvèrent Alexandre qui donnoit des fêtes à son armée.

Ce conquérant avoit fondé Alexandrie dans la vue de s'assurer de l'Égypte : c'étoit une clef pour l'ouvrir dans le lieu même où les rois ses prédécesseurs avoient une clef pour la fermer [1]; et il ne songeoit point à un commerce dont la découverte de la mer des Indes pouvoit seule lui faire naître la pensée.

Il paroît même qu'après cette découverte il n'eut aucune vue nouvelle sur Alexandrie. Il avoit bien, en général, le projet d'établir un commerce entre les Indes et les parties occidentales de son empire : mais, pour le projet de faire ce commerce par l'Égypte, il lui manquoit trop de connoissances pour pouvoir le former. Il avoit vu l'Indus, il avoit vu le Nil; mais il ne connoissoit point les mers d'Arabie, qui sont entre deux. A peine fut-il arrivé des Indes, qu'il fit construire de nouvelles flottes, et navigua [2] sur l'Euléus, le Tigre, l'Euphrate et la mer : il ôta les cataractes que les Perses avoient mises sur ces fleuves; il

---

[1] Alexandrie fut fondée dans une plage appelée Racotis. Les anciens rois y tenoient une garnison pour défendre l'entrée du pays aux étrangers, et surtout aux Grecs, qui étoient, comme on sait, de grands pirates. Voyez Pline, liv. VI, chap. x; et Strabon, liv. XVIII.

[2] Arrien, *de expeditione Alexandri*, lib. VII.

découvrit que le sein persique étoit un golfe de l'Océan. Comme il alla reconnoître ¹ cette mer, ainsi qu'il avoit reconnu celle des Indes; comme il fit construire un port à Babylone pour mille vaisseaux, et des arsenaux; comme il envoya cinq cents talens en Phénicie et en Syrie, pour en faire venir des nautonniers, qu'il vouloit placer dans les colonies qu'il répandoit sur les côtes ; comme enfin il fit des travaux immenses sur l'Euphrate et les autres fleuves de l'Assyrie, on ne peut douter que son dessein ne fût de faire le commerce des Indes par Babylone et le golfe Persique.

Quelques gens, sous prétexte qu'Alexandre vouloit conquérir l'Arabie ², ont dit qu'il avoit formé le dessein d'y mettre le siége de son empire : mais comment auroit-il choisi un lieu qu'il ne connoissoit pas ³? D'ailleurs, c'étoit le pays du monde le plus incommode : il se seroit séparé de son empire. Les califes, qui conquirent au loin, quittèrent d'abord l'Arabie pour s'établir ailleurs.

¹ Arrien, *de expeditione Alexandri*, lib. VII.
² Strabon, liv. XVI, à la fin.
³ Voyant la Babylonie inondée, il regardoit l'Arabie, qui en est proche, comme une île. Aristobule, dans Strabon, liv. XVI.

CHAPITRE IX.

Du commerce des rois grecs après Alexandre.

Lorsqu'Alexandre conquit l'Égypte, on connoissoit très-peu la mer Rouge, et rien de cette partie de l'Océan qui se joint à cette mer, et qui baigne d'un côté la côte l'Afrique, et de l'autre celle de l'Arabie : on crut même depuis qu'il étoit impossible de faire le tour de la presqu'île d'Arabie. Ceux qui l'avoient tenté de chaque côté avoient abandonné leur entreprise. On disoit[1] : « Comment seroit-il possible de naviguer au midi des « côtes de l'Arabie, puisque l'armée de Cambyse, « qui la traversa du côté du nord, périt presque « toute, et que celle que Ptolomée, fils de Lagus, « envoya au secours de Séleucus Nicator à Baby- « lone, souffrit des maux incroyables, et, à cause « de la chaleur, ne put marcher que la nuit? »

Les Perses n'avoient aucune sorte de navigation. Quand ils conquirent l'Égypte, ils y apportèrent le même esprit qu'ils avoient eu chez eux : et la négligence fut si extraordinaire, que les rois grecs trouvèrent que non-seulement les navigations des

---

[1] Voyez le livre *Rerum indicarum*.

Tyriens, des Iduméens et des Juifs dans l'Océan étoient ignorées, mais que celles même de la mer Rouge l'étoient. Je crois que la destruction de la première Tyr par Nabuchodonosor, et celle de plusieurs petites nations et villes voisines de la mer Rouge, firent perdre les connoissances que l'on avoit acquises.

L'Égypte, du temps des Perses, ne confinoit point à la mer Rouge : elle ne contenoit[1] que cette lisière de terre longue et étroite que le Nil couvre par ses inondations, et qui est resserrée des deux côtés par des chaînes de montagnes. Il fallut donc découvrir la mer Rouge une seconde fois, et l'Océan une seconde fois; et cette découverte appartint à la curiosité des rois grecs.

On remonta le Nil; on fit la chasse des éléphans dans les pays qui sont entre le Nil et la mer; on découvrit les bords de cette mer par les terres; et, comme cette découverte se fit sous les Grecs, les noms en sont grecs, et les temples sont consacrés[2] à des divinités grecques.

Les Grecs d'Égypte purent faire un commerce très-étendu : ils étoient maîtres des ports de la mer Rouge; Tyr, rivale de toute nation commerçante, n'étoit plus; ils n'étoient point gênés par les an-

---

[1] Strabon, liv. XVI.
[2] Ibid.

ciennes [1] superstitions du pays ; l'Égypte étoit devenue le centre de l'univers.

Les rois de Syrie laissèrent à ceux d'Égypte le commerce méridional des Indes, et ne s'attachèrent qu'à ce commerce septentrional qui se faisoit par l'Oxus et la mer Caspienne. On croyoit dans ces temps-là, que cette mer étoit une partie de l'Océan septentrional [2] ; et Alexandre, quelque temps avant sa mort, avoit fait construire [3] une flotte, pour découvrir si elle communiquoit à l'Océan par le Pont-Euxin, ou par quelque autre mer orientale vers les Indes. Après lui, Séleucus et Antiochus eurent une attention particulière à la reconnoître : ils y entretinrent des flottes [4]. Ce que Séleucus reconnut fut appelé mer Séleucide ; ce qu'Antiochus découvrit fut appelé mer Antiochide. Attentifs aux projets qu'ils pouvoient avoir de ce côté-là, ils négligèrent les mers du midi ; soit que les Ptolomée, par leurs flottes sur la mer Rouge, s'en fussent déjà procuré l'empire ; soit qu'ils eussent découvert dans les Perses un éloignement invincible pour la marine. La côte du midi de la

---

[1] Elles leur donnoient de l'horreur pour les étrangers.

[2] Pline, liv. II, chap. LXVIII ; et liv. VI, chap. IX et XII. Strabon, liv. XI. Arrien, de l'expédition d'Alexandre, liv. III, et liv. V.

[3] Arrien, de l'expédition d'Alexandre, liv. VII.

[4] Pline, liv. II, chap. LXIV.

Perse ne fournissoit point de matelots ; on n'y en avoit vu que dans les derniers momens de la vie d'Alexandre. Mais les rois d'Égypte, maîtres de l'île de Chypre, de la Phénicie, et d'un grand nombre de places sur les côtes de l'Asie mineure, avoient toutes sortes de moyens pour faire des entreprises de mer. Ils n'avoient point à contraindre le génie de leurs sujets ; ils n'avoient qu'à le suivre.

On a de la peine à comprendre l'obstination des anciens à croire que la mer Caspienne étoit une partie de l'Océan. Les expéditions d'Alexandre, des rois de Syrie, des Parthes et des Romains, ne purent leur faire changer de pensée : c'est qu'on revient de ses erreurs le plus tard qu'on peut. D'abord on ne connut que le midi de la mer Caspienne ; on la prit pour l'Océan : à mesure que l'on avança le long de ses bords, du côté du nord, on crut encore que c'étoit l'Océan qui entroit dans les terres. En suivant les côtes, on n'avoit reconnu, du côté de l'est, que jusqu'au Jaxarte, et, du côté de l'ouest, que jusqu'aux extrémités de l'Albanie. La mer, du côté du nord, étoit vaseuse [1], et par conséquent très-peu propre à la navigation. Tout cela fit que l'on ne vit jamais que l'Océan.

L'armée d'Alexandre n'avoit été, du côté de

---

[1] Voyez la carte du czar.

l'orient, que jusqu'à l'Hypanis, qui est la dernière des rivières qui se jettent dans l'Indus. Ainsi, le premier commerce que les Grecs eurent aux Indes se fit dans une très-petite partie du pays. Séleucus Nicator pénétra jusqu'au Gange [1]; et par-là on découvrit la mer où ce fleuve se jette, c'est-à-dire le golfe de Bengale. Aujourd'hui l'on découvre les terres par les voyages de mer; autrefois on découvroit les mers par la conquête des terres.

Strabon [2], malgré le témoignage d'Apollodore, paroît douter que les rois [3] grecs de Bactriane soient allés plus loin que Séleucus et Alexandre. Quand il seroit vrai qu'ils n'auroient pas été plus loin vers l'orient que Séleucus, ils allèrent plus loin vers le midi : ils découvrirent [4] Siger et des ports dans le Malabar, qui donnèrent lieu à la navigation dont je vais parler.

Pline [5] nous apprend qu'on prit successivement trois routes pour faire la navigation des Indes. D'abord, on alla du promontoire de Siagre à l'île de Patalène, qui est à l'embouchure de l'Indus : on voit que c'étoit la route qu'avoit tenue la flotte

[1] Pline, liv. VI, chap. XVII.
[2] Liv. XV.
[3] Les Macédoniens de la Bactriane, des Indes, et de l'Ariane, s'étant séparés du royaume de Syrie, formèrent un grand état.
[4] Apollonius Adramittin, dans Strabon, liv. XI.
[5] Liv. VI, chap. XXIII.

d'Alexandre. On prit ensuite un chemin plus court[1] et plus sûr; et on alla du même promontoire à Siger. Ce Siger ne peut être que le royaume de Siger dont parle Strabon[2] que les rois grecs de Bactriane découvrirent. Pline ne peut dire que ce chemin fût plus court, que parce qu'on le faisoit en moins de temps; car Siger devoit être plus reculé que l'Indus, puisque les rois de Bactriane le découvrirent. Il falloit donc que l'on évitât par-là le détour de certaines côtes, et que l'on profitât de certains vents. Enfin, les marchands prirent une troisième route : ils se rendoient à Canes ou à Océlis, ports situés à l'embouchure de la mer Rouge, d'où, par un vent d'ouest, on arrivoit à Muziris, première étape des Indes, et de là à d'autres ports. On voit qu'au lieu d'aller de l'embouchure de la mer Rouge jusqu'à Siagre en remontant la côte de l'Arabie heureuse au nord-est, on alla directement de l'ouest à l'est, d'un côté à l'autre, par le moyen des moussons, dont on découvrit les changemens en naviguant dans ces parages. Les anciens ne quittèrent les côtes que quand ils se servirent des moussons[3] et des vents alisés,

[1] Liv. VI, chap. XXIII.
[2] Liv. XI, *Sigertidis regnum*.
[3] Les moussons soufflent une partie de l'année d'un côté, et une partie de l'année de l'autre; et les vents alisés soufflent du même côté toute l'année.

qui étoient une espèce de boussole pour eux.

Pline ¹ dit qu'on partoit pour les Indes au milieu de l'été, et qu'on en revenoit vers la fin de décembre et au commencement de janvier. Ceci est entièrement conforme aux journaux de nos navigateurs. Dans cette partie de la mer des Indes qui est entre la presqu'île d'Afrique et celle de deçà le Gange, il y a deux moussons : la première, pendant laquelle les vents vont de l'ouest à l'est, commence aux mois d'août et de septembre; la deuxième, pendant laquelle les vents vont de l'est à l'ouest, commence en janvier. Ainsi, nous partons d'Afrique pour le Malabar dans le temps que partoient les flottes de Ptolomée, et nous en revenons dans le même temps.

La flotte d'Alexandre mit sept mois pour aller de Patale à Suze. Elle partit dans le mois de juillet, c'est-à-dire, dans un temps où aujourd'hui aucun navire n'ose se mettre en mer pour revenir des Indes. Entre l'une et l'autre mousson, il y a un intervalle de temps pendant lequel les vents varient, et où un vent de nord, se mêlant avec les vents ordinaires, cause, surtout auprès des côtes, d'horribles tempêtes. Cela dure les mois de juin, de juillet et d'août. La flotte d'Alexandre, partant de Patale au mois de juillet, essuya bien

¹ Liv. VI, chap. XXIII.

des tempêtes, et le voyage fut long, parce qu'elle navigua dans une mousson contraire.

Pline dit qu'on partoit pour les Indes à la fin de l'été; ainsi on employoit le temps de la variation de la mousson à faire le trajet d'Alexandrie à la mer Rouge.

Voyez, je vous prie, comment on se perfectionna peu à peu dans la navigation. Celle que Darius fit faire pour descendre l'Indus et aller à la mer Rouge, fut de deux ans et demi [1]. La flotte d'Alexandre [2], descendant l'Indus, arriva à Suze dix mois après, ayant navigué trois mois sur l'Indus, et sept sur la mer des Indes. Dans la suite, le trajet de la côte de Malabar à la mer Rouge se fit en quarante jours [3].

Strabon, qui rend raison de l'ignorance où l'on étoit des pays qui sont entre l'Hypanis et le Gange, dit que, parmi les navigateurs qui vont de l'Égypte aux Indes, il y en a peu qui aillent jusqu'au Gange. Effectivement, on voit que les flottes n'y alloient pas; elles alloient, par les moussons de l'ouest à l'est, de l'embouchure de la mer Rouge à la côte de Malabar. Elles s'arrêtoient dans les étapes qui y étoient, et n'alloient point faire le tour de la presqu'île deçà le Gange par le cap de

[1] Hérodote, *in Melpomene.*
[2] Pline, liv. VI, chap. XXIII.
[3] *Ibid.*

Comorin et la côte de Coromandel. Le plan de la navigation des rois d'Égypte et des Romains étoit de revenir la même année [1].

Ainsi il s'en faut bien que le commerce des Grecs et des Romains aux Indes ait été aussi étendu que le nôtre; nous qui connoissons des pays immenses qu'ils ne connoissoient pas; nous qui faisons notre commerce avec toutes les nations indiennes, et qui commerçons même pour elles et naviguons pour elles.

Mais ils faisoient ce commerce avec plus de facilité que nous; et, si l'on ne négocioit aujourd'hui que sur la côte du Guzarat et du Malabar, et que, sans aller chercher les îles du midi, on se contentât des marchandises que les insulaires viendroient apporter, il faudroit préférer la route de l'Égypte à celle du cap de Bonne-Espérance. Strabon [2] dit que l'on négocioit ainsi avec les peuples de la Taprobane.

[1] Pline, liv. VI, chap. XXIII.
[2] Liv. XV.

CHAPITRE X.

Du tour de l'Afrique.

On trouve dans l'histoire qu'avant la découverte de la boussole on tenta quatre fois de faire le tour de l'Afrique. Des Phéniciens envoyés par Nécho [1] et Eudoxe [2], fuyant la colère de Ptolomée-Lature, partirent de la mer Rouge, et réussirent. Sataspe [3] sous Xerxès, et Hannon qui fut envoyé par les Carthaginois, sortirent des colonnes d'Hercule, et ne réussirent pas.

Le point capital pour faire le tour de l'Afrique étoit de découvrir et de doubler le cap de Bonne-Espérance. Mais, si l'on partoit de la mer Rouge, on trouvoit ce cap de la moitié du chemin plus près qu'en partant de la Méditerranée. La côte qui va de la mer Rouge au cap est plus saine que [4] celle qui va du cap aux colonnes d'Hercule. Pour que ceux qui partoient des colonnes d'Hercule

---

[1] Hérodote, liv. IV. Il vouloit conquérir.

[2] Pline, liv. II, chap. LXVII. Pomponius Méla, liv. III, chap. IX.

[3] Hérodote, *in Melpomene*.

[4] Joignez à ceci ce que je dis au chap. XI de ce livre sur la navigation d'Hannon.

aient pu découvrir le cap, il a fallu l'invention de la boussole, qui a fait que l'on a quitté la côte d'Afrique, et qu'on a navigué dans le vaste océan¹ pour aller vers l'île de Sainte-Hélène ou vers la côte du Brésil. Il étoit donc très-possible qu'on fût allé de la mer Rouge dans la Méditerranée, sans qu'on fût revenu de la Méditerranée à la mer Rouge.

Ainsi, sans faire ce grand circuit, après lequel on ne pouvoit plus revenir, il étoit plus naturel de faire le commerce de l'Afrique orientale par la mer Rouge, et celui de la côte occidentale par les colonnes d'Hercule.

Les rois grecs d'Égypte découvrirent d'abord dans la mer Rouge la partie de la côte d'Afrique qui va depuis le fond du golfe où est la cité d'Héroum jusqu'à Dira, c'est-à-dire jusqu'au détroit appelé aujourd'hui de Babel-Mandel. De là, jusqu'au promontoire des Aromates, situé à l'entrée de la mer Rouge², la côte n'avoit point été re-

---

¹ On trouve dans l'océan Atlantique, aux mois d'octobre, novembre, décembre, et janvier, un vent de nord-est. On passe la ligne; et, pour éluder le vent général d'est, on dirige sa route vers le sud, ou bien on entre dans la zone torride, dans les lieux où le vent souffle de l'ouest à l'est.

² Ce golfe, auquel nous donnons aujourd'hui ce nom, étoit appelé par les anciens le sein Arabique : ils appeloient mer Rouge a partie de l'océan voisine de ce golfe.

connue par les navigateurs : et cela est clair par ce que nous dit Artémidore ¹, que l'on connoissoit les lieux de cette côte, mais qu'on en ignoroit les distances : ce qui venoit de ce qu'on avoit successivement connu ces ports par les terres, et sans aller de l'un à l'autre.

Au-delà de ce promontoire, où commence la côte de l'Océan, on ne connoissoit rien, comme nous ² l'apprenons d'Ératosthène et d'Artémidore.

Telles étoient les connoissances que l'on avoit des côtes d'Afrique du temps de Strabon, c'est-à-dire du temps d'Auguste. Mais, depuis Auguste, les Romains découvrirent le promontoire Raptum et le promontoire Prassum, dont Strabon ne parle pas, parce qu'ils n'étoient pas encore connus. On voit que ces deux noms sont romains.

Ptolomée le géographe vivoit sous Adrien et Antonin Pie; et l'auteur du Périple de la mer Erythrée, quel qu'il soit, vécut peu de temps après. Cependant le premier borne l'Afrique ³ connue au promontoire Prassum, qui est environ au quatorzième degré de latitude sud; et l'auteur du Périple ⁴ au promontoire Raptum, qui est à peu

---

¹ Strabon, liv. XVI.

² *Ibid.* Artémidore bornoit la côte connue au lieu appelé *Austricornu*; et Eratosthène, *ad Cinnamomiferam*.

³ Liv. I, chap. VII; liv. IV, chap. IX; table IV de l'Afrique.

⁴ On a attribué ce Périple à Arrien.

près au dixième degré de cette latitude. Il y a apparence que celui-ci prenoit pour limite un lieu où l'on alloit, et Ptolomée un lieu où l'on n'alloit plus.

Ce qui me confirme dans cette idée, c'est que les peuples autour du Prassum étoient anthropophages [1]. Ptolomée, qui [2] nous parle d'un grand nombre de lieux entre le port des Aromates et le promontoire Raptum, laisse un vide total depuis le Raptum jusqu'au Prassum. Les grands profits de la navigation des Indes dûrent faire négliger celle d'Afrique. Enfin les Romains n'eurent jamais sur cette côte de navigation réglée : ils avoient découvert ces ports par les terres, et par des navires jetés par la tempête ; et, comme aujourd'hui on connoît assez bien les côtes de l'Afrique et très-mal l'intérieur [3], les anciens connoissoient assez bien l'intérieur et très-mal les côtes.

J'ai dit que des Phéniciens envoyés par Nécho et Eudoxe sous Ptolomée-Lature, avoient fait le tour de l'Afrique : il faut bien que, du temps de Ptolomée le géographe, ces deux navigations fus-

---

[1] Ptolomée, liv. IV, chap. IX.
[2] Liv. IV, chap. VII et VIII.
[3] Voyez avec quelle exactitude Strabon et Ptolomée nous décrivent les diverses parties de l'Afrique. Ces connoissances venoient des diverses guerres que les deux plus puissantes nations du monde, les Carthaginois et les Romains, avoient eues avec les peuples d'Afrique, des alliances qu'ils avoient contractées, du commerce qu'ils avoient fait dans les terres.

sent regardées comme fabuleuses, puisqu'il place[1], depuis le *sinus magnus*, qui est, je crois, le golfe de Siam, une terre inconnue, qui va d'Asie en Afrique aboutir au promontoire Prassum ; de sorte que la mer des Indes n'auroit été qu'un lac. Les anciens, qui reconnurent les Indes par le nord, s'étant avancés vers l'orient, placèrent vers le midi cette terre inconnue.

CHAPITRE XI.

Carthage et Marseille.

CARTHAGE avoit un singulier droit des gens : elle faisoit noyer[2] tous les étrangers qui trafiquoient en Sardaigne et vers les colonnes d'Hercule. Son droit politique n'étoit pas moins extraordinaire : elle défendit aux Sardes de cultiver la terre, sous peine de la vie. Elle accrut sa puissance par ses richesses, et ensuite ses richesses par sa puissance. Maîtresse des côtes d'Afrique que baigne la Méditerranée, elle s'étendit le long de celles de l'Océan. Hannon, par ordre du sénat de Carthage, répandit trente mille Carthaginois depuis

---

[1] Liv. VII, chap. III.
[2] Eratosthène, dans Strabon, liv. XVII, p. 802.

les colonnes d'Hercule jusqu'à Cerné. Il dit que ce lieu est aussi éloigné des colonnes d'Hercule que les colonnes d'Hercule le sont de Carthage. Cette position est très-remarquable ; elle fait voir qu'Hannon borna ses établissemens au vingt-cinquième degré de latitude nord, c'est-à-dire deux ou trois degrés au delà des îles Canaries, vers le sud.

Hannon étant à Cerné fit une autre navigation, dont l'objet étoit de faire des découvertes plus avant vers le midi. Il ne prit presque aucune connoissance du continent. L'étendue des côtes qu'il suivit fut de vingt-six jours de navigation, et il fut obligé de revenir faute de vivres. Il paroît que les Carthaginois ne firent aucun usage de cette entreprise d'Hannon. Scylax[1] dit qu'au delà de Cerné la mer n'est pas navigable[2], parce qu'elle y est basse, pleine de limon et d'herbes marines : effectivement il y en a beaucoup dans ces parages[3]. Les marchands carthaginois dont

---

[1] Voyez son Périple, article de *Carthage*.

[2] Voyez Hérodote, *in Melpomene*, sur les obstacles que Sataspe trouva.

[3] Voyez les cartes et les relations, le 1er volume des Voyages qui ont servi à l'établissement de la compagnie des Indes, part. I, pag. 201. Cette herbe couvre tellement la surface de la mer, qu'on a de la peine à voir l'eau ; et les vaisseaux ne peuvent passer à travers que par un vent frais.

parle Scylax pouvoient trouver des obstacles qu'Hannon, qui avoit soixante navires de cinquante rames chacun, avoit vaincus. Les difficultés sont relatives; et de plus, on ne doit pas confondre une entreprise qui a la hardiesse et la témérité pour objet, avec ce qui est l'effet d'une conduite ordinaire.

C'est un beau morceau de l'antiquité que la relation d'Hannon : le même homme qui a exécuté a écrit; il ne met aucune ostentation dans ses récits. Les grands capitaines écrivent leurs actions avec simplicité, parce qu'ils sont plus glorieux de ce qu'ils ont fait que de ce qu'ils ont dit.

Les choses sont comme le style. Il ne donne point dans le merveilleux : tout ce qu'il dit du climat, du terrain, des mœurs, des manières des habitans, se rapporte à ce qu'on voit aujourd'hui dans cette côte d'Afrique : il semble que c'est le journal de nos navigateurs.

Hannon remarqua sur sa flotte que le jour il régnoit dans le continent un vaste silence; que la nuit on entendoit les sons de divers instrumens de musique, et qu'on voyoit partout des feux, les uns plus grands, les autres moindres [1]. Nos re-

---

[1] Pline nous dit la même chose, en parlant du mont Atlas : « *Noctibus micare crebris ignibus, tibiarum cantu, tympano-* « *rumque sonitu strepere, neminem interdiù cerni.* »

lations confirment ceci: on y trouve que le jour ces sauvages, pour éviter l'ardeur du soleil, se retirent dans les forêts; que la nuit ils font de grands feux pour écarter les bêtes féroces; et qu'ils aiment passionnément la danse et les instrumens de musique.

Hannon nous décrit un volcan avec tous les phénomènes que fait voir aujourd'hui le Vésuve; et le récit qu'il fait de ces deux femmes velues, qui se laissèrent plutôt tuer que de suivre les Carthaginois, et dont il fit porter les peaux à Carthage, n'est pas, comme on l'a dit, hors de vraisemblance.

Cette relation est d'autant plus précieuse qu'elle est un monument punique : et c'est parce qu'elle est un monument punique, qu'elle a été regardée comme fabuleuse; car les Romains conservèrent leur haine contre les Carthaginois, même apres les avoir détruits. Mais ce ne fut que la victoire qui décida s'il falloit dire *la foi punique*, ou *la foi romaine*.

Des modernes [1] ont suivi ce préjugé. Que sont devenues, disent-ils, les villes qu'Hannon nous décrit, et dont, même du temps de Pline, il ne restoit pas le moindre vestige? Le merveilleux seroit qu'il en fût resté. Étoit-ce Corinthe ou Athè-

---

[1] M. Dodwel. Voyez sa Dissertation sur le Périple d'Hannon.

nes qu'Hannon alloit bâtir sur ces côtes? Il laissoit dans les endroits propres au commerce des familles carthaginoises; et, à la hâte, il les mettoit en sûreté contre les hommes sauvages et les bêtes féroces. Les calamités des Carthaginois firent cesser la navigation d'Afrique; il fallut bien que ces familles périssent, ou devinssent sauvages. Je dis plus : quand les ruines de ces villes subsisteroient encore, qui est-ce qui auroit été en faire la découverte dans les bois et dans les marais? On trouve pourtant dans Scylax et dans Polybe, que les Carthaginois avoient de grands établissemens sur ces côtes. Voilà les vestiges des villes d'Hannon; il n'y en a point d'autre, parce qu'à peine y en a-t-il d'autres de Carthage même.

Les Carthaginois étoient sur le chemin des richesses : et, s'ils avoient été jusqu'au quatrième degré de latitude nord et au quinzième de longitude, ils auroient découvert la côte d'Or et les côtes voisines. Ils y auroient fait un commerce de toute autre importance que celui qu'on y fait aujourd'hui que l'Amérique semble avoir avili les richesses de tous les autres pays : ils y auroient trouvé des trésors qui ne pouvoient être enlevés par les Romains.

On a dit des choses bien surprenantes des richesses de l'Espagne. Si l'on en croit Aristote [1],

[1] Des choses merveilleuses.

les Phéniciens qui abordèrent à Tartèse y trouvèrent tant d'argent que leurs navires ne pouvoient le contenir; et ils firent faire de ce métal leurs plus vils ustensiles. Les Carthaginois, au rapport de Diodore [1], trouvèrent tant d'or et d'argent dans les Pyrénées, qu'ils en mirent aux ancres de leurs navires. Il ne faut point faire de fond sur ces récits populaires : voici des faits précis.

On voit, dans un fragment de Polybe cité par Strabon [2], que les mines d'argent qui étoient à la source du Bétis, où quarante mille hommes étoient employés, donnoient au peuple romain vingt-cinq mille drachmes par jour : cela peut faire environ cinq millions de livres par an, à cinquante francs le marc. On appeloit les montagnes où étoient ces mines les *montagnes d'argent* [3]; ce qui fait voir que c'étoit le Potosi de ces temps-là. Aujourd'hui les mines d'Hanover n'ont pas le quart des ouvriers qu'on employoit dans celles d'Espagne, et elles donnent plus; mais les Romains n'ayant guère que des mines de cuivre et peu de mines d'argent, et les Grecs ne connoissant que les mines d'Attique très-peu riches, ils dûrent être étonnés de l'abondance de celles-là.

Dans la guerre pour la succession d'Espagne,

[1] Liv. VI.
[2] Liv. III.
[3] *Mons Argentarius.*

un homme appelé le marquis de Rhodes, de qui on disoit qu'il s'étoit ruiné dans les mines d'or, et enrichi dans les hôpitaux [1], proposa à la cour de France d'ouvrir les mines des Pyrénées. Il cita les Tyriens, les Carthaginois et les Romains. On lui permit de chercher : il chercha, il fouilla partout; il citoit toujours, et ne trouvoit rien.

Les Carthaginois, maîtres du commerce de l'or et de l'argent, voulurent l'être encore de celui du plomb et de l'étain. Ces métaux étoient voiturés par terre, depuis les ports de la Gaule sur l'Océan jusqu'à ceux de la Méditerranée. Les Carthaginois voulurent les recevoir de la première main; ils envoyèrent Himilcon, pour former [2] des établissemens dans les îles Cassitérides, qu'on croit être celles de Silley.

Ces voyages de la Bétique en Angleterre ont fait penser à quelques gens que les Carthaginois avoient la boussole : mais il est clair qu'ils suivoient les côtes. Je n'en veux d'autre preuve que ce que dit Himilcon, qui demeura quatre mois à aller de l'embouchure du Bétis en Angleterre : outre que la fameuse histoire [3] de ce pilote carthaginois qui, voyant venir un vaisseau romain, se fit échouer pour ne lui pas apprendre la route

---

[1] Il en avoit eu quelque part la direction.

[2] Voyez Festus Avienus.

[3] Strabon, liv. III, sur la fin.

d'Angleterre ¹, fait voir que ces vaisseaux étoient très-près des côtes lorsqu'ils se rencontrèrent.

Les anciens pourroient avoir fait des voyages de mer qui feroient penser qu'ils avoient la boussole, quoiqu'ils ne l'eussent pas. Si un pilote s'étoit éloigné des côtes, et que pendant son voyage il eût un temps serein; que la nuit il eût toujours vu une étoile polaire, et le jour le lever et le coucher du soleil, il est clair qu'il auroit pu se conduire comme on fait aujourd'hui par la boussole : mais ce seroit un cas fortuit, et non pas une navigation réglée.

On voit, dans le traité qui finit la première guerre punique, que Carthage fut principalement attentive à se conserver l'empire de la mer, et Rome à garder celui de la terre. Hannon ², dans la négociation avec les Romains, déclara qu'il ne souffriroit pas seulement qu'ils se lavassent les mains dans les mers de Sicile; il ne leur fut pas permis de naviguer au delà du beau promontoire; il leur fut défendu ³ de trafiquer en Sicile ⁴, en Sardaigne, et Afrique, excepté à Car-

---

¹ Il en fut récompensé par le sénat de Carthage.

² Tite-Live, supplément de Freinshemius, seconde décade, liv. VI.

³ Polybe, liv. III.

⁴ Dans la partie sujette aux Carthaginois.

thage : exception qui fait voir qu'on ne leur y préparoit pas un commerce avantageux.

Il y eut, dans les premiers temps, de grandes guerres entre Carthage et Marseille [1] au sujet de la pêche.

Après la paix, ils firent concurremment le commerce d'économie. Marseille fut d'autant plus jalouse, qu'égalant sa rivale en industrie, elle lui étoit devenue inférieure en puissance : voilà la raison de cette grande fidélité pour les Romains. La guerre que ceux-ci firent contre les Carthaginois en Espagne fut une source de richesses pour Marseille, qui servoit d'entrepôt. La ruine de Carthage et de Corinthe augmenta encore la gloire de Marseille : et, sans les guerres civiles, où il falloit fermer les yeux et prendre un parti, elle auroit été heureuse sous la protection des Romains, qui n'avoient aucune jalousie de son commerce.

---

[1] Justin, liv. XLIII, chap. v.

CHAPITRE XII.

Ile de Delos. Mithridate.

CORINTHE ayant été détruite par les Romains, les marchands se retirèrent à Délos. La religion et la vénération des peuples faisoient regarder cette île comme un lieu de sûreté[1] : de plus, elle étoit très-bien située pour le commerce de l'Italie et de l'Asie, qui, depuis l'anéantissement de l'Afrique et l'affoiblissement de la Grèce, étoit devenu plus important.

Dès les premiers temps, les Grecs envoyèrent, comme nous avons dit, des colonies sur la Propontide et le Pont-Euxin; elles conservèrent, sous les Perses, leurs lois et leur liberté. Alexandre, qui n'étoit parti que contre les barbares, ne les attaqua pas[2]. Il ne paroît pas même que les rois de Pont, qui en occupèrent plusieurs, leur eussent[3] ôté leur gouvernement politique.

[1] Voyez Strabon, liv. X.
[2] Il confirma la liberté de la ville d'Amise, colonie athénienne, qui avoit joui de l'état populaire même sous les rois de Perse. Lucullus, qui prit Synope et Amise, leur rendit la liberté, et rappela les habitans, qui s'étoient enfuis sur leurs vaisseaux.
[3] Voyez ce qu'écrit Appien sur les Phanagoréens, les Amisiens, les Synopiens, dans son livre de la guerre contre Mithridate.

La puissance [1] de ces rois augmenta sitôt qu'ils les eurent soumises. Mithridate se trouva en état d'acheter partout des troupes, de réparer [2] continuellement ses pertes, d'avoir des ouvriers, des vaisseaux, des machines de guerre; de se procurer des alliés, de corrompre ceux des Romains et les Romains mêmes ; de soudoyer [3] les barbares de l'Asie et de l'Europe; de faire la guerre long-temps; et par conséquent de discipliner ses troupes: il put les armer, et les instruire dans l'art militaire [4] des Romains, et former des corps considérables de leurs transfuges : enfin il put faire de grandes pertes et souffrir de grands échecs, sans périr : et il n'auroit point péri, si, dans les prospérités, le roi voluptueux et barbare n'avoit pas détruit ce que, dans la mauvaise fortune, avoit fait le grand prince.

C'est ainsi que, dans le temps que les Romains étoient au comble de la grandeur, et qu'ils sembloient n'avoir à craindre qu'eux-mêmes, Mithri-

---

[1] Voyez Appien, sur les trésors immenses que Mithridate employa dans ses guerres, ceux qu'il avoit cachés, ceux qu'il perdit si souvent par la trahison des siens, ceux qu'on trouva après sa mort.

[2] Il perdit une fois cent soixante-dix mille hommes, et de nouvelles armées reparurent d'abord.

[3] Voyez Appien, de la guerre contre Mithridate.

[4] Ibid.

date remit en question ce que la prise de Carthage, les défaites de Philippe, d'Antiochus et de Persée, avoient décidé. Jamais guerre ne fut plus funeste; et les deux partis ayant une grande puissance et des avantages mutuels, les peuples de la Grèce et de l'Asie furent détruits, ou comme amis de Mithridate, ou comme ses ennemis. Délos fut enveloppée dans le malheur commun. Le commerce tomba de toutes parts : il falloit bien qu'il fût détruit, les peuples l'étoient.

Les Romains, suivant un système dont j'ai parlé ailleurs [1], destructeurs pour ne pas paroître conquérans, ruinèrent Carthage et Corinthe; et, par une telle pratique, ils se seroient peut-être perdus, s'ils n'avoient pas conquis toute la terre. Quand les rois de Pont se rendirent maîtres des colonies grecques du Pont-Euxin, ils n'eurent garde de détruire ce qui devoit être la cause de leur grandeur.

CHAPITRE XIII.

Du génie des Romains pour la marine.

Les Romains ne faisoient cas que des troupes de terre, dont l'esprit étoit de rester toujours ferme,

[1] Dans les Considérations sur les causes de la grandeur des Romains.

de combattre au même lieu, et d'y mourir. Ils ne pouvoient estimer la pratique des gens de mer, qui se présentent au combat, fuient, reviennent, évitent toujours le danger, emploient la ruse, rarement la force. Tout cela n'étoit point du génie des Grecs [1], et étoit encore moins de celui des Romains.

Ils ne destinoient donc à la marine que ceux qui n'étoient pas des citoyens assez considérables [2] pour avoir place dans les légions : les gens de mer étoient ordinairement des affranchis.

Nous n'avons aujourd'hui ni la même estime pour les troupes de terre, ni le même mépris pour celles de mer. Chez les premières [3], l'art est diminué; chez les secondes [4], il est augmenté : or, on estime les choses à proportion du degré de suffisance qui est requis pour les bien faire.

[1] Comme l'a remarqué Platon, liv. IV des Lois.
[2] Polybe, liv. V.
[3] Voyez les Considérations sur les causes de la grandeur des Romains, etc.
[4] *Ibid.*

CHAPITRE XIV.

Du génie des Romains pour le commerce.

On n'a jamais remarqué aux Romains de jalousie sur le commerce. Ce fut comme nation rivale, et non comme nation commerçante, qu'ils attaquèrent Carthage. Ils favorisèrent les villes qui faisoient le commerce, quoiqu'elles ne fussent pas sujettes : ainsi ils augmentèrent, par la cession de plusieurs pays, la puissance de Marseille. Ils craignoient tout des barbares, et rien d'un peuple négociant. D'ailleurs, leur génie, leur gloire, leur éducation militaire, la forme de leur gouvernement, les éloignoient du commerce.

Dans la ville, on n'étoit occupé que de guerres, d'élections, de brigues, et de procès; à la campagne, que d'agriculture; et, dans les provinces, un gouvernement dur et tyrannique étoit incompatible avec le commerce.

Que si leur constitution politique y étoit opposée, leur droit des gens n'y répugnoit pas moins. « Les peuples, dit le jurisconsulte Pomponius [1], « avec lesquels nous n'avons ni amitié, ni hospi-

---

[1] Leg. 5, § 2, ff. *de captivis*.

« talité, ni alliance, ne sont point nos ennemis :
« cependant, si une chose qui nous appartient
« tombe entre leurs mains, ils en sont proprié-
« taires, les hommes libres deviennent leurs es-
« claves ; et ils sont dans les mêmes termes à notre
« égard. »

Leur droit civil n'étoit pas moins accablant. La loi de Constantin, après avoir déclaré bâtards les enfans des personnes viles qui se sont mariées avec celles d'une condition relevée, confond les femmes qui ont une boutique [1] de marchandises avec les esclaves, les cabaretières, les femmes de théâtre, les filles d'un homme qui tient un lieu de prostitution, ou qui a été condamné à combatre sur l'arène : ceci descendoit des anciennes institutions des Romains.

Je sais bien que des gens pleins de ces deux idées, l'une, que le commerce est la chose du monde la plus utile à un état, et l'autre, que les Romains avoient la meilleure police du monde, ont cru qu'ils avoient beaucoup encouragé et honoré le commerce ; mais la vérité est qu'ils y ont rarement pensé.

---

[1] *Quæ mercimoniis publicè præfuit.* Leg. 1, cod. *de natural. liberis.*

CHAPITRE XV.

Commerce des Romains avec les barbares.

Les Romains avoient fait de l'Europe, de l'Asie et de l'Afrique un vaste empire : la foiblesse des peuples et la tyrannie du commandement unirent toutes les parties de ce corps immense. Pour lors, la politique romaine fut de se séparer de toutes les nations qui n'avoient pas été assujéties : la crainte de leur porter l'art de vaincre fit négliger l'art de s'enrichir. Ils firent des lois pour empêcher tout commerce avec les barbares. « Que per- « sonne, disent Valens et Gratien [1], n'envoie du « vin, de l'huile, ou d'autres liqueurs aux bar- « bares, même pour en goûter. Qu'on ne leur « porte point de l'or, ajoutent Gratien, Valenti- « nien, et Théodose [2]; et que même ce qu'ils en « ont, on le leur ôte avec finesse. » Le transport du fer fut défendu sous peine de la vie [3].

Domitien, prince timide, fit arracher les vignes dans la Gaule [4], de crainte sans doute que cette

---

[1] Leg. ad *Barbaricum*, cod. *quæ res exportari non debeant*.
[2] Leg. 2, cod. *de commerc. et mercator.*
[3] Leg. 2, *quæ res exportari non debeant.*
[4] Procope, Guerre des Perses, liv. I.

liqueur n'y attirât les barbares, comme elle les avoit autrefois attirés en Italie. Probus et Julien, qui ne les redoutèrent jamais, en rétablirent la plantation.

Je sais bien que, dans la foiblesse de l'empire, les barbares obligèrent les Romains d'établir des étapes [1], et de commercer avec eux. Mais cela même prouve que l'esprit des Romains étoit de ne pas commercer.

CHAPITRE XVI.

Du commerce des Romains avec l'Arabie et les Indes.

LE négoce de l'Arabie heureuse et celui des Indes furent les deux branches, et presque les seules, du commerce extérieur. Les Arabes avoient de grandes richesses : ils les tiroient de leurs mers et de leurs forêts ; et, comme ils achetoient peu et vendoient beaucoup, ils attiroient [2] à eux l'or et l'argent de leurs voisins. Auguste [3] connut leur opulence, et il résolut de les avoir pour amis, ou

---

[1] Voyez les Considérations sur les causes de la grandeur des Romains, et de leur décadence.

[2] Pline, liv. VII, chap. XXVIII; et Strabon, liv. XVI.

[3] *Ibid.*

pour ennemis. Il fit passer Élius Gallus d'Égypte en Arabie. Celui-ci trouva des peuples oisifs, tranquilles, et peu aguerris. Il donna des batailles, fit des siéges, et ne perdit que sept soldats; mais la perfidie de ses guides, les marches, le climat, la faim, la soif, les maladies, des mesures mal prises, lui firent perdre son armée.

Il fallut donc se contenter de négocier avec les Arabes, comme les autres peuples avoient fait, c'est-à-dire de leur porter de l'or et de l'argent pour leurs marchandises. On commerce encore avec eux de la même manière; la caravane d'Alep et le vaisseau royal de Suez y portent des sommes immenses [1].

La nature avoit destiné les Arabes au commerce, elle ne les avoit pas destinés à la guerre : mais, lorsque ces peuples tranquilles se trouvèrent sur les frontières des Parthes et des Romains, ils devinrent auxiliaires des uns et des autres. Élius Gallus les avoit trouvés commerçans; Mahomet les trouva guerriers : il leur donna de l'enthousiasme, et les voilà conquérans.

Le commerce des Romains aux Indes étoit considérable. Strabon [2] avoit appris en Égypte qu'ils

[1] Les caravanes d'Alep et de Suez y portent deux millions de notre monnoie, et il en passe autant en fraude; le vaisseau royal de Suez y porte aussi deux millions.

[2] Liv. II, page 81.

y employoient cent vingt navires : ce commerce ne se soutenoit encore que par leur argent. Ils y envoyoient tous les ans cinquante millions de sesterces. Pline [1] dit que les marchandises qu'on en rapportoit se vendoient à Rome le centuple. Je crois qu'il parle trop généralement : ce profit, fait une fois, tout le monde aura voulu le faire ; et, dès ce moment, personne ne l'aura fait.

On peut mettre en question s'il fut avantageux aux Romains de faire le commerce de l'Arabie et des Indes. Il falloit qu'ils y envoyassent leur argent; et ils n'avoient pas, comme nous, la ressource de l'Amérique, qui supplée à ce que nous envoyons. Je suis persuadé qu'une des raisons qui fit augmenter chez eux la valeur numéraire des monnoies, c'est-à-dire établir le billon, fut la rareté de l'argent, causée par le transport continuel qui s'en faisoit aux Indes. Que si les marchandises de ce pays se vendoient à Rome le centuple, ce profit des Romains se faisoit sur les Romains mêmes, et n'enrichissoit point l'empire.

On pourra dire d'un autre côté que ce commerce procuroit aux Romains une grande navigation, c'est-à-dire une grande puissance ; que des marchandises nouvelles augmentoient le commerce intérieur, favorisoient les arts, entrete-

[1] Livre VI, chap. XXIII.

noient l'industrie ; que le nombre des citoyens se multiplioit à proportion des nouveaux moyens qu'on avoit de vivre ; que ce nouveau commerce produisoit le luxe, que nous avons prouvé être aussi favorable au gouvernement d'un seul que fatal à celui de plusieurs ; que cet établissement fut de même date que la chute de leur république ; que le luxe à Rome étoit nécessaire ; et qu'il falloit bien qu'une ville qui attiroit à elle toutes les richesses de l'univers les rendît par son luxe.

Strabon [1] dit que le commerce des Romains aux Indes étoit beaucoup plus considérable que celui des rois d'Égypte ; et il est singulier que les Romains, qui connoissoient peu le commerce, aient eu pour celui des Indes plus d'attention que n'en eurent les rois d'Égypte, qui l'avoient pour ainsi dire sous les yeux. Il faut expliquer ceci.

Après la mort d'Alexandre, les rois d'Égypte établirent aux Indes un commerce maritime ; et les rois de Syrie, qui eurent les provinces les plus orientales de l'empire, et par conséquent les Indes, maintinrent ce commerce dont nous avons parlé au chapitre VI, qui se faisoit par les terres et par les fleuves, et qui avoit reçu de nouvelles facilités par l'établissement des colonies macédoniennes :

[1] Il dit, au livre XII, que les Romains y employoient cent vingt navires ; et, au livre XVII, que les rois grecs y en envoyoient à peine vingt.

de sorte que l'Europe communiquoit avec les Indes, et par l'Égypte, et par le royaume de Syrie. Le démembrement qui se fit du royaume de Syrie, d'où se forma celui de Bactriane, ne fit aucun tort à ce commerce. Marin, Tyrien, cité par Ptolomée [1], parle des découvertes faites aux Indes par le moyen de quelques marchands macédoniens. Celles que les expéditions des rois n'avoient pas faites, les marchands les firent. Nous voyons, dans Ptolomée [2] qu'ils allèrent depuis la tour de Pierre [3] jusqu'à Séra : et la découverte faite par les marchands d'une étape si reculée, située dans la partie orientale et septentrionale de la Chine, fut une espèce de prodige. Ainsi, sous les rois de Syrie et de Bactriane, les marchandises du midi de l'Inde passoient par l'Indus, l'Oxus, et la mer Caspienne, en Occident; et celles des contrées plus orientales et plus septentrionales étoient portées depuis Séra, la tour de Pierre, et autres étapes, jusqu'à l'Euphrate. Ces marchands faisoient leur route, tenant à peu près le quarantième degré de latitude nord, par des pays qui sont au couchant de la Chine, plus policés qu'ils ne sont aujourd'hui, parce que les Tartares ne les avoient pas encore infestés.

[1] Liv. I, chap. 11.

[2] Liv. VI, chap. XIII.

[3] Nos meilleures cartes placent la tour de Pierre au centième degré de longitude, et environ le quarantième de latitude.

Or, pendant que l'empire de Syrie étendoit si fort son commerce du côté des terres, l'Égypte n'augmenta pas beaucoup son commerce maritime.

Les Parthes parurent, et fondèrent leur empire; et, lorsque l'Égypte tomba sous la puissance des Romains, cet empire étoit dans sa force, et avoit reçu son extension.

Les Romains et les Parthes furent deux puissances rivales, qui combattirent, non pas pour savoir qui devoit régner, mais exister. Entre les deux empires, il se forma des déserts; entre les deux empires, on fut toujours sous les armes; bien loin qu'il y eût du commerce, il n'y eut pas même de communication. L'ambition, la jalousie, la religion, la haine, les mœurs, séparèrent tout. Ainsi, le commerce entre l'Occident et l'Orient, qui avoit eu plusieurs routes, n'en eut plus qu'une; et Alexandrie étant devenue la seule étape, cette étape grossit.

Je ne dirai qu'un mot du commerce intérieur. Sa branche principale fut celle des blés qu'on faisoit venir pour la subsistance du peuple de Rome : ce qui étoit une matière de police plutôt qu'un objet de commerce. A cette occasion, les nautonniers reçurent quelques priviléges [1], parce que le salut de l'empire dépendoit de leur vigilance.

[1] Suétone, *in Claudio*, liv. V. Leg. 7, cod. Théodose, *de navicularis*.

CHAPITRE XVII.

Du commerce après la destruction des Romains en Occident.

L'EMPIRE romain fut envahi; et l'un des effets de la calamité générale fut la destruction du commerce. Les barbares ne le regardèrent d'abord que comme un objet de leurs brigandages; et, quand ils furent établis, ils ne l'honorèrent pas plus que l'agriculture et les autres professions du peuple vaincu.

Bientôt il n'y eut presque plus de commerce en Europe; la noblesse, qui régnoit partout, ne s'en mettoit point en peine.

La loi des Wisigoths [1] permettoit aux particuliers d'occuper la moitié du lit des grands fleuves, pourvu que l'autre restât libre pour les filets et pour les bateaux; il falloit qu'il y eût bien peu de commerce dans les pays qu'ils avoient conquis.

Dans ces temps-là s'établirent les droits insensés d'aubaine et de naufrage : les hommes pensèrent que les étrangers ne leur étant unis par aucune communication du droit civil, ils ne leur devoient, d'un côté, aucune sorte de justice, et, de l'autre, aucune sorte de pitié.

[1] Liv. VIII, tit. 4, § 9.

Dans les bornés étroites où se trouvoient les peuples du nord, tout leur étoit étranger : dans leur pauvreté tout étoit pour eux un objet de richesses. Établis avant leurs conquêtes sur les côtes d'une mer resserrée et pleine d'écueils, ils avoient tiré parti de ces écueils mêmes.

Mais les Romains, qui faisoient des lois pour tout l'univers, en avoient fait de très-humaines sur les naufrages ¹ : ils réprimèrent, à cet égard, les brigandages de ceux qui habitoient les côtes, et, ce qui étoit plus encore, la rapacité de leur fisc ².

CHAPITRE XVIII.

Réglement particulier.

La loi des Wisigoths ³ fit pourtant une disposition favorable au commerce : elle ordonna que les marchands qui venoient de delà la mer seroient jugés, dans les différends qui naissoient entre eux, par les lois et par des juges de leur nation. Ceci étoit fondé sur l'usage établi chez

¹ Toto titulo, ff. *de incend. ruin. naufrag.* et cod. *de naufragiis;* et leg. 3, ff. de leg. Cornel. *de sicariis.*
² Leg. 1, cod. *de naufragiis.*
³ Liv. XI, tit. 3, § 2.

tous ces peuples mêlés, que chaque homme vécût sous sa propre loi ; chose dont je parlerai beaucoup dans la suite.

CHAPITRE XIX.

Du commerce depuis l'affoiblissement des Romains en Orient.

Les Mahométans parurent, conquirent, et se divisèrent. L'Égypte eut ses souverains particuliers : elle continua de faire le commerce des Indes. Maîtresse des marchandises de ce pays, elle attira les richesses de tous les autres. Ses soudans furent les plus puissans princes de ces temps-là : on peut voir dans l'histoire comment, avec une force constante et bien ménagée, ils arrêtèrent l'ardeur, la fougue, et l'impétuosité des croisés.

CHAPITRE XX.

Comment le commerce se fit jour en Europe à travers la barbarie.

La philosophie d'Aristote ayant été portée en Occident, elle plut beaucoup aux esprits subtils, qui, dans les temps d'ignorance, sont les beaux esprits. Des scolastiques s'en infatuèrent, et prirent de ce philosophe [1] bien des explications sur le prêt à intérêt, au lieu que la source en étoit si naturelle dans l'Évangile ; ils le condamnèrent indistinctement et dans tous les cas. Par-là, le commerce, qui n'étoit que la profession des gens vils, devint encore celle des malhonnêtes gens : car toutes les fois que l'on défend une chose naturellement permise ou nécessaire, on ne fait que rendre malhonnêtes gens ceux qui la font.

Le commerce passa à une nation pour lors couverte d'infamie ; et bientôt il ne fut plus distingué des usures les plus affreuses, des monopoles, de la levée des subsides, et de tous les moyens malhonnêtes d'acquérir de l'argent.

Les Juifs [2], enrichis par leurs exactions, étoient pillés par les princes avec la même tyrannie : chose qui consoloit les peuples, et ne les soulageoit pas.

Ce qui se passa en Angleterre donnera une idée de ce qu'on fit dans les autres pays. Le roi

[1] Voyez Aristote, Politique, liv. I, chap. IX et X.

[2] Voyez, dans Marca Hispanica, les constitutions d'Aragon, des années 1228 et 1231 ; et, dans Brussel, l'accord de l'année 1206, passé entre le roi, la comtesse de Champagne, et Gui de Dampierre.

Jean [1] ayant fait emprisonner les Juifs pour avoir leur bien, il y en eut peu qui n'eussent au moins quelque œil crevé : ce roi faisoit ainsi sa chambre de justice. Un d'eux, à qui on arracha sept dents, une chaque jour, donna dix mille marcs d'argent à la huitième. Henri III tira d'Aaron, Juif d'York, quatorze mille marcs d'argent, et dix mille pour la reine. Dans ces temps-là, on faisoit violemment ce qu'on fait aujourd'hui en Pologne avec quelque mesure. Les rois, ne pouvant fouiller dans la bourse de leurs sujets à cause de leurs priviléges, mettoient à la torture les Juifs, qu'on ne regardoit pas comme citoyens. Enfin, il s'introduisit une coutume, qui confisqua tous les biens des Juifs qui embrassoient le christianisme. Cette coutume si bizarre, nous la savons par la loi [2] qui l'abroge. On en a donné des raisons bien vaines; on a dit qu'on vouloit les éprouver, et faire en sorte qu'il ne restât rien de l'esclavage du démon. Mais il est visible que cette confiscation étoit une espèce de droit [3] d'amortissement, pour le prince ou pour

---

[1] Slowe, *in his survey of London*, liv. III, page 54.

[2] Édit donné à Basville, le 4 avril 1392.

[3] En France, les Juifs étoient serfs, main-mortables, et les seigneurs leur succédoient. M. Brussel rapporte un accord de l'an 1206, entre le roi et Thibaut, comte de Champagne, par lequel il étoit convenu que les Juifs de l'un ne prêteroient point dans les terres de l'autre.

les seigneurs, des taxes qu'ils levoient sur les Juifs, et dont ils étoient frustrés lorsque ceux-ci embrassoient le christianisme. Dans ces temps-là, on regardoit les hommes comme des terres. Et je remarquerai, en passant, combien on s'est joué de cette nation d'un siècle à l'autre. On confisquoit leurs biens lorsqu'ils vouloient être chrétiens; et, bientôt après, on les fit brûler lorsqu'ils ne voulurent pas l'être.

Cependant on vit le commerce sortir du sein de la vexation et du désespoir. Les Juifs, proscrits tour à tour de chaque pays, trouvèrent le moyen de sauver leurs effets. Par-là ils rendirent pour jamais leurs retraites fixes; car tel prince qui voudroit bien se défaire d'eux ne seroit pas pour cela d'humeur à se défaire de leur argent.

Ils [1] inventèrent les lettres de change : et, par ce moyen, le commerce put éluder la violence, et se maintenir partout, le négociant le plus riche n'ayant que des biens invisibles, qui pouvoient être envoyés partout, et ne laissoient de trace nulle part.

Les théologiens furent obligés de restreindre

---

[1] On sait que, sous Philippe-Auguste et sous Philippe-le-Long, les Juifs, chassés de France, se réfugièrent en Lombardie, et que là ils donnèrent aux négocians étrangers et aux voyageurs des lettres secrètes sur ceux à qui ils avoient confié leurs effets en France, qui furent acquittées.

leurs principes; et le commerce, qu'on avoit violemment lié avec la mauvaise foi, rentra, pour ainsi dire, dans le sein de la probité.

Ainsi nous devons aux spéculations des scolastiques tous les malheurs [1] qui ont accompagné la destruction du commerce; et, à l'avarice des princes, l'établissement d'une chose qui le met en quelque façon hors de leur pouvoir.

Il a fallu depuis ce temps que les princes se gouvernassent avec plus de sagesse qu'ils n'auroient eux-mêmes pensé : car, par l'événement, les grands coups d'autorité se sont trouvés si maladroits, que c'est une expérience reconnue, qu'il n'y a plus que la bonté du gouvernement qui donne de la prospérité.

On a commencé à se guérir du machiavélisme, et on s'en guérira tous les jours. Il faut plus de modération dans les conseils : ce qu'on appeloit autrefois des coups d'état ne seroit aujourd'hui, indépendamment de l'horreur, que des imprudences.

Et il est heureux pour les hommes d'être dans une situation où, pendant que leurs passions leur

---

[1] Voyez, dans le corps du droit, la quatre-vingt-troisième novelle de Léon, qui révoque la loi de Basile, son père. Cette loi de Basile est dans Herménopule, sous le nom de Léon, liv. III, tit. 7, § 27.

inspirent la pensée d'être méchans, ils ont pourtant intérêt de ne pas l'être.

CHAPITRE XXI.

Découverte de deux nouveaux mondes; état de l'Europe à cet égard.

La boussole ouvrit pour ainsi dire l'univers. On trouva l'Asie et l'Afrique, dont on ne connoissoit que quelques bords; et l'Amérique, dont on ne connoissoit rien du tout.

Les Portugais, naviguant sur l'océan Atlantique, découvrirent la pointe la plus méridionale de l'Afrique : ils virent une vaste mer; elle les porta aux Indes orientales. Leurs périls sur cette mer, et la découverte de Mozambique, de Mélinde et de Calicut, ont été chantés par le Camoëns, dont le poëme fait sentir quelque chose des charmes de l'Odyssée et de la magnificence de l'Énéide.

Les Vénitiens avoient fait jusque-là le commerce des Indes par les pays des Turcs, et l'avoient poursuivi au milieu des avanies et des outrages. Par la découverte du cap de Bonne-Espérance, et celles qu'on fit quelque temps après, l'Italie ne fut plus au centre du monde commerçant; elle fut, pour ainsi dire, dans un coin de l'univers, et elle y est encore. Le commerce même du Levant dépendant aujourd'hui de celui que les grandes nations font aux deux Indes, l'Italie ne le fait plus qu'accessoirement.

Les Portugais trafiquèrent aux Indes en conquérans. Les lois gênantes [1] que les Hollandais imposent aujourd'hui aux petits princes indiens sur le commerce, les Portugais les avoient établies avant eux.

La fortune de la maison d'Autriche fut prodigieuse. Charles-Quint recueillit la succession de Bourgogne, de Castille et d'Aragon; il parvint à l'empire; et, pour lui procurer un nouveau genre de grandeur, l'univers s'étendit, et l'on vit paroître un monde nouveau sous son obéissance.

Christophe Colomb découvrit l'Amérique; et, quoique l'Espagne n'y envoyât point de forces qu'un petit prince de l'Europe n'eût pu y envoyer tout de même, elle soumit deux grands empires et d'autres grands états.

Pendant que les Espagnols découvroient et conquéroient du côté de l'occident, les Portugais poussoient leurs conquêtes et leurs découvertes du côté de l'orient : ces deux nations se rencontrèrent; elles eurent recours au pape Alexandre VI, qui

---

[1] Voyez la relation de François Pirard, part. II, chap. xv.

fit la célèbre ligne de démarcation, et jugea un grand procès.

Mais les autres nations de l'Europe ne les laissèrent pas jouir tranquillement de leur partage : les Hollandais chassèrent les Portugais de presque toutes les Indes orientales, et diverses nations firent, en Amérique, des établissemens.

Les Espagnols regardèrent d'abord les terres découvertes comme des objets de conquête : des peuples plus raffinés qu'eux trouvèrent qu'elles étoient des objets de commerce, et c'est là-dessus qu'ils dirigèrent leurs vues. Plusieurs peuples se sont conduits avec tant de sagesse qu'ils ont donné l'empire à des compagnies de négocians, qui, gouvernant ces états éloignés uniquement pour le négoce, ont fait une grande puissance accessoire sans embarrasser l'état principal.

Les colonies qu'on y a formées sont sous un genre de dépendance dont on ne trouve que peu d'exemples dans les colonies anciennes, soit que celles d'aujourd'hui relèvent de l'état même, ou de quelque compagnie commerçante établie dans cet état.

L'objet de ces colonies est de faire le commerce à de meilleures conditions qu'on ne le fait avec les peuples voisins, avec lesquels tous les avantages sont réciproques. On a établi que la métropole seule pourroit négocier dans la colonie : et cela avec grande raison, parce que le but de l'établissement a été l'extension du commerce, non la fondation d'une ville ou d'un nouvel empire.

Ainsi, c'est encore une loi fondamentale de l'Europe, que tout commerce avec une colonie étrangère est regardé comme un pur monopole punissable par les lois du pays; et il ne faut pas juger de cela par les lois et les exemples des anciens [1] peuples qui n'y sont guère applicables.

Il est encore reçu que le commerce établi entre les métropoles n'entraîne point une permission pour les colonies, qui restent toujours en état de prohibition.

Le désavantage des colonies, qui perdent la liberté du commerce, est visiblement compensé par la protection de la métropole [2], qui la défend par ses armes, ou la maintient par ses lois.

De là suit une troisième loi de l'Europe, que, quand le commerce étranger est défendu avec la colonie, on ne peut naviguer dans ses mers que dans les cas établis par les traités.

Les nations, qui sont à l'égard de tout l'univers ce que les particuliers sont dans un état, se gouvernent, comme eux, par le droit naturel et par

---

[1] Excepté les Carthaginois, comme on voit par le traité qui termina la première guerre punique.

[2] Métropole est, dans le langage des anciens, l'état qui a fondé la colonie.

les lois qu'elles se sont faites. Un peuple peut céder à un autre la mer, comme il peut céder la terre. Les Carthaginois exigèrent[1] des Romains qu'ils ne navigueroient pas au delà de certaines limites, comme les Grecs avoient exigé du roi de Perse qu'il se tiendroit toujours éloigné des côtes de la mer[2] de la carrière d'un cheval.

L'extrême éloignement de nos colonies n'est point un inconvénient pour leur sûreté; car, si la métropole est éloignée pour les défendre, les nations rivales de la métropole ne sont pas moins éloignées pour les conquérir.

De plus, cet éloignement fait que ceux qui vont s'y établir ne peuvent prendre la manière de vivre d'un climat si différent; ils sont obligés de tirer toutes les commodités de la vie du pays d'où ils sont venus. Les Carthaginois[3], pour rendre les Sardes et les Corses plus dépendans, leur avoient défendu, sous peine de la vie, de planter, de semer, et de faire rien de semblable; ils leur envoyoient d'Afrique des vivres. Nous sommes parvenus au même point, sans faire des lois si dures.

[1] Polybe, liv. III.

[2] Le roi de Perse s'obligea par un traité de ne naviguer avec aucun vaisseau de guerre au-delà des roches Scyanées et des îles Chélidoniennes Plutarque, Vie de Cimon.

[3] Aristote, *des choses merveilleuses.* Tite-Live, liv. VII de la seconde décade.

Nos colonies des îles Antilles sont admirables ; elles ont des objets de commerce que nous n'avons ni ne pouvons avoir ; elles manquent de ce qui fait l'objet du nôtre.

L'effet de la découverte de l'Amérique fut de lier à l'Europe l'Asie et l'Afrique. L'Amérique fournit à l'Europe la matière de son commerce avec cette vaste partie de l'Asie qu'on appela les Indes orientales. L'argent, ce métal si utile au commerce, comme signe, fut encore la base du plus grand commerce de l'univers, comme marchandise. Enfin, la navigation d'Afrique devint nécessaire ; elle fournissoit des hommes pour le travail des mines et des terres de l'Amérique.

L'Europe est parvenue à un si haut degré de puissance, que l'histoire n'a rien à comparer là-dessus, si l'on considère l'immensité des dépenses, la grandeur des engagemens, le nombre des troupes, et la continuité de leur entretien, même lorsqu'elles sont le plus inutiles, et qu'on ne les a que pour l'ostentation.

Le P. Duhalde [1] dit que le commerce intérieur de la Chine est plus grand que celui de toute l'Europe. Cela pourroit être, si notre commerce extérieur n'augmentoit pas l'intérieur. L'Europe fait le commerce et la navigation des trois autres par-

---

[1] Tome II, page 170.

ties du monde, comme la France, l'Angleterre et la Hollande font à peu près la navigation et le commerce de l'Europe.

CHAPITRE XXII.

Des richesses que l'Espagne tira de l'Amérique.

Si l'Europe [1] a trouvé tant d'avantages dans le commerce de l'Amérique, il seroit naturel de croire que l'Espagne en auroit reçu de plus grands. Elle tira du monde nouvellement découvert une quantité d'or et d'argent si prodigieuse, que ce que l'on en avoit eu jusqu'alors ne pouvoit y être comparé.

Mais (ce qu'on n'auroit jamais soupçonné) la misère la fit échouer presque partout. Philippe II, qui succéda à Charles-Quint, fut obligé de faire la célèbre banqueroute que tout le monde sait; et il n'y a guère jamais eu de prince qui ait plus souffert que lui des murmures, de l'insolence et de la révolte de ses troupes toujours mal payées.

Depuis ce temps, la monarchie d'Espagne déclina sans cesse. C'est qu'il y avoit un vice inté-

[1] Ceci parut, il y a plus de vingt ans, dans un petit ouvrage manuscrit de l'auteur, qui a été presque tout fondu dans celui-ci.

rieur et physique dans la nature de ces richesses, qui les rendoit vaines ; et ce vice augmenta tous les jours.

L'or et l'argent sont une richesse de fiction ou de signe. Ces signes sont très-durables et se détruisent peu, comme il convient à leur nature. Plus ils se multiplient, plus ils perdent de leur prix, parce qu'ils représentent moins de choses.

Lors de la conquête du Mexique et du Pérou, les Espagnols abandonnèrent les richesses naturelles pour avoir des richesses de signe qui s'avilissoient par elles-mêmes. L'or et l'argent étoient très-rares en Europe ; et l'Espagne, maîtresse tout à coup d'une très-grande quantité de ces métaux, conçut des espérances qu'elle n'avoit jamais eues. Les richesses que l'on trouva dans les pays conquis n'étoient pourtant pas proportionnées à celles de leurs mines. Les Indiens en cachèrent une partie ; et, de plus, ces peuples, qui ne faisoient servir l'or et l'argent qu'à la magnificence des temples des dieux et des palais des rois, ne les cherchoient pas avec la même avarice que nous ; enfin ils n'avoient pas le secret de tirer les métaux de toutes les mines, mais seulement de celles dans lesquelles la séparation se fait par le feu, ne connoissant pas la manière d'employer le mercure, ni peut-être le mercure même.

Cependant l'argent ne laissa pas de doubler

bientôt en Europe; ce qui parut en ce que le prix de tout ce qui s'acheta fut environ du double.

Les Espagnols fouillèrent les mines, creusèrent les montagnes, inventèrent des machines pour tirer les eaux, briser le minerai et le séparer; et, comme ils se jouoient de la vie des Indiens, ils les firent travailler sans ménagement. L'argent doubla bientôt en Europe, et le profit diminua toujours de moitié pour l'Espagne, qui n'avoit chaque année que la même quantité d'un métal qui étoit devenu la moitié moins précieux.

Dans le double du temps, l'argent doubla encore, et le profit diminua encore de la moitié.

Il diminua même de plus de la moitié : voici comment.

Pour tirer l'or des mines, pour lui donner les préparations requises, et le transporter en Europe, il falloit une dépense quelconque. Je suppose qu'elle fût comme 1 est à 64; quand l'argent fut doublé une fois, et par conséquent la moitié moins précieux, la dépense fut comme 2 sont à 64. Ainsi les flottes qui portèrent en Espagne la même quantité d'or, portèrent une chose qui réellement valoit la moitié moins, et coûtoit la moitié plus.

Si l'on suit la chose de doublement en doublement, on trouvera la progression de la cause de l'impuissance des richesses de l'Espagne.

Il y a environ deux cents ans que l'on travaille les mines des Indes. Je suppose que la quantité d'argent qui est à présent dans le monde qui commerce soit à celle qui étoit avant la découverte comme 32 est à 1, c'est-à-dire qu'elle ait doublé cinq fois : dans deux cents ans encore, la même quantité sera à celle qui étoit avant la découverte comme 64 est à 1, c'est-à-dire qu'elle doublera encore. Or, à présent, cinquante[1] quintaux de minerai pour l'or, donnent quatre, cinq et six onces d'or; et, quand il n'y en a que deux, le mineur ne retire que ses frais. Dans deux cents ans, lorsqu'il n'y en aura que quatre, le mineur ne retirera aussi que ses frais. Il y aura donc peu de profit à tirer sur l'or. Même raisonnement sur l'argent, excepté que le travail des mines d'argent est un peu plus avantageux que celui des mines d'or.

Que si l'on découvre des mines si abondantes qu'elles donnent plus de profit, plus elles seront abondantes, plus tôt le profit finira.

Les Portugais ont trouvé tant d'or dans le Brésil[2], qu'il faudra nécessairement que le profit

---

[1] Voyez les Voyages de Frézier.

[2] Suivant milord Anson, l'Europe reçoit du Brésil tous les ans pour deux millions sterling en or, que l'on trouve dans le sable au pied des montagnes ou dans le lit des rivières. Lorsque je fis le petit ouvrage dont j'ai parlé dans la première note de ce chapitre,

des Espagnols diminue bientôt considérablement, et le leur aussi.

J'ai ouï plusieurs fois déplorer l'aveuglement du conseil de François Ier, qui rebuta Christophe Colomb qui lui proposoit les Indes. En vérité, on fit peut-être par imprudence une chose bien sage. L'Espagne a fait comme ce roi insensé qui demanda que tout ce qu'il toucheroit se convertît en or, et qui fut obligé de revenir aux dieux pour les prier de finir sa misère.

Les compagnies et les banques que plusieurs nations établirent achevèrent d'avilir l'or et l'argent dans leur qualité de signe : car, par de nouvelles fictions, ils multiplièrent tellement les signes des denrées, que l'or et l'argent ne firent plus cet office qu'en partie, et en devinrent moins précieux.

Ainsi le crédit public leur tint lieu de mines, et diminua encore le profit que les Espagnols tiroient des leurs.

Il est vrai que, par le commerce que les Hollandais firent dans les Indes orientales, ils donnèrent quelque prix à la marchandise des Espagnols : car, comme ils portèrent de l'argent pour troquer contre les marchandises de l'Orient, ils

---

il s'en falloit bien que les retours du Brésil fussent un objet aussi important qu'il l'est aujourd'hui.

soulagèrent en Europe les Espagnols d'une partie de leurs denrées qui y abondoient trop.

Et ce commerce, qui ne semble regarder qu'indirectement l'Espagne, lui est avantageux comme aux nations mêmes qui le font.

Par tout ce qui vient d'être dit, on peut juger des ordonnances du conseil d'Espagne, qui défendent d'employer l'or et l'argent en dorures et autres superfluités ; décret pareil à celui que feroient les états de Hollande, s'ils défendoient la consommation de la cannelle.

Mon raisonnement ne porte pas sur toutes les mines : celles d'Allemagne et de Hongrie, d'où l'on ne retire que peu de chose au delà des frais, sont très-utiles. Elles se trouvent dans l'état principal ; elles y occupent plusieurs milliers d'hommes, qui y consomment les denrées surabondantes ; elles sont proprement une manufacture du pays.

Les mines d'Allemagne et de Hongrie font valoir la culture des terres ; et le travail de celles du Mexique et du Pérou la détruit.

Les Indes et l'Espagne sont deux puissances sous un même maître : mais les Indes sont le principal, l'Espagne n'est que l'accessoire. C'est en vain que la politique veut ramener le principal à l'accessoire; les Indes attirent toujours l'Espagne à elles.

D'environ cinquante millions de marchandises qui vont toutes les années aux Indes, l'Espagne ne fournit que deux millions et demi : les Indes font donc un commerce de cinquante millions, et l'Espagne de deux millions et demi.

C'est une mauvaise espèce de richesse qu'un tribut d'accident et qui ne dépend pas de l'industrie de la nation, du nombre de ses habitans, ni de la culture de ses terres. Le roi d'Espagne, qui reçoit de grandes sommes de sa douane de Cadix, n'est, à cet égard, qu'un particulier très-riche dans un état très-pauvre. Tout se passe des étrangers à lui sans que ses sujets y prennent presque de part : ce commerce est indépendant de la bonne et de la mauvaise fortune de son royaume.

Si quelques provinces dans la Castille lui donnoient une somme pareille à celle de la douane de Cadix, sa puissance seroit bien plus grande : ses richesses ne pourroient être que l'effet de celles du pays; ces provinces animeroient toutes les autres, et elles seroient toutes ensemble plus en état de soutenir les charges respectives; au lieu d'un grand trésor, on auroit un grand peuple.

CHAPITRE XXIII.

Problème.

CE n'est point à moi à prononcer sur la question, si l'Espagne ne pouvant faire le commerce des Indes par elle-même, il ne vaudroit pas mieux qu'elle le rendît libre aux étrangers. Je dirai seulement qu'il lui convient de mettre à ce commerce le moins d'obstacles que sa politique pourra lui permettre. Quand les marchandises que les diverses nations portent aux Indes y sont chères, les Indes donnent beaucoup de leur marchandise, qui est l'or et l'argent, pour peu de marchandises étrangères : le contraire arrive lorsque celles-ci sont à vil prix. Il seroit peut-être utile que ces nations se nuisissent les unes les autres, afin que les marchandises qu'elles portent aux Indes y fussent toujours à bon marché. Voilà des principes qu'il faut examiner, sans les séparer pourtant des autres considérations ; la sûreté des Indes, l'utilité d'une douane unique, les dangers d'un grand changement, les inconvéniens qu'on prévoit, et qui souvent sont moins dangereux que ceux qu'on ne peut pas prévoir.

LIVRE XXII.

DES LOIS, DANS LE RAPPORT QU'ELLES ONT AVEC L'USAGE DE LA MONNOIE.

CHAPITRE I.

Raison de l'usage de la monnoie.

Les peuples qui ont peu de marchandises pour le commerce, comme les sauvages, et les peuples policés qui n'en ont que de deux ou trois espèces, négocient par échange. Ainsi les caravanes de Maures qui vont à Tombouctou, dans le fond de l'Afrique, troquer du sel contre de l'or, n'ont pas besoin de monnoie. Le Maure met son sel dans un monceau; le Nègre, sa poudre dans un autre; s'il n'y a pas assez d'or, le Maure retranche de son sel, ou le Nègre ajoute de son or, jusqu'à ce que les parties conviennent.

Mais lorsqu'un peuple trafique sur un très-grand nombre de marchandises, il faut nécessairement une monnoie, parce qu'un métal facile à transporter épargne bien des frais que l'on seroit obligé de faire si l'on procédoit toujours par échange.

Toutes les nations ayant des besoins réciproques, il arrive souvent que l'une veut avoir un très-grand nombre de marchandises de l'autre, et celle-ci très-peu des siennes ; tandis qu'à l'égard d'une autre nation elle est dans un cas contraire. Mais, lorsque les nations ont une monnoie, et qu'elles procèdent par vente et par achat, celles qui prennent plus de marchandises se soldent, ou paient l'excédant avec de l'argent : et il y a cette différence, que, dans le cas de l'achat, le commerce se fait à proportion des besoins de la nation qui demande le plus ; et que, dans l'échange, le commerce se fait seulement dans l'étendue des besoins de la nation qui demande le moins ; sans quoi cette dernière seroit dans l'impossibilité de solder son compte.

CHAPITRE II.

De la nature de la monnoie.

La monnoie est un signe qui représente la valeur de toutes les marchandises. On prend quelque métal pour que le signe soit durable [1], qu'il se con-

[1] Le sel dont on se sert en Abissinie a ce défaut, qu'il se consomme continuellement.

somme peu par l'usage, et que, sans se détruire, il soit capable de beaucoup de divisions. On choisit un métal précieux, pour que le signe puisse aisément se transporter. Un métal est très-propre à être une mesure commune, parce qu'on peut aisément le réduire au même titre. Chaque état y met son empreinte, afin que la forme réponde du titre et du poids, et que l'on connoisse l'un et l'autre par la seule inspection.

Les Athéniens, n'ayant point l'usage des métaux, se servirent de bœufs[1], et les Romains de brebis : mais un bœuf n'est pas la même chose qu'un autre bœuf, comme une pièce de métal peut être la même qu'une autre.

Comme l'argent est le signe des valeurs des marchandises, le papier est un signe de la valeur de l'argent; et, lorsqu'il est bon, il le représente tellement, que, quant à l'effet, il n'y a point de différence.

De même que l'argent est un signe d'une chose et la représente, chaque chose est un signe de l'argent et le représente; et l'état est dans la prospérité, selon que, d'un côté, l'argent représente bien toutes choses, et que, d'un autre, toutes

---

[1] Hérodote, *in Clio*, nous dit que les Lydiens trouvèrent l'art de battre la monnoie; les Grecs le prirent d'eux : les monnoies d'Athènes eurent pour empreinte leur ancien bœuf. J'ai vu une de ces monnoies dans le cabinet du comte de Pembrocke.

choses représentent bien l'argent, et qu'ils sont signes les uns des autres ; c'est-à-dire que, dans leur valeur relative, on peut avoir l'un sitôt que l'on a l'autre. Cela n'arrive jamais que dans un gouvernement modéré, mais n'arrive pas toujours dans un gouvernement modéré : par exemple, si les lois favorisent un débiteur injuste, les choses qui lui appartiennent ne représentent point l'argent, et n'en sont point un signe. A l'égard du gouvernement despotique, ce seroit un prodige si les choses représentoient leur signe : la tyrannie et la méfiance font que tout le monde y enterre son argent [1] ; les choses n'y représentent donc point l'argent.

Quelquefois les législateurs ont employé un tel art, que non-seulement les choses représentoient l'argent par leur nature, mais qu'elles devenoient monnoie comme l'argent même. César [2], dictateur, permit aux débiteurs de donner en paiement à leurs créanciers des fonds de terre au prix qu'ils valoient avant la guerre civile. Tibère [3] ordonna que ceux qui voudroient de l'argent en auroient du trésor public, en obligeant des fonds pour le double. Sous César, les fonds de terre furent la

[1] C'est un ancien usage à Alger que chaque père de famille ait un trésor enterré. Laugier de Tassis, Histoire du royaume d'Alger.
[2] Voyez César, *de bell. civ.*, lib. III.
[3] Tacite, annal., liv. VI, chap. XVII.

monnoie qui paya toutes les dettes ; sous Tibère, dix mille sesterces en fonds devinrent une monnoie commune, comme cinq mille sesterces en argent.

La grande chartre d'Angleterre défend de saisir les terres ou les revenus d'un débiteur, lorsque ses biens mobiliers ou personnels suffisent pour le paiement, et qu'il offre de les donner : pour lors tous les biens d'un Anglais représentoient de l'argent.

Les lois des Germains apprécièrent en argent les satisfactions pour les torts que l'on avoit faits, et pour les peines des crimes. Mais, comme il y avoit très-peu d'argent dans le pays, elles réapprécièrent l'argent en denrées ou en bétail. Ceci se trouve fixé dans la loi des Saxons, avec de certaines différences, suivant l'aisance et la commodité des divers peuples. D'abord [1] la loi déclare la valeur du sou en bétail : le sou de deux trémisses se rapportoit à un bœuf de douze mois, ou à une brebis avec son agneau ; celui de trois trémisses valoit un bœuf de seize mois. Chez ces peuples, la monnoie devenoit bétail, marchandise, ou denrée, et ces choses devenoient monnoie.

Non-seulement l'argent est un signe des choses, il est encore un signe de l'argent, et représente

---

[1] Loi des Saxons, chap. XVIII.

l'argent, comme nous le verrons au chapitre du change.

CHAPITRE III.

Des monnoies idéales.

Il y a des monnoies réelles et des monnoies idéales. Les peuples policés, qui se servent presque tous de monnoies idéales, ne le font que parce qu'ils ont converti leurs monnoies réelles en idéales. D'abord, leurs monnoies réelles sont un certain poids et un certain titre de quelque métal. Mais bientôt la mauvaise foi ou le besoin font qu'on retranche une partie du métal de chaque pièce de monnoie, à laquelle on laisse le même nom : par exemple, d'une pièce du poids d'une livre d'argent, on retranche la moitié de l'argent, et on continue de l'appeler livre; la pièce qui étoit une vingtième partie de la livre d'argent, on continue de l'appeler sou, quoiqu'elle ne soit plus la vingtième partie de cette livre. Pour lors, la livre est une livre idéale, et le sou un sou idéal; ainsi des autres subdivisions : et cela peut aller au point que ce qu'on appellera livre ne sera plus qu'une très-petite portion de la livre ; ce qui la rendra encore plus idéale. Il peut même arriver que l'on ne fera plus de pièce de monnoie qui vaille précisément une livre, et qu'on ne fera pas non plus de pièce qui vaille un sou : pour lors, la livre et le sou seront des monnoies purement idéales. On donnera à chaque pièce de monnoie la dénomination d'autant de livres et d'autant de sous que l'on voudra ; la variation pourra être continuelle, parce qu'il est aussi aisé de donner un autre nom à une chose, qu'il est difficile de changer la chose même.

Pour ôter la source des abus, ce sera une très-bonne loi, dans tous les pays où l'on voudra faire fleurir le commerce, que celle qui ordonnera qu'on emploiera des monnoies réelles, et que l'on ne fera point d'opération qui puisse les rendre idéales.

Rien ne doit être si exempt de variation que ce qui est la mesure commune de tout.

Le négoce par lui-même est très-incertain ; et c'est un grand mal d'ajouter une nouvelle incertitude à celle qui est fondée sur la nature de la chose.

CHAPITRE IV.

De la quantité de l'or et de l'argent.

Lorsque les nations policées sont les maîtresses du monde, l'or et l'argent augmentent tous les jours, soit qu'elles le tirent de' chez elles, soit qu'elles l'aillent chercher là où il est. Il diminue au contraire lorsque les nations barbares prennent le dessus. On sait quelle fut la rareté de ces métaux lorsque les Goths et les Vandales d'un côté, les Sarrasins et les Tartares de l'autre, eurent tout envahi.

CHAPITRE V.

Continuation du même sujet.

L'argent tiré des mines de l'Amérique, transporté en Europe, de là encore envoyé en Orient, a favorisé la navigation de l'Europe ; c'est une marchandise de plus que l'Europe reçoit en troc de l'Amérique, et qu'elle envoie en troc aux Indes. Une plus grande quantité d'or et d'argent est donc favorable lorsqu'on regarde ces métaux comme marchandise : elle ne l'est point lorsqu'on les regarde comme signe, parce que leur abondance choque leur qualité de signe, qui est beaucoup fondée sur la rareté.

Avant la première guerre punique, le cuivre étoit à l'argent comme 960 est à 1 [1]; il est aujourd'hui à peu près comme $73\frac{1}{2}$ est à 1 [2]. Quand la proportion seroit comme elle étoit autrefois, l'argent n'en feroit que mieux sa fonction de signe.

CHAPITRE VI.

Par quelle raison le prix de l'usure diminua de la moitié lors de la découverte des Indes

L'YNCA Garcilasso [3] dit qu'en Espagne, après la conquête des Indes, les rentes, qui étoient au denier dix, tombèrent au denier vingt. Cela devoit être ainsi. Une grande quantité d'argent fut tout à coup portée en Europe : bientôt moins de personnes eurent besoin d'argent; le prix de toutes choses augmenta, et celui de l'argent diminua : la proportion fut donc rompue, toutes

[1] Voyez ci-après le chap. XII.

[2] En supposant l'argent à 49 livres le marc, et le cuivre à 20 sous la livre.

[3] Histoire des guerres civiles des Espagnols dans les Indes.

les anciennes dettes furent éteintes. On peut se rappeler le temps du système ¹, où toutes les choses avoient une grande valeur, excepté l'argent. Après la conquête des Indes, ceux qui avoient de l'argent furent obligés de diminuer le prix ou le louage de leur marchandise, c'est-à-dire l'intérêt.

Depuis ce temps le prêt n'a pu revenir à l'ancien taux, parce que la quantité de l'argent a augmenté toutes les années en Europe. D'ailleurs, les fonds publics de quelques états, fondés sur les richesses que le commerce leur a procurées, donnant un intérêt très-modique, il a fallu que les contrats des particuliers se réglassent là-dessus. Enfin, le change ayant donné aux hommes une facilité singulière de transporter l'argent d'un pays à un autre, l'argent n'a pu être rare dans un lieu, qu'il n'en vînt de tous côtés de ceux où il étoit commun.

---

¹ On appeloit ainsi le projet de Law en France.

CHAPITRE VII.

Comment le prix des choses se fixe dans la variation des richesses de signe.

L'ARGENT est le prix des marchandises ou denrées. Mais comment se fixera ce prix ? c'est-à-dire par quelle portion d'argent chaque chose sera-t-elle représentée ?

Si l'on compare la masse de l'or et de l'argent qui est dans le monde avec la somme des marchandises qui y sont, il est certain que chaque denrée ou marchandise en particulier pourra être comparée à une certaine portion de la masse entière de l'or et de l'argent. Comme le total de l'une est au total de l'autre, la partie de l'une sera à la partie de l'autre. Supposons qu'il n'y ait qu'une seule denrée ou marchandise dans le monde, ou qu'il n'y en ait qu'une seule qui s'achète, et qu'elle se divise comme l'argent; cette partie de cette marchandise répondra à une partie de la masse de l'argent; la moitié du total de l'une, à la moitié du total de l'autre; la dixième, la centième, la millième de l'une, à la dixième, à la centième, à la millième de l'autre. Mais, comme ce qui forme la propriété parmi les hommes n'est pas tout à la fois dans le commerce, et que les métaux ou les monnoies, qui en sont les signes, n'y sont pas aussi dans le même temps, les prix se fixeront en raison composée du total des choses avec le total des signes, et de celle du total des choses qui sont dans le commerce, avec le total des signes qui y sont aussi; et, comme les choses qui ne sont pas dans le commerce aujourd'hui peuvent y être demain, et que les signes qui n'y sont point aujourd'hui peuvent y rentrer tout de même, l'établissement du prix des choses dépend toujours fondamentalement de la raison du total des choses au total des signes.

Ainsi le prince ou le magistrat ne peuvent pas plus taxer la valeur des marchandises qu'établir, par une ordonnance, que le rapport d'un à dix est égal à celui d'un à vingt. Julien, ayant baissé les denrées à Antioche, y causa une affreuse famine [1].

---

[1] Histoire de l'église par Socrate, liv. II.

CHAPITRE VIII.

Continuation du même sujet.

Les noirs de la côte d'Afrique ont un signe des valeurs sans monnoie; c'est un signe purement idéal, fondé sur le degré d'estime qu'ils mettent dans leur esprit à chaque marchandise, à proportion du besoin qu'ils en ont. Une certaine denrée ou marchandise vaut trois macutes; une autre, six macutes; une autre, dix macutes : c'est comme s'ils disoient simplement trois, six, dix. Le prix se forme par la comparaison qu'ils font de toutes les marchandises entre elles : pour lors, il n'y a point de monnoie particulière, mais chaque portion de marchandise est monnoie de l'autre.

Transportons pour un moment parmi nous cette manière d'évaluer les choses, et joignons-la avec la nôtre; toutes les marchandises et denrées du monde, ou bien toutes les marchandises ou denrées d'un état en particulier considéré comme séparé de tous les autres, vaudront un certain nombre de macutes; et, divisant l'argent de cet état en autant de parties qu'il y a de macutes, une partie divisée de cet argent sera le signe d'une macute.

Si l'on suppose que la quantité de l'argent d'un état double, il faudra pour une macute le double de l'argent; mais si, en doublant l'argent, vous doublez aussi les macutes, la proportion restera telle qu'elle étoit avant l'un et l'autre doublement.

Si depuis la découverte des Indes l'or et l'argent ont augmenté en Europe à raison d'un à vingt, le prix des denrées et marchandises auroit dû monter en raison d'un à vingt : mais si, d'un autre côté, le nombre des marchandises a augmenté comme un à deux, il faudra que le prix de ces marchandises et denrées ait haussé d'un côté en raison d'un à vingt, et qu'il ait baissé en raison d'un à deux, et qu'il ne soit par conséquent qu'en raison d'un à dix.

La quantité des marchandises et denrées croît par une augmentation de commerce; l'augmentation de commerce, par une augmentation d'argent qui arrive successivement, et par de nouvelles communications avec de nouvelles terres et de nouvelles mers, qui nous donnent de nouvelles denrées et de nouvelles marchandises.

CHAPITRE IX.

De la rareté relative de l'or et de l'argent.

Outre l'abondance et la rareté positive de l'or et de l'argent, il y a encore une abondance et une rareté relative d'un de ces métaux à l'autre.

L'avarice garde l'or et l'argent, parce que, comme elle ne veut point consommer, elle aime des signes qui ne se détruisent point. Elle aime mieux garder l'or que l'argent, parce qu'elle craint toujours de perdre, et qu'elle peut mieux cacher ce qui est en plus petit volume. L'or disparoît donc quand l'argent est commun, parce que chacun en a pour le cacher; il reparoît quand l'argent est rare, parce qu'on est obligé de le retirer de ses retraites.

C'est donc une règle : l'or est commun quand l'argent est rare, et l'or est rare quand l'argent est commun. Cela fait sentir la différence de l'abondance et de la rareté relative d'avec l'abondance et la rareté réelle ; chose dont je vais beaucoup parler.

CHAPITRE X.

Du change.

C'est l'abondance et la rareté relative des monnoies des divers pays qui forment ce qu'on appelle le change.

Le change est une fixation de la valeur actuelle et momentanée des monnoies.

L'argent, comme métal, a une valeur comme toutes les autres marchandises; et il a encore une valeur qui vient de ce qu'il est capable de devenir le signe des autres marchandises; et s'il n'étoit qu'une simple marchandise, il ne faut pas douter qu'il ne perdît beaucoup de son prix.

L'argent, comme monnoie, a une valeur que le prince peut fixer dans quelques rapports, et qu'il ne sauroit fixer dans d'autres.

Le prince établit une proportion entre une quantité d'argent comme métal, et la même quantité comme monnoie; il fixe celle qui est entre divers métaux employés à la monnoie; il établit le poids et le titre de chaque pièce de monnoie; enfin, il donne à chaque pièce cette valeur idéale dont j'ai parlé. J'appellerai la valeur de la monnoie, dans ces quatre rapports, *valeur positive*, parce qu'elle peut être fixée par une loi.

Les monnoies de chaque état ont, de plus, une *valeur relative*, dans le sens qu'on les compare avec les monnoies des autres pays : c'est cette valeur relative que le change établit. Elle dépend beaucoup de la valeur positive ; elle est fixée par l'estime la plus générale des négocians, et ne peut l'être par l'ordonnance du prince, parce qu'elle varie sans cesse, et dépend de mille circonstances.

Pour fixer la valeur relative, les diverses nations se régleront beaucoup sur celle qui a le plus d'argent. Si elle a autant d'argent que toutes les autres ensemble, il faudra bien que chacune aille se mesurer avec elle; ce qui fera qu'elles se régleront à peu près entre elles comme elles se sont mesurées avec la nation principale.

Dans l'état actuel de l'univers, c'est la Hollande[1] qui est cette nation dont nous parlons. Examinons le change par rapport à elle.

Il y a en Hollande une monnoie qu'on appelle un florin : le florin vaut vingt sous, ou quarante demi-sous, ou gros. Pour simplifier les idées, imaginons qu'il n'y ait point de florins en Hollande, et qu'il n'y ait que des gros : un homme qui aura

[1] Les Hollandais règlent le change de presque toute l'Europe par une espèce de délibération entre eux, selon qu'il convient à leurs intérêts.

mille florins aura quarante mille gros ; ainsi du reste. Or, le change avec la Hollande consiste à savoir combien vaudra de gros chaque pièce de monnoie des autres pays : et, comme l'on compte ordinairement en France par écus de trois livres, le change demandera combien un écu de trois livres vaudra de gros. Si le change est à cinquante-quatre, l'écu de trois livres vaudra cinquante-quatre gros ; s'il est à soixante, il vaudra soixante gros ; si l'argent est rare en France, l'écu de trois livres vaudra plus de gros ; s'il est en abondance, il vaudra moins de gros.

Cette rareté ou cette abondance, d'où résulte la mutation du change, n'est pas la rareté ou l'abondance réelle ; c'est une rareté ou une abondance relative : par exemple, quand la France a plus besoin d'avoir des fonds en Hollande, que les Hollandais n'ont besoin d'en avoir en France, l'argent est appelé commun en France, et rare en Hollande ; *et vice versâ*.

Supposons que le change avec la Hollande soit à cinquante-quatre. Si la France et la Hollande ne composoient qu'une ville, on feroit comme l'on fait quand on donne la monnoie d'un écu : le Français tireroit de sa poche trois livres, et le Hollandais tireroit de la sienne cinquante-quatre gros. Mais, comme il y a de la distance entre Paris et Amsterdam, il faut que celui qui me donne pour mon écu de trois livres cinquante-quatre gros qu'il a en Hollande me donne une lettre de change de cinquante-quatre gros sur la Hollande. Il n'est plus ici question de cinquante-quatre gros, mais d'une lettre de cinquante-quatre gros. Ainsi, pour juger [1] de la rareté ou de l'abondance de l'argent, il faut savoir s'il y a en France plus de lettres de cinquante-quatre gros destinées pour la France, qu'il n'y a d'écus destinés pour la Hollande. S'il y a beaucoup de lettres offertes par les Hollandais, et peu d'écus offerts par les Français, l'argent est rare en France, et commun en Hollande; et il faut que le change hausse, et que pour mon écu on me donne plus de cinquante-quatre gros; autrement je ne le donnerois pas, *et vice versâ.*

On voit que les diverses opérations du change forment un compte de recette et de dépense qu'il faut toujours solder; et qu'un état qui doit ne s'acquitte pas plus avec les autres par le change, qu'un particulier ne paie une dette en changeant de l'argent.

Je suppose qu'il n'y ait que trois états dans le monde, la France, l'Espagne, et la Hollande; que divers particuliers d'Espagne dussent en France

[1] Il y a beaucoup d'argent dans une place lorsqu'il y a plu d'argent que de papier; il y en a peu lorsqu'il y a plus de papier que d'argent.

la valeur de cent mille marcs d'argent, et que divers particuliers de France dussent en Espagne cent dix mille marcs; et que quelque circonstance fit que chacun, en Espagne et en France, voulût tout à coup retirer son argent : que feroient les opérations du change? Elles acquitteroient réciproquement ces deux nations de la somme de cent mille marcs : mais la France devroit toujours dix mille marcs en Espagne, et les Espagnols auroient toujours des lettres sur la France pour dix mille marcs, et la France n'en auroit point du tout sur l'Espagne.

Que si la Hollande étoit dans un cas contraire avec la France, et que, pour solde, elle lui dût dix mille marcs, la France pourroit payer l'Espagne de deux manières, ou en donnant à ses créanciers en Espagne des lettres sur ses débiteurs de Hollande pour dix mille marcs, ou bien en envoyant dix mille marcs d'argent en espèces en Espagne.

Il suit de là que, quand un état a besoin de remettre une somme d'argent dans un autre pays, il est indifférent, par la nature de la chose, que l'on y voiture de l'argent, ou que l'on prenne des lettres de change. L'avantage de ces deux manières de payer dépend uniquement des circonstances actuelles : il faudra voir ce qui, dans ce moment, donnera plus de gros en Hollande, ou l'argent porté en espèces [1], ou une lettre sur la Hollande de pareille somme.

Lorsque même titre et même poids d'argent en France me rendent même poids et même titre d'argent en Hollande, on dit que le change est au pair. Dans l'état actuel des monnoies [2], le pair est, à peu près, à cinquante-quatre gros par écu : lorsque le change sera au-dessus de cinquante-quatre gros, on dira qu'il est haut; lorsqu'il sera au-dessous, on dira qu'il est bas.

Pour savoir si, dans une certaine situation du change, l'état gagne ou perd, il faut le considérer comme débiteur, comme créancier, comme vendeur, comme acheteur. Lorsque le change est plus bas que le pair, il perd comme débiteur, il gagne comme créancier; il perd comme acheteur, il gagne comme vendeur. On sent bien qu'il perd comme débiteur : par exemple, la France devant à la Hollande un certain nombre de gros, moins son écu vaudra de gros, plus il lui faudra d'écus pour payer; au contraire, si la France est créancière d'un certain nombre de gros, moins chaque écu vaudra de gros, plus elle recevra d'écus. L'état perd encore comme acheteur; car il faut toujours le même nombre de gros pour acheter la même quantité de marchandises; et, lorsque le change

---

[1] Les frais de la voiture et de l'assurance déduits.
[2] En 1744.

baisse, chaque écu de France donne moins de gros. Par la même raison, l'état gagne comme vendeur : je vends ma marchandise en Hollande le même nombre de gros que je la vendois ; j'aurai donc plus d'écus en France, lorsque avec cinquante gros je me procurerai un écu, que lorsqu'il m'en faudra cinquante-quatre pour avoir ce même écu : le contraire de tout ceci arrivera à l'autre état. Si la Hollande doit un certain nombre d'écus, elle gagnera ; et, si on lui doit, elle perdra ; si elle vend, elle perdra ; si elle achète, elle gagnera.

Il faut pourtant suivre ceci : lorsque le change est au-dessous du pair ; par exemple, s'il est à cinquante au lieu d'être à cinquante-quatre, il devroit arriver que la France, envoyant par le change cinquante-quatre mille écus en Hollande, n'acheteroit de marchandises que pour cinquante mille ; et que, d'un autre côté, la Hollande envoyant la valeur de cinquante mille écus en France, en acheteroit pour cinquante-quatre mille : ce qui feroit une différence de huit cinquante-quatrièmes, c'est-à-dire de plus d'un septième de perte pour la France ; de sorte qu'il faudroit envoyer en Hollande un septième de plus en argent ou en marchandises, qu'on ne faisoit lorsque le change étoit au pair : et le mal augmentant toujours, parce qu'une pareille dette feroit encore diminuer le change, la France seroit à la fin ruinée. Il semble, dis-je, que cela devroit être; et cela n'est pas, à cause du principe que j'ai déjà établi ailleurs [1], qui est que les états tendent toujours à se mettre dans la balance, et à se procurer leur libération; ainsi ils n'empruntent qu'à proportion de ce qu'ils peuvent payer, et n'achètent qu'à mesure qu'ils vendent. Et, en prenant l'exemple ci-dessus, si le change tombe en France de cinquante-quatre à cinquante, le Hollandais, qui achetoit des marchandises de France pour mille écus, et qui les payoit cinquante-quatre mille gros, ne les paieroit plus que cinquante mille, si le Français y vouloit consentir : mais la marchandise de France haussera insensiblement, le profit se partagera entre le Français et le Hollandais; car, lorsqu'un négociant peut gagner, il partage aisément son profit: il se fera donc une communication de profit entre le Français et le Hollandais. De la même manière, le Français, qui achetoit des marchandises de Hollande pour cinquante-quatre mille gros, et qui les payoit avec mille écus, lorsque le change étoit à cinquante-quatre, seroit obligé d'ajouter quatre cinquante-quatrièmes de plus en écus de France, pour acheter les mêmes marchandises : mais le marchand français, qui sentira la perte qu'il feroit, voudra donner moins de la marchandise de

---

[1] Voyez le livre XX, art. XXI.

Hollande; il se fera donc une communication de perte entre le marchand français et le marchand hollandais; l'état se mettra insensiblement dans la balance, et l'abaissement du change n'aura pas tous les inconvéniens qu'on devoit craindre.

Lorsque le change est plus bas que le pair, un négociant peut, sans diminuer sa fortune, remettre ses fonds dans les pays étrangers; parce qu'en les faisant revenir, il regagne ce qu'il a perdu : mais un prince qui n'envoie dans les pays étrangers qu'un argent qui ne doit jamais revenir perd toujours.

Lorsque les négocians font beaucoup d'affaires dans un pays, le change y hausse infailliblement. Cela vient de ce qu'on y prend beaucoup d'engagemens, et qu'on y achète beaucoup de marchandises; et l'on tire sur le pays étranger pour les payer.

Si un prince fait de grands amas d'argent dans son état, l'argent y pourra être rare réellement, et commun relativement: par exemple, si, dans le même temps, cet état avoit à payer beaucoup de marchandises dans le pays étranger, le change baisseroit, quoique l'argent fût rare.

Le change de toutes les places tend toujours à se mettre à une certaine proportion; et cela est dans la nature de la chose même. Si le change de l'Irlande a l'Angleterre est plus bas que le pair, et que celui de l'Angleterre à la Hollande soit aussi plus bas que le pair, celui de l'Irlande à la Hollande sera encore plus bas ; c'est-à-dire en raison composée de celui d'Irlande à l'Angleterre, et de celui de l'Angletere à la Hollande : car un Hollandais qui peut faire venir ses fonds indirectement d'Irlande par l'Angleterre ne voudra pas payer plus cher pour les faire venir directement. Je dis que cela devroit être ainsi : mais cela n'est pourtant pas exactement ainsi ; il y a toujours des circonstances qui font varier ces choses ; et la différence du profit qu'il y a à tirer par une place, ou à tirer par une autre, fait l'art ou l'habileté particulière des banquiers, dont il n'est point question ici.

Lorsqu'un état hausse sa monnoie ; par exemple, lorsqu'il appelle six livres ou deux écus ce qu'il n'appeloit que trois livres ou un écu, cette dénomination nouvelle, qui n'ajoute rien de réel à l'écu, ne doit pas procurer un seul gros de plus par le change. On ne devroit avoir, pour les deux écus nouveaux, que la même quantité de gros que l'on recevoit pour l'ancien ; et, si cela n'est pas, ce n'est point l'effet de la fixation en elle-même, mais de celui qu'elle produit comme nouvelle, et de celui qu'elle a comme subite. Le change tient à des affaires commencées, et ne se met en règle qu'après un certain temps.

Lorsqu'un état, au lieu de hausser simplement sa monnoie par une loi, fait une nouvelle refonte, afin de faire d'une monnoie forte une monnoie plus foible, il arrive que, pendant le temps de l'opération, il y a deux sortes de monnoies, la forte, qui est la vieille, et la foible, qui est la nouvelle : et, comme la forte est décriée, et ne se reçoit qu'à la monnoie, et que par conséquent les lettres de change doivent se payer en espèces nouvelles, il semble que le change devroit se régler sur l'espèce nouvelle. Si, par exemple, l'affoiblissement, en France, étoit de moitié, et que l'ancien écu de trois livres donnât soixante gros en Hollande, le nouvel écu ne devroit donner que trente gros. D'un autre côté, il semble que le change devroit se régler sur la valeur de l'espèce vieille, parce que le banquier qui a de l'argent, et qui prend des lettres, est obligé d'aller porter à la monnoie des espèces vieilles pour en avoir de nouvelles sur lesquelles il perd. Le change se mettra donc entre la valeur de l'espèce nouvelle et celle de l'espèce vieille. La valeur de l'espèce vieille tombe pour ainsi dire, et parce qu'il y a déjà dans le commerce de l'espèce nouvelle, et parce que le banquier ne peut pas tenir rigueur, ayant intérêt de faire sortir promptement l'argent vieux de sa caisse pour le faire travailler, et y étant même forcé pour faire ses paiemens. D'un autre côté, la valeur de l'espèce nouvelle s'élève pour ainsi dire, parce que le banquier, avec de l'espèce nouvelle, se trouve dans une circonstance où nous allons faire voir qu'il peut, avec un grand avantage, s'en procurer de la vieille. Le change se mettra donc, comme j'ai dit, entre l'espèce nouvelle et l'espèce vieille. Pour lors, les banquiers ont du profit à faire sortir l'espèce vieille de l'état, parce qu'ils se procurent par-là le même avantage que donneroit un change réglé sur l'espèce vieille, c'est-à-dire beaucoup de gros en Hollande; et qu'ils ont un retour de change, réglé entre l'espèce nouvelle et l'espèce vieille, c'est-à-dire plus bas : ce qui procure beaucoup d'écus en France.

Je suppose que trois livres d'espèce vieille rendent, par le change actuel, quarante-cinq gros, et qu'en transportant ce même écu en Hollande, on en ait soixante : mais, avec une lettre de quarante-cinq gros, on se procurera un écu de trois livres en France, lequel, transporté en espèce vieille en Hollande, donnera encore soixante gros : toute l'espèce vieille sortira donc de l'état qui fait la refonte, et le profit en sera pour les banquiers.

Pour remédier à cela, on sera forcé de faire une opération nouvelle. L'état qui fait la refonte enverra lui-même une grande quantité d'espèces vieilles chez la nation qui règle le change ; et, s'y procurant un crédit, il fera monter le change au point qu'on aura, à peu de chose près, autant de gros, par le change, d'un écu de trois livres, qu'on en auroit en faisant sortir un écu de trois livres en espèces vieilles hors du pays. Je dis *à peu de chose près*, parce que, lorsque le profit sera modique, on ne sera point tenté de faire sortir l'espèce, à cause des frais de la voiture et des risques de la confiscation.

Il est bon de donner une idée bien claire de ceci. Le sieur Bernard, ou tout autre banquier que l'état voudra employer, propose ses lettres sur la Hollande, et les donne à un, deux, trois gros plus haut que le change actuel; il a fait une provision dans les pays étrangers, par le moyen des espèces vieilles qu'il a fait continuellement voiturer : il a donc fait hausser le change au point que nous venons de dire : cependant à force de donner de ses lettres, il se saisit de toutes les espèces nouvelles, et force les autres banquiers qui ont des paiemens à faire à porter leurs espèces vieilles à la monnoie; et de plus, comme il a eu insensiblement tout l'argent, il contraint à leur tour les autres banquiers à lui donner des lettres à un change très-haut : le profit de la fin l'indemnise en grande partie de la perte du commencement.

On sent que, pendant toute cette opération, l'état doit souffrir une violente crise. L'argent y deviendra très-rare, 1° parce qu'il faut en décrier la plus grande partie; 2° parce qu'il en faudra transporter une partie dans les pays étrangers; 3° parce que tout le monde le resserrera, personne ne voulant laisser au prince un profit qu'on espère avoir soi-même. Il est dangereux de la faire avec lenteur; il est dangereux de la faire avec promptitude. Si le gain qu'on suppose est immodéré, les inconvéniens augmentent à mesure.

On a vu ci-dessus que, quand le change étoit plus bas que l'espèce, il y avoit du profit à faire sortir l'argent; par la même raison, lorsqu'il est plus haut que l'espèce, il y a du profit à le faire revenir.

Mais il y a un cas où on trouve du profit à faire sortir l'espèce, quoique le change soit au pair : c'est lorsqu'on l'envoie dans les pays étrangers, pour la faire remarquer ou refondre. Quand elle est revenue, on fait, soit qu'on l'emploie dans le pays, soit qu'on prenne des lettres pour l'étranger, le profit de la monnoie.

S'il arrivoit que dans un état on fît une compagnie qui eût un nombre très-considérable d'actions, et qu'on eût fait, dans quelques mois de temps, hausser ces actions vingt ou vingt-cinq fois au delà de la valeur du premier achat, et que ce même état eût établi une banque dont les billets dussent faire la fonction de monnoie, et que la valeur numéraire de ces billets fût prodigieuse pour répondre à la prodigieuse valeur numéraire des actions (c'est le système de Law); il suivroit de la nature de la chose que ces actions et billets s'anéantiroient de la même manière qu'ils seroient établis. On n'auroit pu faire monter tout à coup les actions vingt ou vingt-cinq fois plus haut que leur première valeur, sans donner à beaucoup de gens le moyen de se procurer d'immenses richesses en papier : chacun chercheroit à assurer sa fortune; et, comme le change donne la voie la plus facile pour la dénaturer, ou pour la transporter où l'on veut, on remettroit sans cesse une partie de ses effets chez la nation qui règle le change. Un projet continuel de remettre dans les pays étrangers feroit baisser le change. Supposons que, du temps du système, dans le rapport du titre et du poids de la monnoie d'argent, le taux du change fût de quarante gros par écu; lorsqu'un papier innombrable fut devenu monnoie, on n'aura plus voulu donner que trente-neuf gros par écu; ensuite que trente-huit, trente-sept, etc. Cela alla si loin, que l'on ne donna plus que huit gros, et qu'enfin il n'y eut plus de change.

C'étoit le change qui devoit, en ce cas, régler, en France, la proportion de l'argent avec le papier. Je suppose que, par le poids et le titre de l'argent, l'écu de trois livres d'argent valût quarante gros, et que, le change se faisant en papier, l'écu de trois livres en papier ne valût que huit gros; la différence étoit de quatre cinquièmes. L'écu de trois livres en papier valoit donc quatre cinquièmes de moins que l'écu de trois livres en argent.

CHAPITRE XI.

Des opérations que les Romains firent sur les monnoies.

Quelques coups d'autorité que l'on ait faits de nos jours en France sur les monnoies dans deux ministères consécutifs, les Romains en firent de plus grands, non pas dans le temps de cette république corrompue, ni dans celui de cette république qui n'étoit qu'une anarchie, mais lorsque, dans la force de son institution, par sa sagesse comme par son courage, après avoir vaincu les villes d'Italie, elle disputoit l'empire aux Carthaginois.

Et je suis bien aise d'approfondir un peu cette matière, afin qu'on ne fasse pas un exemple de ce qui n'en est point un.

Dans la première guerre punique [1], l'as, qui devoit être de douze onces de cuivre, n'en pesa plus que deux ; et, dans la seconde, il ne fut plus que d'une. Ce retranchement répond à ce que nous appelons aujourd'hui augmentation des monnoies : ôter d'un écu de six livres la moitié de l'argent, pour en faire deux, ou le faire valoir douze livres, c'est précisément la même chose.

Il ne nous reste point de monument de la manière dont les Romains firent leur opération dans la première guerre punique ; mais ce qu'ils firent dans la seconde nous marque une sagesse admirable. La république ne se trouvoit point en état d'acquitter ses dettes : l'as pesoit deux onces de cuivre ; et le denier, valant dix as, valoit vingt onces de cuivre. La république fit des as d'une once de cuivre [2] ; elle gagna la moitié sur ses créanciers ; elle paya un denier avec ces dix onces de cuivre. Cette opération donna une grande secousse à l'état, il falloit la donner la moindre qu'il étoit possible ; elle contenoit une injustice, il falloit qu'elle fût la moindre qu'il étoit possible : elle avoit pour objet la libération de la république envers ses citoyens, il ne falloit donc pas qu'elle eût celui de la libération

---

[1] Pline, Histoire naturelle, liv. XXXIII, art. 13.
[2] *Ibid.*

des citoyens entre eux. Cela fit faire une seconde opération; et l'on ordonna que le denier, qui n'avoit été jusque-là que de dix as, en contiendroit seize. Il résulta de cette double opération que, pendant que les créanciers de la république perdoient la moitié [1], ceux des particuliers ne perdoient qu'un cinquième [2] : les marchandises n'augmentoient que d'un cinquième ; le changement réel dans la monnoie n'étoit que d'un cinquième : on voit les autres conséquences.

Les Romains se conduisirent donc mieux que nous, qui, dans nos opérations, avons enveloppé et les fortunes publiques et les fortunes particulières. Ce n'est pas tout : on va voir qu'ils les firent dans des circonstances plus favorables que nous.

CHAPITRE XII.

Circonstances dans lesquelles les Romains firent leurs opérations sur la monnoie.

Il y avoit anciennement très-peu d'or et d'argent en Italie; ce pays a peu ou point de mines d'or et d'argent : lorsque Rome fut prise par les

---

[1] Ils recevoient dix onces de cuivre pour vingt.
[2] Ils recevoient seize onces de cuivre pour vingt.

Gaulois, il ne s'y trouva que mille livres d'or [1]. Cependant les Romains avoient saccagé plusieurs villes puissantes, et ils en avoient transporté les richesses chez eux. Ils ne se servirent long-temps que de monnoie de cuivre : ce ne fut qu'après la paix de Pyrrhus qu'ils eurent assez d'argent pour en faire de la monnoie [2]. Ils firent des deniers de ce métal, qui valoient dix as [3], ou dix livres de cuivre. Pour lors, la proportion de l'argent au cuivre étoit comme 1 à 960 : car le denier romain valant dix as ou dix livres de cuivre, il valoit cent vingt onces de cuivre ; et le même denier valant un huitième d'once d'argent [4], cela faisoit la proportion que nous venons de dire.

Rome, devenue maîtresse de cette partie de l'Italie la plus voisine de la Grèce et de la Sicile, se trouva peu à peu entre deux peuples riches, les Grecs et les Carthaginois : l'argent augmenta chez elle; et la proportion de 1 à 960 entre l'argent et le cuivre ne pouvant plus se soutenir, elle fit diverses opérations sur les monnoies que nous ne connoissons pas. Nous savons seulement qu'au

---

[1] Pline, liv. XXXIII, art. 5.

[2] Freinshemius, liv. V de la seconde décade.

[3] *Ibid.* « Ils frappèrent aussi, dit le même auteur, des demi appelés quinaires, et des quarts appelés sesterces. »

[4] Un huitième, selon Budée; un septième, selon d'autres auteurs.

commencement de la seconde guerre punique, le denier romain ne valoit plus que vingt onces de cuivre [1]; et qu'ainsi la proportion entre l'argent et le cuivre n'étoit plus que comme 1 est à 160. La réduction étoit bien considérable, puisque la république gagna cinq sixièmes sur toute la monnoie de cuivre; mais on ne fit que ce que demandoit la nature des choses, et rétablir la proportion entre les métaux qui servoient de monnoie.

La paix qui termina la première guerre punique avoit laissé les Romains maîtres de la Sicile. Bientôt ils entrèrent en Sardaigne; ils commencèrent à connoître l'Espagne : la masse de l'argent augmenta encore à Rome; on y fit l'opération qui réduisit le denier d'argent de vingt onces à seize [2]; et elle eut cet effet, qu'elle remit en proportion l'argent et le cuivre : cette proportion étoit comme 1 est à 160; elle fut comme 1 est à 128.

Examinez les Romains, vous ne les trouverez jamais si supérieurs que dans le choix des circonstances dans lesquelles ils firent les biens et les maux.

[1] Pline, Histoire naturelle, liv. XXXIII, art. 13.
[2] *Ibi*

CHAPITRE XIII.

Opérations sur les monnoies du temps des empereurs.

Dans les opérations que l'on fit sur les monnoies du temps de la république, on procéda par voie de retranchement : l'état confioit au peuple ses besoins, et ne prétendoit pas le séduire. Sous les empereurs, on procéda par voie d'alliage : ces princes, réduits au désespoir par leurs libéralités mêmes, se virent obligés d'altérer les monnoies; voie indirecte, qui diminuoit le mal, et sembloit ne le pas toucher : on retiroit une partie du don, et on cachoit la main ; et, sans parler de diminution de la paie ou des largesses, elles se trouvoient diminuées.

On voit encore dans les cabinets [1] des médailles qu'on appelle fourrées, qui n'ont qu'une lame d'argent qui couvre le cuivre. Il est parlé de cette monnoie dans un fragment du livre LXXVII de Dion [2].

Didius Julien commença l'affoiblissement. On

---

[1] Voyez la Science des médailles, du P. Joubert, édition de Paris, 1739, page 59.

[2] Extrait des vertus et des vices.

trouve que la monnoie de Caracalla [1] avoit plus de la moitié d'alliage; celle d'Alexandre Sévère [2] les deux tiers : l'affoiblissement continua; et, sous Galien [3], on ne voyoit plus que du cuivre argenté.

On sent que ces opérations violentes ne sauroient avoir lieu dans ces temps-ci; un prince se tromperoit lui-même et ne tromperoit personne. Le change a appris au banquier à comparer toutes les monnoies du monde, et à les mettre à leur juste valeur; le titre des monnoies ne peut plus être un secret. Si un prince commence le billon, tout le monde continue, et le fait pour lui; les espèces fortes sortent d'abord, et on les lui renvoie foibles. Si comme les empereurs romains, il affoiblissoit l'argent sans affoiblir l'or, il verroit tout à coup disparoître l'or, et il seroit réduit à son mauvais argent. Le change, comme j'ai dit au livre précédent [4], a ôté les grands coups d'autorité, du moins le succès des grands coups d'autorité.

[1] Voyez Savot, part. II, chap. xii; et le Journal des savans, du 28 juillet 1681, sur une découverte de cinquante mille médailles.
[2] Idem., *ibid.*
[3] Idem., *ibid.*
[4] Chap. xvi.

CHAPITRE XIV.

Comment le change gêne les états despotiques.

La Moscovie voudroit descendre de son despotisme, et ne le peut. L'établissement du commerce demande celui du change; et les opérations du change contredisent toutes ses lois.

En 1745, la czarine fit une ordonnance pour chasser les Juifs, parce qu'ils avoient remis dans les pays étrangers l'argent de ceux qui étoient relégués en Sibérie, et celui des étrangers qui étoient au service. Tous les sujets de l'empire, comme des esclaves, n'en peuvent sortir, ni faire sortir leurs biens sans permission. Le change, qui donne le moyen de transporter l'argent d'un pays à un autre, est donc contradictoire aux lois de Moscovie.

Le commerce même contredit ses lois. Le peuple n'est composé que d'esclaves attachés aux terres, et d'esclaves qu'on appelle ecclésiastiques ou gentilshommes, parce qu'ils sont les seigneurs de ces esclaves : il ne reste donc guère personne pour le tiers-état, qui doit former les ouvriers et les marchands.

CHAPITRE XV.

Usage de quelques pays d'Italie.

Dans quelques pays d'Italie, on a fait des lois pour empêcher les sujets de vendre des fonds de terre, pour transporter leur argent dans les pays étrangers. Ces lois pouvoient être bonnes lorsque les richesses de chaque état étoient tellement à lui qu'il y avoit beaucoup de difficulté à les faire passer à un autre. Mais depuis que, par l'usage du change, les richesses ne sont en quelque façon à aucun état en particulier, et qu'il y a tant de facilité à les transporter d'un pays à un autre, c'est une mauvaise loi que celle qui ne permet pas de disposer, pour ses affaires, de ses fonds de terre, lorsqu'on peut disposer de son argent. Cette loi est mauvaise parce qu'elle donne de l'avantage aux effets mobiliers sur les fonds de terre, parce qu'elle dégoûte les étrangers de venir s'établir dans le pays, et enfin parce qu'on peut l'éluder.

CHAPITRE XVI.

Du secours que l'état peut tirer des banquiers.

Les banquiers sont faits pour changer de l'argent, et non pas pour en prêter. Si le prince ne s'en sert que pour changer son argent, comme il ne fait que de grosses affaires, le moindre profit qu'il leur donne pour leurs remises devient un objet considérable ; et, si on lui demande de gros profits, il peut être sûr que c'est un défaut de l'administration. Quand au contraire ils sont employés à faire des avances, leur art consiste à se procurer de gros profits de leur argent, sans qu'on puisse les accuser d'usure.

CHAPITRE XVII.

Des dettes publiques.

Quelques gens ont cru qu'il étoit bon qu'un état dût à lui-même : ils ont pensé que cela multiplioit les richesses, en augmentant la circulation.

Je crois qu'on a confondu un papier circulant qui représente la monnoie, ou un papier circulant qui est le signe des profits qu'une compagnie a faits ou fera sur le commerce, avec un papier qui représente une dette. Les deux premiers sont très-avantageux à l'état : le dernier ne peut l'être, et tout ce qu'on peut en attendre, c'est qu'il soit un bon gage pour les particuliers de la dette de la nation, c'est-à-dire qu'il en procure le paiement. Mais voici les inconvéniens qui en résultent.

1° Si les étrangers possèdent beaucoup de papiers qui représentent une dette, ils tirent tous les ans de la nation une somme considérable pour les intérêts.

2° Dans une nation ainsi perpétuellement débitrice, le change doit être très-bas.

3° L'impôt levé pour le paiement des intérêts de la dette fait tort aux manufactures, en rendant la main de l'ouvrier plus chère.

4° On ôte les revenus véritables de l'état à ceux qui ont de l'activité et de l'industrie, pour les transporter aux gens oisifs ; c'est-à-dire qu'on donne des commodités pour travailler à ceux qui ne travaillent point, et des difficultés pour travailler à ceux qui travaillent.

Voilà les inconvéniens ; je n'en connois point les avantages. Dix personnes ont chacune mille écus de revenu en fonds de terre ou en industrie ; cela fait pour la nation, à cinq pour cent, un capital de deux cent mille écus. Si ces dix personnes emploient la moitié de leur revenu, c'est-à-dire cinq mille écus pour payer les intérêts de cent mille écus qu'elles ont empruntés à d'autres, cela ne fait encore pour l'état que deux cent mille écus : c'est, dans le langage des algébristes, 200,000 écus — 100,000 écus + 100,000 écus = 200,000 écus.

Ce qui peut jeter dans l'erreur, c'est qu'un papier qui représente la dette d'une nation est un signe de richesse; car il n'y a qu'un état riche qui puisse soutenir un tel papier sans tomber dans la décadence : que s'il n'y tombe pas, il faut que l'état ait de grandes richesses d'ailleurs. On dit qu'il n'y a point de mal, parce qu'il y a des ressources contre ce mal; et on dit que le mal est un bien, parce que les ressources surpassent le mal.

CHAPITRE XVIII.

Du paiement des dettes publiques.

Il faut qu'il y ait une proportion entre l'état créancier et l'état débiteur. L'état peut être créancier à l'infini, mais il ne peut être débiteur qu'à un certain degré; et, quand on est parvenu à passer ce degré, le titre de créancier s'évanouit.

Si cet état a encore un crédit qui n'ait point reçu d'atteinte, il pourra faire ce qu'on a pratiqué si heureusement dans un état d'Europe [1]; c'est de se procurer une grande quantité d'espèces, et d'offrir à tous les particuliers leur remboursement, à moins qu'ils ne veuillent réduire l'intérêt. En effet, comme, lorsque l'état emprunte, ce sont les particuliers qui fixent le taux de l'intérêt, lorsque l'état veut payer, c'est à lui à le fixer.

Il ne suffit pas de réduire l'intérêt, il faut que le bénéfice de la réduction forme un fonds d'amortissement pour payer chaque année une partie des capitaux; opération d'autant plus heureuse que le succès en augmente tous les jours.

Lorsque le crédit de l'état n'est pas entier, c'est une nouvelle raison pour chercher à former un fonds d'amortissement, parce que ce fonds une fois établi rend bientôt la confiance.

1° Si l'état est une république, dont le gouvernement comporte par sa nature que l'on y fasse des projets pour long-temps, le capital du fonds d'amortissement peut être peu considérable : il faut, dans une monarchie, que ce capital soit plus grand.

2° Les réglemens doivent être tels, que tous les citoyens de l'état portent le poids de l'établissement de ce fonds, parce qu'ils ont tous le poids de l'établissement de la dette; le créancier de l'état,

---

[1] L'Angleterre.

par les sommes qu'il contribue, payant lui-même à lui-même.

3° Il y a quatre classes de gens qui paient les dettes de l'état : les propriétaires des fonds de terre, ceux qui exercent leur industrie par le négoce, les laboureurs et artisans, enfin les rentiers de l'état ou des particuliers. De ces quatre classes, la dernière, dans un cas de nécessité, sembleroit devoir être la moins ménagée, parce que c'est une classe entièrement passive dans l'état, tandis que ce même état est soutenu par la force active des trois autres. Mais, comme on ne peut la charger plus sans détruire la confiance publique, dont l'état en général, et ces trois classes en particulier, ont un souverain besoin; comme la foi publique ne peut manquer à un certain nombre de citoyens sans paroître manquer à tous; comme la classe des créanciers est toujours la plus exposée aux projets des ministres, et qu'elle est toujours sous les yeux et sous la main, il faut que l'état lui accorde une singulière protection, et que la partie débitrice n'ait jamais le moindre avantage sur celle qui est créancière.

CHAPITRE XIX.

Des prêts à intérêt.

L'ARGENT est le signe des valeurs. Il est clair que celui qui a besoin de ce signe doit le louer, comme il fait toutes les choses dont il peut avoir besoin. Toute la différence est, que les autres choses peuvent ou se louer, où s'acheter; au lieu que l'argent, qui est le prix des choses, se loue et ne s'achète pas [1].

C'est bien une action très-bonne de prêter à un autre son argent sans intérêt; mais on sent que ce ne peut être qu'un conseil de religion, et non une loi civile.

Pour que le commerce puisse se bien faire, il faut que l'argent ait un prix, mais que ce prix soit peu considérable. S'il est trop haut, le négociant, qui voit qu'il lui en coûteroit plus en intérêts qu'il ne pourroit gagner dans son commerce, n'entreprend rien; si l'argent n'a point de prix, personne n'en prête, et le négociant n'entreprend rien non plus.

Je me trompe quand je dis que personne n'en

---

[1] On ne parle point des cas où l'or et l'argent sont considérés comme marchandises.

prête. Il faut toujours que les affaires de la société aillent ; l'usure s'établit, mais avec les désordres que l'on a éprouvés dans tous les temps.

La loi de Mahomet confond l'usure avec le prêt à intérêt. L'usure augmente dans les pays mahométans à proportion de la sévérité de la défense : le prêteur s'indemnise du péril de la contravention.

Dans ces pays d'Orient, la plupart des hommes n'ont rien d'assuré ; il n'y a presque point de rapport entre la possession actuelle d'une somme, et l'espérance de la ravoir après l'avoir prêtée : l'usure y augmente donc à proportion du péril de l'insolvabilité.

CHAPITRE XX.

Des usures maritimes.

La grandeur de l'usure maritime est fondée sur deux choses : le péril de la mer, qui fait qu'on ne s'expose à prêter son argent que pour en avoir beaucoup davantage ; et la facilité que le commerce donne à l'emprunteur de faire promptement de grandes affaires, et en grand nombre ; au lieu que les usures de terre, n'étant fondées sur aucune de ces deux raisons, sont ou proscrites par les législateurs, ou, ce qui est plus sensé, réduites à de justes bornes

CHAPITRE XXI.

Du prêt par contrat, et de l'usure chez les Romains.

Outre le prêt fait pour le commerce, il y a encore une espèce de prêt fait par un contrat civil, d'où résulte un intérêt ou usure.

Le peuple, chez les Romains, augmentant tous les jours sa puissance, les magistrats cherchèrent à le flatter, et à lui faire faire les lois qui lui étoient les plus agréables. Il retrancha les capitaux; il diminua les intérêts; il défendit d'en prendre; il ôta les contraintes par corps; enfin, l'abolition des dettes fut mise en question toutes les fois qu'un tribun voulut se rendre populaire.

Ces continuels changemens, soit par des lois, soit par des plébiscites, naturalisèrent à Rome l'usure; car les créanciers, voyant le peuple leur débiteur, leur législateur et leur juge, n'eurent plus de confiance dans les contrats. Le peuple, comme un débiteur décrédité, ne tentoit à lui prêter[1] que par de gros profits; d'autant plus que,

[1] On lit dans presque toutes les éditions modernes *emprunter*, au lieu de *lui prêter.*

si les lois ne venoient que de temps en temps, les plaintes du peuple étoient continuelles, et intimidoient toujours les créanciers. Cela fit que tous les moyens honnêtes de prêter et d'emprunter furent abolis à Rome; et qu'une usure affreuse, toujours foudroyée et toujours renaissante, s'y établit [1]. Le mal venoit de ce que les choses n'avoient pas été ménagées. Les lois extrêmes dans le bien font naître le mal extrême. Il fallut payer pour le prêt de l'argent, et pour le danger des peines de la loi.

CHAPITRE XXII.

Continuation du même sujet.

Les premiers Romains n'eurent point de lois pour régler le taux de l'usure [2]. Dans les démêlés qui se formèrent là-dessus entre les plébéiens et les patriciens, dans la sédition même du Mont-Sacré [3], on n'allégua d'un côté que la foi, et de l'autre que la durée des contrats.

On suivoit donc les conventions particulières; et je crois que les plus ordinaires étoient de douze

[1] Tacite, Annales, liv. VI, § 16 et suiv.
[2] Usure et intérêt signifioient la même chose chez les Romains.
[3] Voyez Denys d'Halicarnasse, qui l'a si bien décrite.

pour cent par an. Ma raison est que, dans le langage ancien chez les Romains, l'intérêt à six pour cent étoit appelé la moitié de l'usure ; l'intérêt à trois pour cent le quart de l'usure [1] : l'usure totale étoit donc l'intérêt à douze pour cent.

Que si l'on demande comment de si grosses usures avoient pu s'établir chez un peuple qui étoit presque sans commerce, je dirai que ce peuple, très-souvent obligé d'aller sans solde à la guerre, avoit très-souvent besoin d'emprunter, et que, faisant sans cesse des expéditions heureuses, il avoit très-souvent la facilité de payer. Et cela se sent bien dans le récit des démêlés qui s'élevèrent à cet égard : on n'y disconvient point de l'avarice de ceux qui prêtoient ; mais on dit que ceux qui se plaignoient auroient pu payer, s'ils avoient eu une conduite réglée [2].

On faisoit donc des lois qui n'influoient que sur la situation actuelle : on ordonnoit, par exemple, que ceux qui s'enrôleroient pour la guerre que l'on avoit à soutenir ne seroient point poursuivis par leurs créanciers ; que ceux qui étoient dans les fers seroient délivrés ; que les plus indigens

[1] *Usuræ semisses, trientes, quadrantes.* Voyez là-dessus les divers traités du digeste et du code *de usuris* ; et surtout la loi XVII, avec sa note, ff. *de usuris.*

[2] Voyez les discours d'Appius là-dessus, dans Denys d'Halicarnasse, liv. V.

seroient menés dans les colonies : quelquefois on ouvroit le trésor public. Le peuple s'apaisoit par le soulagement des maux présens; et, comme il ne demandoit rien pour la suite, le sénat n'avoit garde de le prévenir.

Dans le temps que le sénat défendoit avec tant de constance la cause des usures, l'amour de la pauvreté, de la frugalité, de la médiocrité, étoit extrême chez les Romains : mais telle étoit la constitution, que les principaux citoyens portoient toutes les charges de l'état, et que le bas peuple ne payoit rien. Quel moyen de priver ceux-là du droit de poursuivre leurs débiteurs, et de leur demander d'acquitter leurs charges, et de subvenir aux besoins pressans de la république?

Tacite[1] dit que la loi des douze tables fixa l'intérêt à un pour cent par an. Il est visible qu'il s'est trompé, et qu'il a pris pour la loi des douze tables une autre loi dont je vais parler. Si la loi des douze tables avoit réglé cela, comment, dans les disputes qui s'élevèrent depuis entre les créanciers et les débiteurs, ne se seroit-on pas servi de son autorité ? On ne trouve aucun vestige de cette loi sur le prêt à intérêt; et, pour peu qu'on soit versé dans l'histoire de Rome, on verra qu'une loi pareille ne devoit point être l'ouvrage des décemvirs.

---

[1] Annales, liv. VI, § 16.

La loi Licinienne, faite quatre-vingt-cinq ans [1] après la loi des douze tables, fut une de ces lois passagères dont nous avons parlé. Elle ordonna qu'on retrancheroit du capital ce qui avoit été payé pour les intérêts, et que le reste seroit acquitté en trois paiemens égaux.

L'an 398 de Rome, les tribuns Duellius et Menenius firent passer une loi qui réduisoit les intérêts à un pour cent par an [2]. C'est cette loi que Tacite [3] confond avec la loi des douze tables; et c'est la première qui ait été faite chez les Romains pour fixer le taux de l'intérêt. Dix ans après [4], cette usure fut réduite à la moitié; dans la suite [5], on l'ôta tout-à-fait [6]; et, si nous en croyons quelques auteurs qu'avoit vus Tite-Live, ce fut sous le consulat de C. Martius Rutilius et de Q. Servilius [7], l'an 413 de Rome.

Il en fut de cette loi comme de toutes celles où

---

[1] L'an de Rome 388. Tite-Live, liv. VI, § 40 et suiv.

[2] *Unciaria usura.* Tite-Live, liv. VII, § 16. Voyez la défense de l'Esprit des Lois, article *Usure.*

[3] Annales, liv. VI, § 16 et suiv.

[4] Sous le consulat de L. Manlius Torquatus et de C. Plautius, selon Tite-Live, liv. VII, *i id.;* et c'est la loi dont parle Tacite, Annales, liv. VI, *ibid.*

[5] *Semiunciaria usura.*

[6] Comme le dit Tacite, Annales, liv. VI, *ibid.*

[7] La loi en fut faite à la poursuite de M. Genutius, tribun du peuple. Tite-Live, liv. VII, *ibid.*, § 42.

le législateur a porté les choses à l'excès : on trouva un moyen de l'éluder. Il en fallut faire beaucoup d'autres pour la confirmer, corriger, tempérer. Tantôt on quitta les lois pour suivre les usages [1]; tantôt on quitta les usages pour suivre les lois : mais, dans ce cas, l'usage devoit aisément prévaloir. Quand un homme emprunte, il trouve un obstacle dans la loi même qui est faite en sa faveur : cette loi a contre elle et celui qu'elle secourt et celui qu'elle condamne. Le préteur Sempronius Asellus ayant permis aux débiteurs d'agir en conséquence des lois [2], fut tué par les créanciers [3], pour avoir voulu rappeler la mémoire d'une rigidité qu'on ne pouvoit plus soutenir.

Je quitte la ville pour jeter un peu les yeux sur les provinces.

J'ai dit ailleurs [4] que les provinces romaines étoient désolées par un gouvernement despotique et dur. Ce n'est pas tout : elles l'étoient encore par des usures affreuses.

Cicéron dit [5] que ceux de Salamine vouloient

---

[1] *Veteri jam more fœnus receptum erat.* Appien, de la guerre civile, liv. I.

[2] *Permisit eos legibus agere.* Appien, de la guerre civile, liv. I; et l'Épitome de Tite-Live, liv. LXIV.

[3] L'an de Rome 663.

[4] Liv. XI, chap. xv.

[5] Lettres à Atticus, liv. V, lettre xxi.

emprunter de l'argent à Rome, et qu'ils ne le pouvoient pas à cause de la loi Gabinienne. Il faut que je cherche ce que c'étoit que cette loi.

Lorsque les prêts à intérêt eurent été défendus à Rome, on imagina toutes sortes de moyens pour éluder la loi [1]; et, comme les alliés [2] et ceux de la nation latine n'étoient point assujettis aux lois civiles des Romains, on se servit d'un Latin, ou d'un allié, qui prêtoit son nom, et paroissoit être le créancier. La loi n'avoit donc fait que soumettre les créanciers à une formalité, et le peuple n'étoit pas soulagé.

Le peuple se plaignit de cette fraude; et Marcus Sempronius, tribun du peuple, par l'autorité du sénat, fit faire un plébiscite [3] qui portoit qu'en fait de prêts, les lois qui défendoient les prêts à usure entre un citoyen romain et un autre citoyen romain, auroient également lieu entre un citoyen et un allié, ou un latin.

Dans ces temps-là, on appeloit alliés les peuples de l'Italie proprement dite, qui s'étendoit jusqu'à l'Arno et le Rubicon, et qui n'étoit point gouvernée en provinces romaines.

Tacite [4] dit qu'on faisoit toujours de nouvelles

[1] Tite-Live.
[2] *Ibid.*
[3] L'an 561 de Rome. Voyez Tite-Live.
[4] Annales, liv. VI, § 16.

fraudes aux lois faites pour arrêter les usures. Quand on ne put plus prêter ni emprunter sous le nom d'un allié, il fut aisé de faire paroître un homme des provinces, qui prêtoit son nom.

Il falloit une nouvelle loi contre cet abus; et Gabinius [1], faisant la loi fameuse qui avoit pour objet d'arrêter la corruption dans les suffrages, dut naturellement penser que le meilleur moyen, pour y parvenir, étoit de décourager les emprunts : ces deux choses étoient naturellement liées ; car les usures augmentoient toujours au temps des élections [2], parce qu'on avoit besoin d'argent pour gagner des voix. On voit bien que la loi Gabinienne avoit étendu le sénatus-consulte Sempronien aux provinciaux, puisque les Salaminiens ne pouvoient emprunter de l'argent à Rome, à cause de cette loi. Brutus, sous des noms empruntés, leur en prêta [3] à quatre pour cent par mois [4], et obtint pour cela deux sénatus-consultes, dans le premier desquels il étoit dit que ce prêt ne seroit pas regardé comme une fraude faite à la loi, et que le gouverneur de Cilicie jugeroit en conformité des

---

[1] L'an 615 de Rome.

[2] Voyez les Lettres de Cicéron à Atticus, liv. IV, lett. xv et xvi.

[3] Cicéron à Atticus, liv. VI, lettre 1.

[4] Pompée, qui avoit prêté au roi Ariobarsane six cents talens, se faisoit payer trente-trois talens attiques tous les trente jours. Cicéron à Atticus, liv. V, lettre xxi, liv. VI, lettre 1.

conventions portées par le billet des Salaminiens [1].

Le prêt à intérêt étant interdit par la loi Gabinienne entre les gens des provinces et les citoyens romains, et ceux-ci ayant pour lors tout l'argent de l'univers entre leurs mains, il fallut les tenter par de grosses usures qui fissent disparoître, aux yeux de l'avarice, le danger de perdre la dette. Et, comme il y avoit à Rome des gens puissans, qui intimidoient les magistrats et faisoient taire les lois, ils furent plus hardis à prêter, et plus hardis à exiger de grosses usures. Cela fit que les provinces furent tour à tour ravagées par tous ceux qui avoient du crédit à Rome; et, comme chaque gouverneur faisoit son édit en entrant dans sa province [2], dans lequel il mettoit à l'usure le taux qu'il lui plaisoit, l'avarice prêtoit la main à la législation, et la législation à l'avarice.

Il faut que les affaires aillent; et un état est perdu, si tout y est dans l'inaction. Il y avoit des occasions où il falloit que les villes, les corps, les sociétés des villes, les particuliers, empruntas-

---

[1] *Ut neque Salaminis, neque cui eis dedisset, fraudi esset* Cicéron à Atticus, liv. VI.

[2] L'édit de Cicéron la fixoit à un pour cent par mois, avec l'usure de l'usure au bout de l'an. Quant aux fermiers de la république, il les engageoit à donner un délai à leurs debiteurs. Si ceux-ci ne payoient pas au temps fixé, il adjugeoit l'usure portée par le billet. Cicéron à Atticus, liv. VI, lettre I.

sent; et on n'avoit que trop besoin d'emprunter, ne fût-ce que pour subvenir aux ravages des armées, aux rapines des magistrats, aux concussions des gens d'affaires, et aux mauvais usages qui s'établissoient tous les jours; car on ne fut jamais ni si riche, ni si pauvre. Le sénat, qui avoit la puissance exécutrice, donnoit par nécessité, souvent par faveur, la permission d'emprunter des citoyens romains, et faisoit là-dessus des sénatus-consultes. Mais ces sénatus-consultes mêmes étoient décrédités par la loi : ces sénatus-consultes [1] pouvoient donner occasion au peuple de demander de nouvelles tables ; ce qui, augmentant le danger de la perte du capital, augmentoit encore l'usure. Je le dirai toujours, c'est la modération qui gouverne les hommes, et non pas les excès.

Celui-là paie moins, dit Ulpien [2], qui paie plus tard. C'est ce principe qui conduisit les législateurs, après la destruction de la république romaine.

---

[1] Voyez ce que dit Lucceius, lettre XXI à Atticus, liv. V. Il y eut même un sénatus-consulte général pour fixer l'usure à un pour cent par mois. Voyez la même lettre.

[2] Leg. 12, ff. *de verbor. signif.*

LIVRE XXIII.

DES LOIS, DANS LE RAPPORT QU'ELLES ONT AVEC LE NOMBRE DES HABITANS.

CHAPITRE I.

Des hommes et des animaux, par rapport à la multiplication de leur espèce.

O Vénus! ô mère de l'Amour!
. . . .
Dès le premier beau jour que ton astre ramène,
Les zéphyrs font sentir leur amoureuse haleine,
La terre orne son sein de brillantes couleurs,
Et l'air est parfumé du doux esprit des fleurs.
On entend les oiseaux, frappés de ta présence,
Par mille sons lascifs celebrer ta puissance :
Pour la belle génisse on voit les fiers taureaux
Ou bondir dans la plaine, ou traverser les eaux.
Enfin les habitans des bois et des montagnes,
Des fleuves et des mers, et des vertes campagnes,
Brûlant, à ton aspect, d'amour et de désir,
S'engagent à peupler par l'attrait du plaisir :
Tant on aime à te suivre, et ce charmant empire
Que donne la beauté sur tout ce qui respire [1].

---

[1] Traduction du commencement de Lucrèce, par Hesnaut.

Les femelles des animaux ont à peu près une fécondité constante. Mais, dans l'espèce humaine, la manière de penser, le caractère, les passions, les fantaisies, les caprices, l'idée de conserver sa beauté, l'embarras de la grossesse, celui d'une famille trop nombreuse, troublent la propagation de mille manières.

CHAPITRE II.

Des mariages.

L'OBLIGATION naturelle qu'a le père de nourrir ses enfans a fait établir le mariage, qui déclare celui qui doit remplir cette obligation. Les peuples [1] dont parle Pomponius Mela [2] ne le fixoient que par la ressemblance.

Chez les peuples bien policés, le père est celui que les lois, par la cérémonie du mariage, ont déclaré devoir être tel [3], parce qu'elles trouvent en lui la personne qu'elles cherchent.

Cette obligation, chez les animaux, est telle que la mère peut ordinairement y suffire. Elle a beau-

---

[1] Les Garamantes.
[2] Liv. I, chap. III.
[3] *Pater est quem nuptiæ demonstrant.*

coup plus d'étendue chez les hommes : leurs enfans ont de la raison ; mais elle ne leur vient que par degrés : il ne suffit pas de les nourrir, il faut encore les conduire : déjà ils pourroient vivre, et ils ne peuvent pas se gouverner.

Les conjonctions illicites contribuent peu à la propagation de l'espèce. Le père, qui a l'obligation naturelle de nourrir et d'élever les enfans, n'y est point fixé, et la mère, à qui l'obligation reste, trouve mille obstacles, par la honte, les remords, la gêne de son sexe, la rigueur des lois : la plupart du temps elle manque de moyens.

Les femmes qui se sont soumises à une prostitution publique ne peuvent avoir la commodité d'élever leurs enfans. Les peines de cette éducation sont même incompatibles avec leur condition : et elles sont si corrompues, qu'elles ne sauroient avoir la confiance de la loi.

Il suit de tout ceci que la continence publique est naturellement jointe à la propagation de l'espèce.

CHAPITRE III.

De la condition des enfans.

C'est la raison qui dicte que, quand il y a un mariage, les enfans suivent la condition du père, et que, quand il n'y en a point, ils ne peuvent concerner que la mère [1].

CHAPITRE IV.

Des familles.

Il est presque reçu partout que la femme passe dans la famille du mari. Le contraire est, sans aucun inconvénient, établi à Formose [2], où le mari va former celle de la femme.

Cette loi, qui fixe la famille dans une suite de personnes du même sexe, contribue beaucoup, indépendamment des premiers motifs, à la propagation de l'espèce humaine. La famille est une sorte de propriété : un homme qui a des enfans

---

[1] C'est pour cela que, chez les nations qui ont des esclaves, l'enfant suit presque toujours la condition de la mère.

[2] Le P. Duhalde, tom. I, page 165.

du sexe qui ne la perpétue pas n'est jamais content qu'il n'en ait de celui qui la perpétue.

Les noms, qui donnent aux hommes l'idée d'une chose qui semble ne devoir pas périr, sont très-propres à inspirer à chaque famille le désir d'étendre sa durée. Il y a des peuples chez lesquels les noms distinguent les familles : il y en a où ils ne distinguent que les personnes ; ce qui n'est pas si bien.

CHAPITRE V.

De divers ordres de femmes légitimes.

Quelquefois les lois et la religion ont établi plusieurs sortes de conjonctions civiles ; et cela est ainsi chez les Mahométans, où il y a divers ordres de femmes, dont les enfans se reconnoissent par la naissance dans la maison, ou par des contrats civils, ou même par l'esclavage de la mère, et la reconnoissance subséquente du père.

Il seroit contre la raison que la loi flétrît dans les enfans ce qu'elle a approuvé dans le père : tous ces enfans y doivent donc succéder, à moins que quelque raison particulière ne s'y oppose, comme au Japon, où il n'y a que les enfans de la femme donnée par l'empereur qui succèdent.

La politique y exige que les biens que l'empereur donne ne soient pas trop partagés, parce qu'ils sont soumis à un service, comme étoient autrefois nos fiefs.

Il y a des pays où une femme légitime jouit dans la maison à peu près des honneurs qu'a dans nos climats une femme unique : là, les enfans des concubines sont censés appartenir à la première femme : cela est ainsi établi à la Chine. Le respect filial [1], la cérémonie, d'un deuil rigoureux, ne sont point dus à la mère naturelle, mais à cette mère que donne la loi.

A l'aide d'une telle fiction [2], il n'y a plus d'enfans bâtards : et, dans les pays où cette fiction n'a pas lieu, on voit bien que la loi qui légitime les enfans des concubines est une loi forcée ; car ce seroit le gros de la nation qui seroit flétri par la loi. Il n'est pas question non plus dans ces pays d'enfans adultérins. Les séparations des femmes, la clôture, les eunuques, les verrous, rendent la chose si difficile, que la loi la juge impossible : d'ailleurs, le même glaive extermineroit la mère et l'enfant.

---

[1] Le P. Duhalde, tom. II, page 124.

[2] On distingue les femmes en grandes et petites, c'est-à-dire en légitimes ou non ; mais il n'y a point une pareille distinction entre les enfans. *C'est la grande doctrine de l'empire*, est-il dit dans un ouvrage chinois sur la morale, traduit par le même Père, p. 140.

CHAPITRE VI.

Des bâtards dans les divers gouvernemens.

On ne connoît donc guère les bâtards dans les pays où la polygamie est permise. On les connoît dans ceux où la loi d'une seule femme est établie. Il a fallu, dans ces pays, flétrir le concubinage; il a donc fallu flétrir les enfans qui en étoient nés.

Dans les républiques, où il est nécessaire que les mœurs soient pures, les bâtards doivent être encore plus odieux que dans les monarchies.

On fit peut-être à Rome des dispositions trop dures contre eux : mais les institutions anciennes mettant tous les citoyens dans la nécessité de se marier; les mariages étant d'ailleurs adoucis par la permission de répudier, ou de faire divorce, il n'y avoit qu'une très-grande corruption de mœurs qui pût porter au concubinage.

Il faut remarquer que la qualité de citoyen étant considérable dans les démocraties, où elle emportoit avec elle la souveraine puissance, il s'y faisoit souvent des lois sur l'état des bâtards, qui avoient moins de rapport à la chose même et à l'honnêteté du mariage qu'à la constitution particulière de la république. Ainsi le peuple a quelquefois reçu pour citoyens les bâtards[1], afin d'augmenter sa puissance contre les grands. Ainsi à Athènes, le peuple retrancha les bâtards du nombre des citoyens, pour avoir une plus grande portion du blé que lui avoit envoyé le roi d'Égypte. Enfin Aristote[2] nous apprend que dans plusieurs villes, lorsqu'il n'y avoit point assez de citoyens, les bâtards succédoient; et que quand il y en avoit assez, ils ne succédoient pas.

CHAPITRE VII.

Du consentement des pères aux mariages.

Le consentement des pères est fondé sur leur puissance, c'est-à-dire sur leur droit de propriété : il est encore fondé sur leur amour, sur leur raison, et sur l'incertitude de celle de leurs enfans, que l'âge tient dans l'état d'ignorance, et les passions dans l'état d'ivresse.

Dans les petites républiques ou institutions singulières dont nous avons parlé, il peut y avoir des lois qui donnent aux magistrats une inspec-

---

[1] Voyez Aristote, Politique, liv. VI, chap. IV.
[2] Ibid., liv. III, chap. III.

tion sur les mariages des enfans des citoyens, que la nature avoit déjà donnée aux pères. L'amour du bien public y peut être tel qu'il égale, ou surpasse tout autre amour. Ainsi Platon vouloit que les magistrats réglassent les mariages : ainsi les magistrats lacédémoniens les dirigeoient-ils.

Mais, dans les institutions ordinaires, c'est aux pères à marier leurs enfans : leur prudence à cet égard sera toujours au-dessus de toute autre prudence. La nature donne aux pères un désir de procurer à leurs enfans des successeurs, qu'ils sentent à peine pour eux-mêmes : dans les divers degrés de progéniture, ils se voient avancer insensiblement vers l'avenir. Mais que seroit-ce si la vexation et l'avarice alloient au point d'usurper l'autorité des pères ? Écoutons Thomas Gage [1] sur la conduite des Espagnols dans les Indes.

« Pour augmenter le nombre des gens qui
« paient le tribut, il faut que tous les Indiens qui
« ont quinze ans se marient ; et même on a réglé
« le temps du mariage des Indiens à quatorze ans
« pour les mâles, et à treize pour les filles. On se
« fonde sur un canon qui dit que la malice peut
« suppléer à l'âge. » Il vit faire un de ces dénombremens : c'étoit, dit-il, une chose honteuse. Ainsi, dans l'action du monde qui doit être la plus libre, les Indiens sont encore esclaves.

[1] Relation de Thomas Gage, page 171.

CHAPITRE VIII.

Continuation du même sujet.

En Angleterre, les filles abusent souvent de la loi pour se marier à leur fantaisie, sans consulter leurs parens. Je ne sais pas si cet usage n'y pourroit pas être plus toléré qu'ailleurs, par la raison que les lois n'y ayant point établi un célibat monastique, les filles n'y ont d'état à prendre que celui du mariage, et ne peuvent s'y refuser. En France, au contraire, où le monachisme est établi, les filles ont toujours la ressource du célibat; et la loi qui leur ordonne d'attendre le consentement des pères, y pourroit être plus convenable. Dans cette idée, l'usage d'Italie et d'Espagne seroit le moins raisonnable : le monachisme y est établi, et l'on peut s'y marier sans le consentement des pères.

CHAPITRE IX.

Des filles.

Les filles, que l'on ne conduit que par le mariage aux plaisirs et à la liberté; qui ont un esprit qui n'ose penser, un cœur qui n'ose sentir, des yeux qui n'osent voir, des oreilles qui n'osent entendre; qui ne se présentent que pour se montrer stupides; condamnées sans relâche à des bagatelles et à des préceptes, sont assez portées au mariage : ce sont les garçons qu'il faut encourager.

CHAPITRE X.

Ce qui détermine au mariage.

Partout où il se trouve une place où deux personnes peuvent vivre commodément, il se fait un mariage. La nature y porte assez lorsqu'elle n'est point arrêtée par la difficulté de la subsistance.

Les peuples naissans se multiplient et croissent beaucoup. Ce seroit chez eux une grande incommodité de vivre dans le célibat : ce n'en est point une d'avoir beaucoup d'enfans. Le contraire arrive lorsque la nation est formée.

CHAPITRE XI.

De la dureté du gouvernement.

Les gens qui n'ont absolument rien, comme les mendians, ont beaucoup d'enfans. C'est qu'ils sont dans le cas des peuples naissans : il n'en coûte rien au père pour donner son art à ses enfans, qui même sont, en naissant, des instrumens de cet art. Ces gens, dans un pays riche ou superstitieux, se multiplient, parce qu'ils n'ont pas les charges de la société, mais sont eux-mêmes les charges de la société. Mais les gens qui ne sont pauvres que parce qu'ils vivent dans un gouvernement dur, qui regardent leur champ moins comme le fondement de leur subsistance que comme un prétexte à la vexation ; ces gens-là, dis-je, font peu d'enfans. Ils n'ont pas même leur nourriture ; comment pourroient-ils songer à la partager? Ils ne peuvent se soigner dans leurs maladies ; comment pourroient-ils élever des créatures qui sont dans une maladie continuelle, qui est l'enfance ?

C'est la facilité de parler, et l'impuissance d'examiner qui ont fait dire que plus les sujets étoient pauvres, plus les familles étoient nombreuses ; que plus on étoit chargé d'impôts, plus on se mettoit en état de les payer : deux sophismes qui ont toujours perdu, et qui perdront à jamais les monarchies.

La dureté du gouvernement peut aller jusqu'à détruire les sentimens naturels par les sentimens naturels mêmes. Les femmes de l'Amérique ne se faisoient-elles pas avorter pour que leurs enfans n'eussent pas des maîtres aussi cruels [1] ?

CHAPITRE XII.

Du nombre des filles et des garçons dans différens pays.

J'AI déjà dit [2] qu'en Europe il naît un peu plus de garçons que de filles. On a remarqué qu'au Japon [3] il naissoit un peu plus de filles que de garçons. Toutes choses égales, il y aura plus de femmes fécondes au Japon qu'en Europe, et par conséquent plus de peuple.

Des relations [4] disent qu'à Bantam il y a dix

[1] Relation de Thomas Gage, page 58.
[2] Au liv. XVI, chap. IV.
[3] Voyez Kempfer, qui rapporte un dénombrement de Méaco.
[4] Recueil des Voyages qui ont servi à l'établissement de la compagnie des Indes, tome I, page 347.

filles pour un garçon : une disproportion pareille, qui feroit que le nombre des familles y seroit au nombre de celles des autres climats comme un est à cinq et demi, seroit excessive. Les familles y pourroient être plus grandes à la vérité; mais il y a peu de gens assez aisés pour pouvoir entretenir une si grande famille.

CHAPITRE XIII.

Des ports de mer.

Dans les ports de mer, où les hommes s'exposent à mille dangers, et vont mourir ou vivre dans des climats reculés, il y a moins d'hommes que de femmes; cependant on y voit plus d'enfans qu'ailleurs : cela vient de la facilité de la subsistance. Peut-être même que les parties huileuses du poisson sont plus propres à fournir cette matière qui sert à la génération. Ce seroit une des causes de ce nombre infini de peuple qui est au Japon [1] et à la Chine [2], où l'on ne vit presque que de poisson [3]. Si cela étoit, de certaines règles monasti-

---

[1] Le Japon est composé d'îles; il y a beaucoup de rivages, et la mer y est très-poissonneuse.

[2] La Chine est pleine de ruisseaux.

[3] Voyez le P. Duhalde, tome II, page 139, 142, et suiv.

qués, qui obligent de vivre de poisson, seroient contraires à l'esprit du législateur même.

CHAPITRE XIV.

Des productions de la terre qui demandent plus ou moins d'hommes.

Les pays de pâturages sont peu peuplés, parce que peu de gens y trouvent de l'occupation; les terres à blé occupent plus d'hommes, et les vignobles infiniment davantage.

En Angleterre, on s'est souvent plaint que l'augmentation des pâturages diminuoit les habitans [1]; et on observe en France que la grande quantité de vignobles y est une des grandes causes de la multitude des hommes.

Les pays où des mines de charbon fournissent des matières propres à brûler ont cet avantage sur les autres, qu'il n'y faut point de forêts, et que toutes les terres peuvent être cultivées.

[1] La plupart des propriétaires des fonds de terre, dit Burnet, trouvant plus de profit en la vente de leur laine que de leur blé, enfermèrent leurs possessions. Les communes, qui mouroient de faim, se soulevèrent: on proposa une loi agraire; le jeune roi écrivit même là-dessus: on fit des proclamations contre ceux qui avoient renfermé leurs terres. Abrégé de l'histoire de la réforme, pages 44 et 83.

Dans les lieux où croît le riz, il faut de grands travaux pour ménager les eaux : beaucoup de gens y peuvent donc être occupés. Il y a plus; il y faut moins de terres pour fournir à la subsistance d'une famille que dans ceux qui produisent d'autres grains : enfin la terre, qui est employée ailleurs à la nourriture des animaux, y sert immédiatement à la subsistance des hommes; le travail que font ailleurs les animaux est fait là par les hommes; et la culture des terres devient pour les hommes une immense manufacture.

CHAPITRE XV.

Du nombre des habitans, par rapport aux arts.

Lorsqu'il y a une loi agraire, et que les terres sont également partagées, le pays peut être très-peuplé, quoiqu'il y ait peu d'arts, parce que chaque citoyen trouve dans le travail de sa terre précisément de quoi se nourrir ; et que tous les citoyens ensemble consomment tous les fruits du pays. Cela étoit ainsi dans quelques anciennes républiques.

Mais dans nos états d'aujourd'hui les fonds de terre sont inégalement distribués; ils produisent plus de fruits que ceux qui les cultivent n'en peuvent consommer; et, si l'on y néglige les arts, et qu'on ne s'attache qu'à l'agriculture, le pays ne peut être peuplé. Ceux qui cultivent ou font cultiver ayant des fruits de reste, rien ne les engage à travailler l'année d'ensuite : les fruits ne seroient point consommés par les gens oisifs, car les gens oisifs n'auroient pas de quoi les acheter. Il faut donc que les arts s'établissent pour que les fruits soient consommés par les laboureurs et les artisans. En un mot, ces états ont besoin que beaucoup de gens cultivent au delà de ce qui leur est nécessaire : pour cela il faut leur donner envie d'avoir le superflu ; mais il n'y a que les artisans qui le donnent.

Ces machines dont l'objet est d'abréger l'art ne sont pas toujours utiles. Si un ouvrage est à un prix médiocre, et qui convienne également à celui qui l'achète, et à l'ouvrier qui l'a fait, les machines qui en simplifieroient la manufacture, c'est-à-dire qui diminueroient le nombre des ouvriers, seroient pernicieuses : et si les moulins à eau n'étoient pas partout établis, je ne les croirois pas aussi utiles qu'on le dit, parce qu'ils ont fait reposer une infinité de bras, qu'ils ont privé bien des gens de l'usage des eaux, et ont fait perdre la fécondité à beaucoup de terres.

CHAPITRE XVI.

Des vues du législateur sur la propagation de l'espèce.

Les règlemens sur le nombre des citoyens dépendent beaucoup des circonstances. Il y a des pays où la nature a tout fait; le législateur n'y a donc rien à faire. A quoi bon engager, par des lois, à la propagation lorsque la fécondité du climat donne assez de peuple? Quelquefois le climat est plus favorable que le terrain; le peuple s'y multiplie, et les famines le détruisent : c'est le cas où se trouve la Chine; aussi un père y vend-il ses filles, et expose ses enfans. Les mêmes causes opèrent au Tonquin les mêmes effets [1]; et il ne faut pas, comme les voyageurs arabes dont Renaudot nous a donné la relation [2], aller chercher l'opinion de la métempsycose pour cela.

Les mêmes raisons font que dans l'île Formose [3] la religion ne permet pas aux femmes de mettre des enfans au monde qu'elles n'aient trente-cinq

---

[1] Voyage de Dampier, tome III, page 41.
[2] Page 167.
[3] Voyez le Recueil des Voyages qui ont servi à l'établissement de la compagnie des Indes, tome V, part. I, pages 182 et 188.

ans : avant cet âge, la prêtresse leur foule le ventre, et les fait avorter.

CHAPITRE XVII.

De la Grèce et du nombre de ses habitans.

Cet effet, qui tient à des causes physiques dans de certains pays d'Orient, la nature du gouvernement le produisit dans la Grèce. Les Grecs étoient une grande nation, composée de villes qui avoient chacune leur gouvernement et leurs lois. Elles n'étoient pas plus conquérantes que celles de Suisse, de Hollande et d'Allemagne ne le sont aujourd'hui. Dans chaque république, le législateur avoit eu pour objet le bonheur des citoyens au dedans, et une puissance au dehors qui ne fût pas inférieure à celle des villes voisines [1]. Avec un petit territoire et une grande félicité, il étoit facile que le nombre des citoyens augmentât et leur devînt à charge : aussi firent-ils sans cesse des colonies [2] ; ils se vendirent pour la guerre, comme les Suisses font aujourd'hui : rien ne fut négligé de ce qui pouvoit empêcher la trop grande multiplication des enfans.

[1] Par la valeur, la discipline, et les exercices militaires.
[2] Les Gaulois, qui étoient dans le même cas, firent de même.

Il y avoit chez eux des républiques dont la constitution étoit singulière. Des peuples soumis étoient obligés de fournir la subsistance aux citoyens : les Lacédémoniens étoient nourris par les Ilotes; les Crétois, par les Périéciens; les Thessaliens, par les Pénestes. Il ne devoit y avoir qu'un certain nombre d'hommes libres, pour que les esclaves fussent en état de leur fournir la subsistance. Nous disons aujourd'hui qu'il faut borner le nombre des troupes réglées. Or Lacédémone étoit une armée entretenue par des paysans; il falloit donc borner cette armée : sans cela les hommes libres, qui avoient tous les avantages de la société, se seroient multipliés sans nombre, et les laboureurs auroient été accablés.

Les politiques grecs s'attachèrent donc particulièrement à régler le nombre des citoyens. Platon [1] le fixe à cinq mille quarante; et il veut que l'on arrête ou que l'on encourage la propagation, selon le besoin, par les honneurs, par la honte, et par les avertissemens des vieillards; il veut même que l'on règle le nombre des mariages [2] de manière que le peuple se répare sans que la république soit surchargée.

« Si la loi du pays, dit Aristote [3], défend d'ex-

[1] Dans les Lois, liv. V.
[2] République, liv. V.
[3] Politique, liv. VII, chap. XVI.

« poser les enfans; il faudra borner le nombre de
« ceux que chacun doit engendrer. » Si l'on a des
enfans au delà du nombre défini par la loi, il conseille [1] de faire avorter la femme avant que le
fœtus ait vie.

Le moyen infâme qu'employoient les Crétois
pour prévenir le trop grand nombre d'enfans est
rapporté par Aristote; et j'ai senti la pudeur effrayée quand j'ai voulu le rapporter.

Il y a des lieux, dit encore Aristote [2], où la loi
fait citoyens les étrangers, ou les bâtards, ou ceux
qui sont seulement nés d'une mère citoyenne :
mais, dès qu'ils ont assez de peuple, ils ne le font
plus. Les sauvages du Canada font brûler leurs
prisonniers; mais, lorsqu'ils ont des cabanes vides
à leur donner, ils les reconnoissent de leur nation.

Le chevalier Petty a supposé, dans ses calculs,
qu'un homme en Angleterre vaut ce qu'on le vendroit à Alger [3]. Cela ne peut être bon que pour
l'Angleterre : il y a des pays où un homme ne
vaut rien; il y en a où il vaut moins que rien.

[1] Politique, liv. VII, chap. xvi.
[2] *Ibid.*, liv. III, chap. iii.
[3] Soixante livres sterling.

CHAPITRE XVIII.

De l'état des peuples avant les Romains.

L'Italie, la Sicile, l'Asie mineure, l'Espagne, la Gaule, la Germanie, étoient à peu près comme la Grèce, pleines de petits peuples, et regorgeoient d'habitans : l'on n'y avoit pas besoin de lois pour en augmenter le nombre.

CHAPITRE XIX.

Dépopulation de l'univers.

Toutes ces petites républiques furent englouties dans une grande, et l'on vit insensiblement l'univers se dépeupler : il n'y a qu'à voir ce qu'étoient l'Italie et la Grèce avant et après les victoires des Romains.

« On me demandera, dit Tite-Live [1], où les
« Volsques ont pu trouver assez de soldats pour
« faire la guerre, après avoir été si souvent vain-
« cus. Il falloit qu'il y eût un peuple infini dans

---

[1] Liv. VI, chap. XII.

« ces contrées, qui ne seroient aujourd'hui qu'un
« désert, sans quelques soldats et quelques esclaves
« romains. »

« Les oracles ont cessé, dit Plutarque [1], parce
« que les lieux où ils parloient sont détruits ; à peine
« trouveroit-on aujourd'hui dans la Grèce trois
« mille hommes de guerre. »

« Je ne décrirai point, dit Strabon [2], l'Épire et
« les lieux circonvoisins, parce que ces pays sont
« entièrement déserts. Cette dépopulation, qui a
« commencé depuis long-temps, continue tous les
« jours ; de sorte que les soldats romains ont leur
« camp dans les maisons abandonnées. » Il trouve
la cause de ceci dans Polybe, qui dit que Paul
Émile, après sa victoire, détruisit soixante-dix
villes de l'Épire, et en emmena cent cinquante
mille esclaves.

[1] OEuvres morales : Des oracles qui ont cessé.
[2] Liv. VII, page 496.

CHAPITRE XX.

Que les Romains furent dans la nécessité de faire des lois pour la propagation de l'espèce.

Les Romains, en détruisant tous les peuples, se détruisoient eux-mêmes. Sans cesse dans l'action, l'effort et la violence, ils s'usoient, comme une arme dont on se sert toujours.

Je ne parlerai point ici de l'attention qu'ils eurent à se donner des citoyens à mesure qu'ils en perdoient [1], des associations qu'ils firent, des droits de cité qu'ils donnèrent, et de cette pépinière immense de citoyens qu'ils trouvèrent dans leurs esclaves. Je dirai ce qu'ils firent, non pas pour réparer la perte des citoyens, mais celle des hommes ; et, comme ce fut le peuple du monde qui sut le mieux accorder ses lois avec ses projets, il n'est point indifférent d'examiner ce qu'il fit à cet égard.

[1] J'ai traité ceci dans les considérations sur les causes de la grandeur des Romains, etc.

CHAPITRE XXI.

Des lois des Romains sur la propagation de l'espèce.

Les anciennes lois de Rome cherchèrent beaucoup à déterminer les citoyens au mariage. Le sénat et le peuple firent souvent des règlemens là-dessus, comme le dit Auguste dans sa harangue rapportée par Dion [1].

Denys d'Halicarnasse [2] ne peut croire qu'après la mort des trois cent cinq Fabiens exterminés par les Véiens, il ne fût resté de cette race qu'un seul enfant, parce que la loi ancienne qui ordonnoit à chaque citoyen de se marier et d'élever tous ses enfans, étoit encore dans sa vigueur [3].

Indépendamment des lois, les censeurs eurent l'œil sur les mariages; et selon les besoins de la république, ils y engagèrent et par la honte [4] et par les peines.

Les mœurs, qui commencèrent à se corrompre,

---

[1] Liv. LV.

[2] Liv. II.

[3] L'an de Rome 277.

[4] Voyez, sur ce qu'ils firent à cet égard, Tite-Live, liv. XLV; l'Épitome de Tite-Live, liv. LIX; Aulu-Gelle, liv. I, chap. vi; Valère Maxime, liv. II, chap. ix.

contribuèrent beaucoup à dégoûter les citoyens du mariage, qui n'a que des peines pour ceux qui n'ont plus de sens pour les plaisirs de l'innocence. C'est l'esprit de cette harangue [1] que Métellus Numidicus fit au peuple dans sa censure. « S'il étoit « possible de n'avoir point de femmes, nous nous « délivrerions de ce mal; mais comme la nature a « établi que l'on ne peut guère vivre heureux avec « elles, ni subsister sans elles, il faut avoir plus « d'égards à notre conservation qu'à des satisfac- « tions passagères. »

La corruption des mœurs détruisit la censure, établie elle-même pour détruire la corruption des mœurs : mais lorsque cette corruption devient générale, la censure n'a plus de force [2].

Les discordes civiles, les triumvirats, les proscriptions, affoiblirent plus Rome qu'aucune guerre qu'elle eût encore faite : il restoit peu de citoyens [3], et la plupart n'étoient pas mariés. Pour remédier à ce dernier mal, César et Auguste rétablirent la censure, et voulurent même être censeurs [4]. Ils firent divers règlemens : César donna des récom-

---

[1] Elle est dans Aulu-Gelle, liv. I, chap. vi.

[2] Voyez ce que j'ai dit au liv. V, chap. xix.

[3] César, après la guerre civile, ayant fait faire le cens, il ne s'y trouva que cent cinquante mille chefs de famille. (Épitome de Florus sur Tite-Live, deuxième décade.)

[4] Voyez Dion, liv. XLIII; et Xiphil., *in Augusto*.

penses à ceux qui avoient beaucoup d'enfans [1]; il défendit aux femmes qui avoient moins de quarante-cinq ans, et qui n'avoient ni maris ni enfans, de porter des pierreries, et de se servir de litières [2]; méthode excellente d'attaquer le célibat par la vanité. Les lois d'Auguste furent plus pressantes [3] : il imposa [4] des peines nouvelles à ceux qui n'étoient point mariés, et augmenta les récompenses de ceux qui l'étoient, et de ceux qui avoient des enfans. Tacite appelle ces lois *Juliennes* [5]. Il y a apparence qu'on y avoit fondu les anciens règlemens faits par le sénat, le peuple et les censeurs.

La loi d'Auguste trouva mille obstacles; et, trente-quatre ans [6] après qu'elle eut été faite, les chevaliers romains lui en demandèrent la révocation. Il fit mettre d'un côté ceux qui étoient mariés, et de l'autre ceux qui ne l'étoient pas : ces derniers parurent en plus grand nombre; ce qui étonna les citoyens, et les confondit. Auguste,

[1] Dion, liv. XLIII; Suétone, liv. Ier, Vie de César; Appien, liv. II, De la Guerre civile.
[2] Eusèbe dans sa Chronique.
[3] Dion, liv. LIV.
[4] L'an 736 de Rome.
[5] *Julias rogationes.* Annales, liv. III, § 25.
[6] L'an 762 de Rome. Dion, liv. LVI.

avec la gravité des anciens censeurs, leur parla ainsi [1] :

« Pendant que les maladies et les guerres nous enlèvent tant de citoyens, que deviendra la ville, si on ne contracte plus de mariages? La cité ne consiste point dans les maisons, les portiques et les places publiques : ce sont les hommes qui font la cité. Vous ne verrez point, comme dans les fables, sortir des hommes de dessous la terre pour prendre soin de vos affaires. Ce n'est point pour vivre seuls que vous restez dans le célibat : chacun de vous a des compagnes de sa table et de son lit, et vous ne cherchez que la paix dans vos déréglemens. Citerez-vous ici l'exemple des vierges vestales ? Donc, si vous ne gardiez pas les lois de la pudicité, il faudroit vous punir comme elles. Vous êtes également mauvais citoyens, soit que tout le monde imite votre exemple, soit que personne ne le suive. Mon unique objet est la perpétuité de la république. J'ai augmenté les peines de ceux qui n'ont point obéi; et, à l'égard des récompenses, elles sont telles que je ne sache pas que la vertu en ait encore eu de plus grandes : il y en a de moindres qui portent mille gens à exposer leur vie; et

---

[1] J'ai abrégé cette harangue, qui est d'une longueur accablante : elle est rapportée dans Dion, liv. LVI.

« celles-ci ne vous engageroient pas à prendre une
« femme, et à nourrir des enfans ! »

Il donna la loi qu'on nomma de son nom *Julia*,
et *Pappia Poppæa*, du nom des consuls [1] d'une
partie de cette année-là. La grandeur du mal paroissoit dans leur élection même : Dion [2] nous dit
qu'ils n'étoient point mariés, et qu'ils n'avoient
point d'enfans.

Cette loi d'Auguste fut proprement un code de
lois et un corps systématique de tous les règlemens
qu'on pouvoit faire sur ce sujet. On y refondit les
lois Juliennes [3], et on leur donna plus de force :
elles ont tant de vues, elles influent sur tant de
choses, qu'elles forment la plus belle partie des
lois civiles des Romains.

On en trouve les morceaux dispersés dans les
précieux fragmens d'Ulpien [4], dans les lois du digeste, tirées des auteurs qui ont écrit sur les lois
Pappiennes; dans les historiens et les autres auteurs qui les ont citées; dans le code Théodosien,
qui les a abrogées; dans les Pères, qui les ont censurées, sans doute avec un zèle louable pour les

[1] Marcus Pappius Mutilus, et Q. Poppœus Sabinus. Dion, liv. LVI.

[2] Dion, liv. LVI.

[3] Le titre 14 des Fragmens d'Ulpien distingue fort bien la loi Julienne de la Pappienne.

[4] Jacques Godefroi en a fait une compilation.

choses de l'autre vie, mais avec très-peu de connoissance des affaires de celle-ci.

Ces lois avoient plusieurs chefs, et l'on en connoît trente-cinq [1]. Mais allant à mon sujet le plus directement qu'il me sera possible, je commencerai par le chef qu'Aulu-Gelle [2] nous dit être le septième, et qui regarde les honneurs et les récompenses accordés par cette loi.

Les Romains, sortis pour la plupart des villes latines qui étoient des colonies lacédémoniennes [3], et qui avoient même tiré de ces villes une partie de leurs lois [4], eurent, comme les Lacédémoniens, pour la vieillesse, ce respect qui donne tous les honneurs et toutes les préséances. Lorsque la république manqua de citoyens, on accorda au mariage et au nombre des enfans les prérogatives que l'on avoit données à l'âge [5] : on en attacha quelques-unes au mariage seul, indépendamment des enfans qui en pourroient naître : cela s'appeloit le droit des maris. On en donna d'autres à ceux qui avoient des enfans; de plus grandes à

---

[1] Le trente-cinquième est cité dans la loi xix, ff. *de ritu nuptiarum*.

[2] Liv II, chap. xv.

[3] Denys d'Halicarnasse, liv. VII.

[4] Les députés de Rome, qui furent envoyés pour chercher des lois grecques, allèrent à Athènes et dans les villes d'Italie.

[5] Aulu-Gelle, liv. II, chap. xv.

ceux qui avoient trois enfans. Il ne faut pas confondre ces trois choses : il y avoit de ces priviléges dont les gens mariés jouissoient toujours ; comme, par exemple, une place particulière au théâtre,[1] il y en avoit dont ils ne jouissoient que lorsque des gens qui avoient des enfans, ou qui en avoient plus qu'eux, ne les leur ôtoient pas.

Ces priviléges étoient très-étendus : les gens mariés qui avoient le plus grand nombre d'enfans étoient toujours préférés, soit dans la poursuite des honneurs, soit dans l'exercice de ces honneurs mêmes[2]. Le consul qui avoit le plus d'enfans prenoit le premier les faisceaux[3], il avoit le choix des provinces[4] ; le sénateur qui avoit le plus d'enfans étoit écrit le premier dans le catalogue des sénateurs : il disoit au sénat son avis le premier[5]. On pouvoit parvenir avant l'âge aux magistratures, parce que chaque enfant donnoit dispense d'un an[6]. Si l'on avoit trois enfans à Rome, on étoit exempt de toutes charges personnelles[7]. Les fem-

---

[1] Suétone, *in Augusto*, liv. II, chap. XLIV.

[2] Tacite, Ann., liv. II, § 51. *Ut numerus liberorum in candidatis præpolleret, quod lex jubebat.*

[3] Aulu-Gelle, liv. II, chap. XV.

[4] Tacite, Ann., liv. XV, § 19.

[5] Voyez la loi VI, § 5, *de decur.*

[6] Voyez la loi II, ff. *de minorib.*

[7] Loi I, § 3 ; et II, § 1, ff. *de vacatione, et excusat. muner.*

mes ingénues qui avoient trois enfans, et les affranchies qui en avoient quatre, sortoient [1] de cette perpétuelle tutelle où les retenoient [2] les anciennes lois de Rome.

Que s'il y avoit des récompenses, il y avoit aussi des peines [3]. Ceux qui n'étoient point mariés ne pouvoient rien recevoir par le testament des étrangers [4], et ceux qui, étant mariés, n'avoient point d'enfans, n'en recevoient que la moitié [5]. Les Romains, dit Plutarque [6], se marioient pour être héritiers, et non pour avoir des héritiers.

Les avantages qu'un mari et une femme pouvoient se faire par testament étoient limités par la loi. Ils pouvoient se donner le tout [7], s'ils avoient des enfans l'un de l'autre; s'ils n'en avoient point, ils pouvoient recevoir la dixième partie de la succession, à cause du mariage; et s'ils avoient des

---

[1] Fragmens d'Ulpien, titre 29, § 3.

[2] Plutarque, Vie de Numa.

[3] Voyez les Fragmens d'Ulpien, aux titres 14, 15, 16, 17, et 18, qui sont un des beaux morceaux de l'ancienne jurisprudence romaine.

[4] Sozom., liv. I, chap. IX. On recevoit de ses parens. Fragmens d'Ulpien, tit. 16, § 1.

[5] Sozom, liv. I, chap. IX, et leg. unic. cod. Theod. *de infirm. pœnis cœlib. et orbitat.*

[6] OEuvres morales, De l'amour des pères envers leurs enfans.

[7] Voyez un plus long détail de ceci dans les Fragmens d'Ulpien, titre 15 et 16.

enfans d'un autre mariage, ils pouvoient se donner autant de dixièmes qu'ils avoient d'enfans.

Si un mari s'absentoit d'auprès de sa femme [1] pour autre cause que pour les affaires de la république, il ne pouvoit en être l'héritier.

La loi donnoit à un mari ou à une femme qui survivoit deux ans pour se remarier [2], et un an et demi dans le cas du divorce. Les pères qui ne vouloient pas marier leurs enfans ou donner de dot à leurs filles, y étoient contraints par les magistrats [3].

On ne pouvoit faire de fiançailles lorsque le mariage devoit être différé de plus de deux ans [4]; et comme on ne pouvoit épouser une fille qu'à douze ans, on ne pouvoit la fiancer qu'à dix. La loi ne vouloit pas que l'on pût jouir inutilement [5] et

[1] Fragmens d'Ulpien, tit. 16, § 1.

[2] Fragmens d'Ulpien, titre 14. Il paroit que les premières lois Juliennes donnèrent trois ans. (Harangue d'Auguste dans Dion, livre LIV; Suétone, Vie d'Auguste, liv. II, chap. xxxiv.) D'autres lois Juliennes n'accordèrent qu'un an; enfin la loi Pappienne en donna deux. Fragmens d'Ulpien, tit. 14. Ces lois n'étoient point agréables au peuple; et Auguste les tempéroit ou les roidissoit, selon qu'on étoit plus ou moins disposé à les souffrir.

[3] C'étoit le trente-cinquième chef de la loi Pappienne, leg. 19, ff. de ritu nuptiarum.

[4] Voyez Dion, liv. LIV, anno 736; Suétone, Vie d'Auguste, liv. II, chap. xxxiv.

[5] Voyez Dion, liv. LIV; et dans le même Dion, la harangue d'Auguste, ibid.

sous prétexte de fiançailles des priviléges des gens mariés.

Il étoit défendu à un homme qui avoit soixante ans d'épouser une femme qui en avoit cinquante [1]. Comme on avoit donné de grands priviléges aux gens mariés, la loi ne vouloit point qu'il y eût des mariages inutiles. Par la même raison, le sénatus-consulte Calvisien déclaroit inégal le mariage d'une femme qui avoit plus de cinquante ans avec un homme qui en avoit moins de soixante [2]; de sorte qu'une femme qui avoit cinquante ans ne pouvoit se marier sans encourir les peines de ces lois. Tibère ajouta à la rigueur de la loi Pappienne [3], et défendit à un homme de soixante ans d'épouser une femme qui en avoit moins de cinquante ; de sorte qu'un homme de soixante ans ne pouvoit se marier, dans aucun cas, sans encourir la peine : mais Claude abrogea ce qui avoit été fait sous Tibère à cet égard [4].

Toutes ces dispositions étoient plus conformes au climat d'Italie qu'à celui du nord, où un homme de soixante ans a encore de la force, et où les

---

[1] Fragmens d'Ulpien, titre 16; et la loi XXVII, cod. *de nuptiis*.

[2] Fragmens d'Ulpien, titre 16, § 3.

[3] Voyez Suétone, Vie de Claude, liv. V, chap. XXIII.

[4] Voyez Suétone, Vie de Claude, liv. V, chap. XXIII et les Fragmens d'Ulpien, titre 16, § 3.

femmes de cinquante ans ne sont pas généralement stériles.

Pour que l'on ne fût pas inutilement borné dans le choix qu'on pouvoit faire, Auguste permit à tous les ingénus qui n'étoient pas sénateurs [1] d'épouser des affranchies [2]. La loi Pappienne interdisoit aux sénateurs le mariage avec les femmes qui avoient été affranchies, ou qui s'étoient produites sur le théâtre [3]; et, du temps d'Ulpien, il étoit défendu aux ingénus d'épouser des femmes qui avoient mené une mauvaise vie, qui étoient montées sur le théâtre, ou qui avoient été condamnées par un jugement public [4]. Il falloit que ce fût quelque sénatus-consulte qui eût établi cela. Du temps de la république, on n'avoit guère fait de ces sortes de lois, parce que les censeurs corrigeoient à cet égard les désordres qui naissoient, ou les empêchoient de naître.

Constantin ayant fait une loi [5] par laquelle il comprenoit dans la défense de la loi Pappienne non-seulement les sénateurs, mais encore ceux qui avoient un rang considérable dans l'état, sans

[1] Dion, liv. LIV; Fragmens d'Ulpien, titre 13.
[2] Harangue d'Auguste, dans Dion, liv. LVI.
[3] Fragmens d'Ulpien, titre 13; et la loi XLIV, ff. *de ritu nuptiarum*, à la fin.
[4] Voyez les Fragmens d'Ulpien, tit. 13 et 16.
[5] Voyez la loi 1, au cod. *de nat. lib.*

parler de ceux qui étoient d'une condition inférieure; cela forma le droit de ce temps-là : il n'y eut plus que les ingénus compris dans la loi de Constantin à qui de tels mariages fussent défendus. Justinien abrogea encore la loi de Constantin [1], et permit à toutes sortes de personnes de contracter ces mariages : c'est par-là que nous avons acquis une liberté si triste.

Il est clair que les peines portées contre ceux qui se marioient contre la défense de la loi étoient les mêmes que celles portées contre ceux qui ne se marioient point du tout. Ces mariages ne leur donnoient aucun avantage civil [2] : la dot [3] étoit caduque après la mort de la femme [4].

Auguste ayant adjugé au trésor public les successions et les legs de ceux que ces lois en déclaroient incapables [5], ces lois parurent plutôt fiscales que politiques et civiles. Le dégoût que l'on avoit déjà pour une chose qui paroissoit accablante fut augmenté par celui de se voir continuellement en proie à l'avidité du fisc. Cela fit que,

---

[1] Novelle 117.

[2] Loi xxxvii, § 7, ff. *de operib. libertorum*; Fragmens d'Ulpien, tit. 16, § 2.

[3] Fragmens, *ibid*.

[4] Voyez ci-après le chapitre xiii du livre XXVI.

[5] Excepté dans de certains cas. Voyez les Fragmens d'Ulpien, titre 18; et la loi unique, au code *de caduc. tollend*.

sous Tibère, on fut obligé de modifier ces lois [1] ; que Néron diminua les récompenses des délateurs au fisc [2] ; que Trajan arrêta leurs brigandages [3] ; que Sévère modifia ces lois [4] ; et que les jurisconsultes les regardèrent comme odieuses ; et, dans leurs décisions, en abandonnèrent la rigueur.

D'ailleurs les empereurs énervèrent ces lois par les priviléges qu'ils donnèrent des droits de maris, d'enfans, et de trois enfans [5]. Ils firent plus : ils dispensèrent les particuliers des peines de ces lois [6]. Mais des règles établies pour l'utilité publique sembloient ne devoir point admettre de dispense.

Il avoit été raisonnable d'accorder le droit d'enfans aux vestales, que la religion retenoit dans une

---

[1] *Relatum de moderandá Pappiá Poppæá.* Tacite, Annales, liv. III, § 25.

[2] Il les réduisit à la quatrième partie. Suétone, Vie de Néron, liv. VI, chap. x.

[3] Voyez le Panégyrique de Pline.

[4] Sévère recula jusqu'à vingt-cinq ans pour les mâles, et vingt pour les filles, le temps des dispositions de la loi Pappienne, comme on le voit en conférant le fragment d'Ulpien, tit. 16, avec ce que dit Tertullien, Apologét., chap. iv.

[5] P. Scipion, censeur, dans sa harangue au peuple sur les mœurs, se plaint de l'abus qui déjà s'étoit introduit, que le fils adoptif donnoit le même privilége que le fils naturel. Aulu-Gelle, liv. V, chap. xix.

[6] Voyez la loi xxxi, ff. *de ritu nuptiarum.*

virginité nécessaire [1] : on donna de même le privilége des maris aux soldats [2], parce qu'ils ne pouvoient pas se marier. C'étoit la coutume d'exempter les empereurs de la gêne de certaines lois civiles : ainsi Auguste fut exempté de la gêne de la loi qui limitoit la faculté d'affranchir [3], et de celle qui bornoit la faculté de léguer [4]. Tout cela n'étoit que des cas particuliers : mais, dans la suite, les dispenses furent données sans ménagement, et la règle ne fut plus qu'une exception.

Des sectes de philosophie avoient déjà introduit dans l'empire un esprit d'éloignement pour les affaires qui n'auroit pu gagner à ce point dans le temps de la république, où tout le monde étoit occupé des arts de la guerre et de la paix [5]. De là une idée de perfection attachée à tout ce qui mène à une vie spéculative ; de là l'éloignement pour les soins et les embarras d'une famille. La religion chrétienne, venant après la philosophie,

---

[1] Auguste, par la loi Pappienne, leur donna le même privilége qu'aux mères. Voyez Dion, liv. LIV. Numa leur avoit donné l'ancien privilége des femmes qui avoient trois enfans, qui est de n'avoir point de curateur. Plutarque, dans la Vie de Numa.

[2] Claude le leur accorda. Dion, liv. LX.

[3] *Leg. apud eum*, ff. *de manumissionib.*, § 1.

[4] Dion, liv. LV.

[5] Voyez, dans les Offices de Cicéron, ses idées sur cet esprit de spéculation, liv. 1er.

fixa pour ainsi dire des idées que celle-ci n'avoit fait que préparer.

Le christianisme donna son caractère à la jurisprudence ; car l'empire a toujours du rapport avec le sacerdoce. On peut voir le code Théodosien, qui n'est qu'une compilation des ordonnances des empereurs chrétiens.

Un panégyriste de Constantin dit à cet empereur : « Vos lois n'ont été faites que pour corriger « les vices et régler les mœurs : vous avez ôté l'ar- « tifice des anciennes lois, qui sembloient n'avoir « d'autres vues que de tendre des piéges à la sim- « plicité [1]. »

Il est certain que les changemens de Constantin furent faits, ou sur des idées qui se rapportoient à l'établissement du christianisme, ou sur des idées prises de sa perfection. De ce premier objet vinrent ces lois qui donnèrent une telle autorité aux évèques, qu'elles ont été le fondement de la juridiction ecclésiastique : de là ces lois qui affoiblirent l'autorité paternelle, en ôtant au père la propriété des biens de ses enfans [2]. Pour étendre une religion nouvelle, il faut ôter l'extrême dépendance

---

[1] Nazaire, *in panegyrico Constantini*, anno 321.

[2] Voyez la loi i, ii et iii, au code Théod. *de bonis maternis, maternique generis*, etc. ; et la loi unique au même code, *de bonis quæ filiis famil. acquiruntur.*

des enfans, qui tiennent toujours moins à ce qui est établi.

Les lois faites dans l'objet de la perfection chrétienne furent surtout celles par lesquelles il ôta les peines des loi Pappiennes [1], et en exempta, tant ceux qui n'étoient point mariés que ceux qui, étant mariés, n'avoient pas d'enfans.

« Ces lois avoient été établies, dit un historien « ecclésiastique [2], comme si la multiplication de « l'espèce humaine pouvoit être un effet de nos « soins; au lieu de voir que ce nombre croît et « décroît selon l'ordre de la Providence. »

Les principes de la religion ont extrêmement influé sur la propagation de l'espèce humaine : tantôt ils l'ont encouragée, comme chez les Juifs, les Mahométans, les Guèbres, les Chinois; tantôt ils l'ont choquée, comme ils firent chez les Romains devenus chrétiens.

On ne cessa de prêcher partout la continence, c'est-à-dire cette vertu qui est plus parfaite, parce que, par sa nature, elle doit être pratiquée par très-peu de gens.

Constantin n'avoit point ôté les lois décimaires, qui donnoient une plus grande extension aux dons que le mari et la femme pouvoient se faire à pro-

---

[1] Leg. unic. cod. Théod. *de infirm. pœn. cœlib. et orbit.*
[2] Sozomène, liv. I, chap. ix.

portion du nombre de leurs enfans : Théodose le jeune abrogea encore ces lois [1].

Justinien déclara valables tous les mariages que les lois Pappiennes avoient défendus [2]. Ces lois vouloient qu'on se remariât : Justinien accorda des avantages à ceux qui ne se remarieroient pas [3].

Par les lois anciennes, la faculté naturelle que chacun a de se marier et d'avoir des enfans ne pouvoit être ôtée : ainsi, quand on recevoit un legs à condition de ne point se marier [4], lorsqu'un patron faisoit jurer son affranchi qu'il ne se marieroit point, et qu'il n'auroit point d'enfans [5], la loi Pappienne annuloit et cette condition et ce serment [6]. Les clauses, *en gardant viduité*, établies parmi nous, contredisent donc le droit ancien, et descendent des constitutions des empereurs, faites sur les idées de la perfection.

Il n'y a point de loi qui contienne une abrogation expresse des priviléges et des honneurs que les Romains païens avoient accordés aux mariages et au nombre des enfans ; mais, là où le célibat avoit la prééminence, il ne pouvoit plus y avoir

---

[1] Leg. II et III, cod. Théod. *de jur. lib.*

[2] Leg. *Sancimus*, cod. *de nuptiis.*

[3] Novelle 127, chap. III; Novelle 118, chap. V.

[4] Leg. LIV. ff. *de condit. et demonst.*

[5] Leg. V, § 4, *de jure patron.*

[6] Paul, dans ses Sentences, liv. III, tit. 12, § 15.

d'honneur pour le mariage ; et, puisque l'on put obliger les traitans à renoncer à tant de profits par l'abolition des peines, on sent qu'il fut encore plus aisé d'ôter les récompenses.

La même raison de spiritualité qui avoit fait permettre le célibat imposa bientôt la nécessité du célibat même. A Dieu ne plaise que je parle ici contre le célibat qu'a adopté la religion ! mais qui pourroit se taire contre celui qu'a formé le libertinage ; celui où les deux sexes, se corrompant par les sentimens naturels mêmes, fuient une union qui doit les rendre meilleurs pour vivre dans celle qui les rend toujours pires ?

C'est une règle tirée de la nature, que plus on diminue le nombre des mariages qui pourroient se faire, plus on corrompt ceux qui sont faits : moins il y a de gens mariés, moins il y a de fidélité dans les mariages ; comme lorsqu'il y a plus de voleurs, il y a plus de vols.

CHAPITRE XXII.

De l'exposition des enfans.

Les premiers Romains eurent une assez bonne police sur l'exposition des enfans. Romulus, dit Denys d'Halicarnasse, imposa à tous les citoyens la nécessité d'élever tous les enfans mâles, et les aînées des filles [1]. Si les enfans étoient difformes et monstrueux, il permettoit de les exposer, après les avoir montrés à cinq des plus proches voisins.

Romulus ne permit de tuer aucun enfant qui eût moins de trois ans [2] : par-là il concilioit la loi qui donnoit aux pères le droit de vie et de mort sur leurs enfans, et celle qui défendoit de les exposer.

On trouve encore dans Denys d'Halicarnasse, que la loi qui ordonnoit aux citoyens de se marier et d'élever tous leurs enfans étoit en vigueur l'an 277 de Rome [3] : on voit que l'usage avoit restreint la loi de Romulus, qui permettoit d'exposer les filles cadettes.

Nous n'avons de connoissance de ce que la loi des douze tables, donnée l'an de Rome 301, statua sur l'exposition des enfans, que par un passage de Cicéron [4], qui, parlant du tribunat du peuple, dit que d'abord après sa naissance, tel que l'enfant monstrueux de la loi des douze tables, il fut étouffé : les enfans qui n'étoient pas monstrueux étoient donc conservés, et la loi des douze tables ne changea rien aux institutions précédentes.

[1] Antiquités romaines, liv. II.
[2] *Ibid.*
[3] Livre IX.
[4] Livre III, *de legib.*

« Les Germains, dit Tacite [1], n'exposent point
« leurs enfans ; et, chez eux, les bonnes mœurs
« ont plus de force que n'ont ailleurs les bonnes
« lois. » Il y avoit donc, chez les Romains, des
lois contre cet usage; et on ne les suivoit plus.
On ne trouve aucune loi romaine qui permette
d'exposer les enfans [2] : ce fut sans doute un abus
introduit dans les derniers temps, lorsque le luxe
ôta l'aisance, lorsque les richesses partagées furent appelées pauvreté, lorsque le père crut avoir
perdu ce qu'il donna à sa famille, et qu'il distingua cette famille de sa propriété.

CHAPITRE XXIII.

De l'état de l'univers après la destruction des Romains.

Les règlemens que firent les Romains pour
augmenter le nombre de leurs citoyens eurent
leur effet pendant que leur république, dans la
force de son institution, n'eut à réparer que les
pertes qu'elle faisoit par son courage, par son
audace, par sa fermeté, par son amour pour la
gloire, et par sa vertu même. Mais bientôt les lois

[1] *De moribus Germanorum*, chap. xix.

[2] Il n'y a point de titre là-dessus dans le digeste : le titre du code n'en dit rien, non plus que les novelles.

les plus sages ne purent rétablir ce qu'une république mourante, ce qu'une anarchie générale, ce qu'un gouvernement militaire, ce qu'un empire dur, ce qu'un despotisme superbe, ce qu'une monarchie foible, ce qu'une cour stupide, idiote et superstitieuse, avoit successivement abattu : on eût dit qu'ils n'avoient conquis le monde que pour l'affoiblir et le livrer sans défense aux barbares. Les nations gothes, gétiques, sarrasines et tartares, les accablèrent tour à tour; bientôt les peuples barbares n'eurent à détruire que des peuples barbares. Ainsi, dans le temps des fables, après les inondations et les déluges, il sortit de la terre des hommes armés qui s'exterminèrent.

CHAPITRE XXIV.

Changemens arrivés en Europe par rapport au nombre des habitans.

Dans l'état où étoit l'Europe, on n'auroit pas cru qu'elle pût se rétablir, surtout lorsque, sous Charlemagne, elle ne forma plus qu'un vaste empire. Mais, par la nature du gouvernement d'alors, elle se partagea en une infinité de petites souverainetés. Et, comme un seigneur résidoit dans son village ou dans sa ville, qu'il n'étoit grand, riche, puissant; que dis-je? qu'il n'étoit en sûreté que par le nombre de ses habitans, chacun s'attacha avec une attention singulière à faire fleurir son petit pays : ce qui réussit tellement que, malgré les irrégularités du gouvernement, le défaut des connoissances qu'on a acquises depuis sur le commerce, le grand nombre de guerres et de querelles qui s'élevèrent sans cesse, il y eut dans la plupart des contrées d'Europe plus de peuple qu'il n'y en a aujourd'hui.

Je n'ai pas le temps de traiter à fond cette matière; mais je citerai les prodigieuses armées des croisés, composées de gens de toute espèce. M. Puffendorf dit que, sous Charles IX, il y avoit vingt millions d'hommes en France [1].

Ce sont les perpétuelles réunions de plusieurs petits états qui ont produit cette diminution. Autrefois chaque village de France étoit une capitale; il n'y en a aujourd'hui qu'une grande : chaque partie de l'état étoit un centre de puissance; aujourd'hui tout se rapporte à un centre, et ce centre est, pour ainsi dire, l'état même.

[1] Histoire de l'Univers, chap. v, de la France.

CHAPITRE XXV.

Continuation du même sujet.

Il est vrai que l'Europe a, depuis deux siècles, beaucoup augmenté sa navigation : cela lui a procuré des habitans, et lui en a fait perdre. La Hollande envoie tous les ans aux Indes un grand nombre de matelots, dont il ne revient que les deux tiers ; le reste périt ou s'établit aux Indes : même chose doit à peu près arriver à toutes les autres nations qui font ce commerce.

Il ne faut point juger de l'Europe comme d'un état particulier qui y feroit seul une grande navigation. Cet état augmenteroit de peuple, parce que toutes les nations voisines viendroient prendre part à cette navigation ; il y arriveroit des matelots de tous côtés. L'Europe, séparée du reste du monde par la religion [1], par de vastes mers, et par des déserts, ne se répare pas ainsi.

---

[1] Les pays mahometans l'entourent presque partout.

CHAPITRE XXVI.

Conséquences.

De tout ceci il faut conclure que l'Europe est encore aujourd'hui dans le cas d'avoir besoin de lois qui favorisent la propagation de l'espèce humaine : aussi comme les politiques grecs nous parlent toujours de ce grand nombre de citoyens qui travaillent la république, les politiques d'aujourd'hui ne nous parlent que des moyens propres à l'augmenter.

CHAPITRE XXVII.

De la loi faite en France pour encourager la propagation de l'espèce.

Louis XIV ordonna de certaines pensions pour ceux qui auroient dix enfans, et de plus fortes pour ceux qui en auroient douze [1] : mais il n'étoit pas question de récompenser des prodiges. Pour donner un certain esprit général qui portât à la

---

[1] Édit de 1666, en faveur des mariages.

propagation de l'espèce, il falloit établir, comme les Romains, des récompenses générales, ou des peines générales.

CHAPITRE XXVIII.

Comment on peut remédier à la dépopulation.

Lorsqu'un état se trouve dépeuplé par des accidens particuliers, des guerres, des pestes, des famines, il y a des ressources. Les hommes qui restent peuvent conserver l'esprit de travail et d'industrie : ils peuvent chercher à réparer leurs malheurs, et devenir plus industrieux par leur calamité même. Le mal presque incurable est lorsque la dépopulation vient de longue main, par un vice intérieur et un mauvais gouvernement. Les hommes y ont péri par une maladie insensible et habituelle : nés dans la langueur et dans la misère, dans la violence ou les préjugés du gouvernement, ils se sont vu détruire, souvent sans sentir les causes de leur destruction. Les pays désolés par le despotisme ou par les avantages excessifs du clergé sur les laïques en sont deux grands exemples.

Pour rétablir un état ainsi dépeuplé, on attendroit en vain des secours des enfans qui pourroient naître. Il n'est plus temps; les hommes, dans leurs déserts, sont sans courage et sans industrie. Avec des terres pour nourrir un peuple, on a à peine de quoi nourrir une famille. Le bas peuple, dans ces pays, n'a pas même de part à leur misère, c'est-à-dire aux friches dont ils sont remplis. Le clergé, le prince, les villes, les grands, quelques citoyens principaux, sont devenus insensiblement propriétaires de toute la contrée : elle est inculte; mais les familles détruites leur en ont laissé les pâtures, et l'homme de travail n'a rien.

Dans cette situation, il faudroit faire dans toute l'étendue de l'empire ce que les Romains faisoient dans une partie du leur : pratiquer dans la disette des habitans ce qu'ils observoient dans l'abondance, distribuer des terres à toutes les familles qui n'ont rien, leur procurer les moyens de les défricher et de les cultiver. Cette distribution devroit se faire à mesure qu'il y auroit un homme pour la recevoir; de sorte qu'il n'y eût point de moment perdu pour le travail.

CHAPITRE XXIX.

Des hôpitaux.

Un homme n'est pas pauvre parce qu'il n'a rien, mais parce qu'il ne travaille pas. Celui qui n'a aucun bien et qui travaille est aussi à son aise que celui qui a cent écus de revenu sans travailler. Celui qui n'a rien, et qui a un métier, n'est pas plus pauvre que celui qui a dix arpens de terre en propre, et qui doit les travailler pour subsister. L'ouvrier qui a donné à ses enfans son art pour héritage, leur a laissé un bien qui s'est multiplié à proportion de leur nombre. Il n'en est pas de même de celui qui a dix arpens de fonds pour vivre, et qui les partage à ses enfans.

Dans les pays de commerce, où beaucoup de gens n'ont que leur art, l'état est souvent obligé de pourvoir aux besoins des vieillards, des malades et des orphelins. Un état bien policé tire cette subsistance du fonds des arts mêmes; il donne aux uns les travaux dont ils sont capables; il enseigne les autres à travailler, ce qui fait déjà un travail.

Quelques aumônes que l'on fait à un homme nu dans les rues ne remplissent point les obligations de l'état, qui doit à tous les citoyens une subsistance assurée, la nourriture, un vêtement convenable, et un genre de vie qui ne soit point contraire à la santé.

Aureng-Zeb, à qui on demandoit pourquoi il ne bâtissoit point d'hôpitaux, dit[1] : « Je rendrai « mon empire si riche, qu'il n'aura pas besoin « d'hôpitaux. » Il auroit fallu dire : Je commencerai par rendre mon empire riche, et je bâtirai des hôpitaux.

Les richesses d'un état supposent beaucoup d'industrie. Il n'est pas possible que, dans un si grand nombre de branches de commerce, il n'y en ait toujours quelqu'une qui souffre, et dont par conséquent les ouvriers ne soient dans une nécessité momentanée.

C'est pour lors que l'état a besoin d'apporter un prompt secours, soit pour empêcher le peuple de souffrir, soit pour éviter qu'il ne se révolte : c'est dans ce cas qu'il faut des hôpitaux, ou quelque règlement équivalent, qui puisse prévenir cette misère.

Mais quand la nation est pauvre, la pauvreté particulière dérive de la misère générale; et elle est, pour ainsi dire, la misère générale. Tous les hôpitaux du monde ne sauroient guérir cette pauvreté particulière; au contraire, l'esprit de paresse

---

[1] Voyez Chardin, Voyage de Perse, tom. VIII.

qu'ils inspirent augmente la pauvreté générale, et par conséquent la particulière.

Henri VIII, voulant réformer l'église d'Angleterre, détruisit les moines [1], nation paresseuse elle-même, et qui entretenoit la paresse des autres, parce que, pratiquant l'hospitalité, une infinité de gens oisifs, gentilshommes et bourgeois, passoient leur vie à courir de couvent en couvent. Il ôta encore les hôpitaux, où le bas peuple trouvoit sa subsistance, comme les gentilshommes trouvoient la leur dans les monastères. Depuis ce changement, l'esprit de commerce et d'industrie s'établit en Angleterre.

A Rome, les hôpitaux font que tout le monde est à son aise, excepté ceux qui travaillent, excepté ceux qui ont de l'industrie, excepté ceux qui cultivent les arts, excepté ceux qui ont des terres, excepté ceux qui font le commerce.

J'ai dit que les nations riches avoient besoin d'hôpitaux, parce que la fortune y étoit sujette à mille accidens; mais on sent que des secours passagers vaudroient bien mieux que des établissemens perpétuels. Le mal est momentané : il faut donc des secours de même nature, et qui soient applicables à l'accident particulier.

[1] Voyez l'Histoire de la réforme d'Angleterre, par M. Burnet.

FIN DU TROISIÈME VOLUME.

TABLE DES MATIÈRES

CONTENUES DANS CE VOLUME.

LIVRE XII.

Des lois qui forment la liberté politique dans son rapport avec le citoyen.

Chap. I. Idée de ce livre.................... Page	1
Chap. II. De la liberté du citoyen................	2
Chap. III. Continuation du même sujet............	4
Chap. IV. Que la liberté est favorisée par la nature des peines et leur proportion.....................	5
Chap. V. De certaines accusations qui ont particulièrement besoin de modération et de prudence........	9
Chap. VI. Du crime contre nature.....	12
Chap. VII. Du crime de lèse-majesté..............	14
Chap. VIII. De la mauvaise application du nom de crime de sacrilége et de lèse-majesté.............	15
Chap. IX. Continuation du même sujet.....	17
Chap. X. Continuation du même sujet.............	19
Chap. XI. Des pensées......	20
Chap. XII. Des paroles indiscrètes................	ibid.
Chap. XIII. Des écrits......	23
Chap. XIV. Violation de la pudeur dans la punition des crimes.	25
Chap. XV. De l'affranchissement de l'esclave pour accuser le maître................................	26
Chap. XVI. Calomnie dans le crime de lèse-majesté...	27
Chap. XVII. De la révélation des conspirations.......	28

Chap. XVIII. Combien il est dangereux dans les républiques de trop punir le crime de lèse-majesté....... 29
Chap. XIX. Comment on suspend l'usage de la liberté dans la république........................... 32
Chap. XX. Des lois favorables à la liberté du citoyen dans la république........................... 33
Chap. XXI. De la cruauté des lois envers les débiteurs dans la république........................... 34
Chap. XXII. Des choses qui attaquent la liberté dans la monarchie................................ 37
Chap. XXIII. Des espions dans la monarchie........ 38
Chap. XXIV. Des lettres anonymes................ 39
Chap. XXV. De la manière de gouverner dans la monarchie.. 40
Chap. XXVI. Que, dans la monarchie, le prince doit être accessible... 42
Chap. XXVII. Des mœurs du monarque............ *ibid.*
Chap. XXVIII. Des égards que les monarques doivent à leurs sujets..................................... 43
Chap. XXIX. Des lois civiles propres à mettre un peu de liberté dans le gouvernement despotique......... 45
Chap. XXX. Continuation du même sujet........... 46

LIVRE XIII.

Des rapports que la levée des tributs et la grandeur des revenus publics ont avec la liberté.

Chap. I. Des revenus de l'état....... 48
Chap. II. Que c'est mal raisonner de dire que la grandeur des tributs soit bonne par elle-même......... 49
Chap. III. Des tributs dans les pays où une partie du peuple est esclave de la glèbe.................... 51

CHAP. IV. D'une république en cas pareil............ 51
CHAP. V. D'une monarchie en cas pareil............. 52
CHAP. VI. D'un état despotique en cas pareil......... 53
CHAP. VII. Des tributs dans les pays où l'esclavage de la glèbe n'est point établi........................ *ibid.*
CHAP. VIII. Comment on conserve l'illusion.......... 57
CHAP. IX. D'une mauvaise sorte d'impôt............ 58
CHAP. X. Que la grandeur des tributs dépend de la nature du gouvernement........................ 59
CHAP. XI. Des peines fiscales..................... 60
CHAP. XII. Rapport de la grandeur des tributs avec la liberté....................................... 61
CHAP. XIII. Dans quels gouvernemens les tributs sont susceptibles d'augmentation.................... 63
CHAP. XIV. Que la nature des tributs est relative au gouvernement................................. 64
CHAP. XV. Abus de la liberté..... 65
CHAP. XVI. Des conquêtes des Mahométans......... 67
CHAP. XVII. De l'augmentation des troupes.......... 68
CHAP. XVIII. De la remise des tributs.............. 69
CHAP. XIX. Qu'est-ce qui est plus convenable au prince et au peuple, de la ferme ou de la régie des tributs?. 70
CHAP. XX. Des traitans.......................... 73

LIVRE XIV.

Des lois, dans le rapport qu'elles ont avec la nature du climat.

CHAP. I. Idée générale........................... 75
CHAP. II. Combien les hommes sont différens dans les divers climats................................. *ibid.*
CHAP. III. Contradiction dans les caractères de certains peuples du midi............................... 81

Chap. IV. Cause de l'immutabilité de la religion, des mœurs, des manières, des lois, dans les pays d'Orient. 83
Chap. V. Que les mauvais législateurs sont ceux qui ont favorisé les vices du climat, et les bons sont ceux qui s'y sont opposés. 84
Chap. VI. De la culture des terres dans les climats chauds. 85
Chap. VII. Du monachisme. 86
Chap. VIII. Bonne coutume de la Chine. 87
Chap. IX. Moyens d'encourager l'industrie. 88
Chap. X. Des lois qui ont rapport à la sobriété des peuples. *ibid.*
Chap. XI. Des lois qui ont du rapport aux maladies du climat. 91
Chap. XII. Des lois contre ceux qui se tuent eux-mêmes. 94
Chap. XIII. Effets qui résultent du climat d'Angleterre. 95
Chap. XIV. Autres effets du climat. 97
Chap. XV. De la différente confiance que les lois ont dans le peuple, selon les climats. 99

LIVRE XV.

Comment les lois de l'esclavage civil ont du rapport avec la nature du climat.

Chap. I. De l'esclavage civil. 102
Chap. II. Origine du droit de l'esclavage chez les jurisconsultes romains. 103
Chap. III. Autre origine du droit de l'esclavage. 107
Chap. IV. Autre origine du droit de l'esclavage. 108
Chap. V. De l'esclavage des nègres. 109
Chap. VI. Véritable origine du droit de l'esclavage. 110

Chap. VII. Autre origine du droit de l'esclavage..... 112
Chap. VIII. Inutilité de l'esclavage parmi nous...... 113
Chap. IX. Des nations chez lesquelles la liberté civile est généralement établie....................... 115
Chap. X. Diverses espèces d'esclavage............. 116
Chap. XI. Ce que les lois doivent faire par rapport à l'esclavage....................................... 117
Chap. XII. Abus de l'esclavage.................... *ibid.*
Chap. XIII. Danger du grand nombre d'esclaves..... 119
Chap. XIV. Des esclaves armés................... 121
Chap. XV. Continuation du même sujet............ 122
Chap. XVI. Précautions à prendre dans le gouvernement modéré................................. 123
Chap. XVII. Réglemens à faire entre le maître et les esclaves... 126
Chap. XVIII. Des affranchissemens................ 128
Chap. XIX. Des affranchis et des eunuques........ 131

LIVRE XVI.

Comment les lois de l'esclavage domestique ont du rapport avec la nature du climat.

Chap. I. De la servitude domestique.............. 134
Chap. II. Que, dans les pays du midi, il y a dans les deux sexes une inégalité naturelle................ *ibid.*
Chap. III. Que la pluralité des femmes dépend beaucoup de leur entretien................................ 137
Chap. IV. De la polygamie; ses diverses circonstances. 138
Chap. V. Raison d'une loi du Malabar............. 139
Chap. VI. De la polygamie en elle-même........... 140
Chap. VII. De l'égalité du traitement dans le cas de la pluralité des femmes.............. 142

Chap. VIII. De la séparation des femmes d'avec les hommes.......... 143
Chap. IX. Liaison du gouvernement domestique avec le politique.......... 144
Chap. X. Principe de la morale de l'Orient.......... 145
Chap. XI. De la servitude domestique indépendante de la polygamie.......... 148
Chap. XII. De la pudeur naturelle.......... 149
Chap. XIII. De la jalousie.......... 150
Chap. XIV. Du gouvernement de la maison en Orient.. 151
Chap. XV. Du divorce et de la répudiation.......... *ibid.*
Chap. XVI. De la répudiation et du divorce chez les Romains.......... 154

LIVRE XVII.

Comment les lois de la servitude politique ont du rapport avec la nature du climat.

Chap. I. De la servitude politique.......... 159
Chap. II. Différence des peuples par rapport au courage. *ibid.*
Chap. III. Du climat de l'Asie.......... 160
Chap. IV. Conséquence de ceci.......... 165
Chap. V. Que, quand les peuples du nord de l'Asie et ceux du nord de l'Europe ont conquis, les effets de la conquête n'étoient pas les mêmes.......... 166
Chap. VI. Nouvelle cause physique de la servitude de l'Asie et de la liberté de l'Europe.......... 169
Chap. VII. De l'Afrique et de l'Amérique.......... 170
Chap. VIII. De la capitale de l'empire.......... 171

LIVRE XVIII.

Des lois, dans le rapport qu'elles ont avec la nature du terrain.

Chap. I. Comment la nature du terrain influe sur les lois. 172
Chap. II. Continuation du même sujet................ 174
Chap. III. Quels sont les pays les plus cultivés....... 175
Chap. IV. Nouveaux effets de la fertilité et de la stérilité du pays................................ 176
Chap. V. Des peuples des îles..................... 177
Chap. VI. Des pays formés par l'industrie des hommes. 178
Chap. VII. Des ouvrages des hommes............... 179
Chap. VIII. Rapport général des lois................ 180
Chap. IX. Du terrain de l'Amérique................. 181
Chap. X. Du nombre des hommes, dans le rapport avec la manière dont ils se procurent la subsistance...... 182
Chap. XI. Des peuples sauvages et des peuples barbares. 183
Chap. XII. Du droit des gens chez les peuples qui ne cultivent point les terres........................ 184
Chap. XIII. Des lois civiles chez les peuples qui ne cultivent point les terres........................ *ibid.*
Chap. XIV. De l'état politique des peuples qui ne cultivent point les terres........................ 186
Chap. XV. Des peuples qui connoissent l'usage de la monnoie................................. *ibid.*
Chap. XVI. Des lois civiles chez les peuples qui ne connoissent point l'usage de la monnoie.............. 187
Chap. XVII. Des lois politiques chez les peuples qui n'ont point l'usage de la monnoie................ 188
Chap. XVIII. Force de la superstition............... 189
Chap. XIX. De la liberté des Arabes, et de la servitude des Tartares.................................. 190

CHAP. XX. Du droit des gens des Tartares............ 192
CHAP. XXI. Loi civile des Tartares................ 193
CHAP. XXII. D'une loi civile des peuples germains... 194
CHAP. XXIII. De la longue chevelure des rois francs.. 203
CHAP. XXIV. Des mariages des rois francs.......... 204
CHAP. XXV. Childéric........................... 205
CHAP. XXVI. De la majorité des rois francs.......... 206
CHAP. XXVII. Continuation du même sujet.......... 208
CHAP. XXVIII. De l'adoption chez les Germains.... 210
CHAP. XXIX. Esprit sanguinaire des rois francs....... 211
CHAP. XXX. Des assemblées de la nation chez les Francs. 212
CHAP. XXXI. De l'autorité du clergé dans la première race... 213

LIVRE XIX.

Des lois, dans le rapport qu'elles ont avec les principes qui forment l'esprit général, les mœurs, et les manières d'une nation.

CHAP. I. Du sujet de ce livre.................... 215
CHAP. II. Combien, pour les meilleures lois, il est nécessaire que les esprits soient préparés............ *ibid.*
CHAP. III. De la tyrannie....................... 217
CHAP. IV. Ce que c'est que l'esprit général.......... 218
CHAP. V. Combien il faut être attentif à ne point changer l'esprit général d'une nation...................... 219
CHAP. VI. Qu'il ne faut pas tout corriger............ 220
CHAP. VII. Des Athéniens et des Lacédémoniens...... 221
CHAP. VIII. Effet de l'humeur sociable............. *ibid.*
CHAP. IX. De la vanité et de l'orgueil des nations..... 222
CHAP. X. Du caractère des Espagnols et de celui des Chinois.. 224
CHAP. XI. Réflexions........................... 226

Chap. XII. Des manières et des mœurs dans l'état despotique.................................. 226
Chap. XIII. Des manières chez les Chinois........... 228
Chap. XIV. Quels sont les moyens naturels de changer les mœurs et les manières d'une nation............ *ibid.*
Chap. XV. Influence du gouvernement domestique sur le politique.................................. 231
Chap. XVI. Comment quelques législateurs ont confondu les principes qui gouvernent les hommes........... *ibid.*
Chap. XVII. Propriété particulière au gouvernement de la Chine.................................. 233
Chap. XVIII. Conséquence du chapitre précédent..... 235
Chap. XIX. Comment s'est faite cette union de la religion, des lois, des mœurs et des manières, chez les Chinois. 237
Chap. XX. Explication d'un paradoxe sur les Chinois. 239
Chap. XXI. Comment les lois doivent être relatives aux mœurs et aux manières...................... 240
Chap. XXII. Continuation du même sujet.......... 241
Chap. XXIII. Comment les lois suivent les mœurs.... 242
Chap. XXIV. Continuation du même sujet.......... *ibid.*
Chap. XXV. Continuation du même sujet............ 244
Chap. XXVI. Continuation du même sujet........... 245
Chap. XXVII. Comment les lois peuvent contribuer à former les mœurs, les manières, et le caractère d'une nation....................................... 246

LIVRE XX.

Des lois, dans le rapport qu'elles ont avec le commerce, considéré dans sa nature et ses distinctions.

Chap. I. Du commerce......................... 262
Chap. II. De l'esprit du commerce............... 263

Chap. III. De la pauvreté des peuples............ 265
Chap. IV. Du commerce dans les divers gouvernemens. 266
Chap. V. Des peuples qui ont fait le commerce d'économie... 269
Chap. VI. Quelques effets d'une grande navigation.... 270
Chap. VII. Esprit de l'Angleterre sur le commerce.... 271
Chap. VIII. Comment on a gêné quelquefois le commerce d'économie.................................... 272
Chap. IX. De l'exclusion en fait de commerce...... 273
Chap. X. Établissement propre au commerce d'économie... 274
Chap. XI. Continuation du même sujet............. 275
Chap. XII. De la liberté du commerce............. 276
Chap. XIII. Ce qui détruit cette liberté........... 277
Chap. XIV. Des lois du commerce qui emportent la confiscation des marchandises...................... 278
Chap. XV. De la contrainte par corps............. 279
Chap. XVI. Belle loi............................ 280
Chap. XVII. Loi de Rhodes...................... 281
Chap. XVIII. Des juges pour le commerce......... *ibid.*
Chap. XIX. Que le prince ne doit point faire le commerce... 283
Chap. XX. Continuation du même sujet............ 284
Chap. XXI. Du commerce de la noblesse dans la monarchie... *ibid.*
Chap. XXII. Réflexion particulière................ 285
Chap. XXIII. A quelles nations il est désavantageux de faire le commerce............................. 287.

LIVRE XXI.

Des lois, dans le rapport qu'elles ont avec le commerce considéré dans les révolutions qu'il a eues dans le monde.

Chap. I. Quelques considérations générales.......... 291
Chap. II. Des peuples d'Afrique.................. 293
Chap. III. Que les besoins des peuples du midi sont différens de ceux des peuples du nord............ *ibid.*
Chap. IV. Principale différence du commerce des anciens d'avec celui d'aujourd'hui...................... 295
Chap. V. Autres différences...................... 296
Chap. VI. Du commerce des anciens................ 297
Chap. VII. Du commerce des Grecs................ 307
Chap. VIII. D'Alexandre. Sa conquête.............. 311
Chap. IX. Du commerce des rois grecs après Alexandre. 317
Chap. X. Du tour de l'Afrique.................... 326
Chap. XI. Carthage et Marseille................... 330
Chap. XII. Ile de Délos. Mithridate............... 339
Chap. XIII. Du génie des Romains pour la marine.... 341
Chap. XIV. Du génie des Romains pour le commerce... 343
Chap. XV. Commerce des Romains avec les barbares... 345
Chap. XVI. Du commerce des Romains avec l'Arabie et les Indes...................................... 346
Chap. XVII. Du commerce après la destruction des Romains en Occident............................ 352
Chap. XVIII. Réglement particulier................ 353
Chap. XIX. Du commerce depuis l'affoiblissement des Romains en Orient............................ 354
Chap. XX. Comment le commerce se fit jour en Europe à travers la barbarie.......................... *ibid.*
Chap. XXI. Découverte de deux nouveaux mondes; état de l'Europe à cet égard........................ 359

Chap. XXII. Des richesses que l'Espagne tira de l'Amérique... 365
Chap. XXIII. Problème........................ 372

LIVRE XXII.

Des lois, dans le rapport qu'elles ont avec l'usage de la monnoie.

Chap. I. Raison de l'usage de la monnoie........... 373
Chap. II. De la nature de la monnoie.............. 374
Chap. III. Des monnoies idéales.................. 378
Chap. IV. De la quantité de l'or et de l'argent....... 380
Chap. V. Continuation du même sujet.............. *ibid.*
Chap. VI. Par quelle raison le prix de l'usure diminua de la moitié lors de la découverte des Indes........ 381
Chap. VII. Comment le prix des choses se fixe dans la variation des richesses de signe.................. 383
Chap. VIII. Continuation du même sujet........... 385
Chap. IX. De la rareté relative de l'or et de l'argent... 387
Chap. X. Du change............................ 388
Chap. XI. Des opérations que les Romains firent sur les monnoies.................................... 403
Chap. XII. Circonstances dans lesquelles les Romains firent leurs opérations sur la monnoie............. 405
Chap. XIII. Opérations sur les monnoies du temps des empereurs.................................... 408
Chap. XIV. Comment le change gêne les états despotiques... 410
Chap. XV. Usage de quelques pays d'Italie........... 411
Chap. XVI. Du secours que l'état peut tirer des banquiers. 412
Chap. XVII. Des dettes publiques.................. *ibid.*
Chap. XVIII. Du paiement des dettes publiques....... 414
Chap. XIX. Des prêts à intérêts................... 417

CHAP. XX. Des usures maritimes.................. 418
CHAP. XXI. Du prêt par contrat, et de l'usure chez les Romains................................... 419
CHAP. XXII. Continuation du même sujet........... 420

LIVRE XXIII.

Des lois, dans le rapport qu'elles ont avec le nombre des habitans.

CHAP. I. Des hommes et des animaux, par rapport à la multiplication de leur espèce.................. 429
CHAP. II. Des mariages......................... 430
CHAP. III. De la condition des enfans............... 432
CHAP. IV. Des familles......................... ibid.
CHAP. V. De divers ordres de femmes.............. 433
CHAP. VI. Des bâtards dans les divers gouvernemens... 435
CHAP. VII. Du consentement des pères aux mariages... 436
CHAP. VIII. Continuation du même sujet............. 438
CHAP. IX. Des filles........................... 439
CHAP. X. Ce qui détermine au mariage............. ibid.
CHAP. XI. De la dureté du gouvernement........... 440
CHAP. XII. Du nombre des filles et des garçons dans différens pays................................ 441
CHAP. XIII. Des ports de mer.................... 442
CHAP. XIV. Des productions de la terre qui demandent plus ou moins d'hommes....................... 443
CHAP. XV. Du nombre des habitans, par rapport aux arts. 444
CHAP. XVI. Des vues du législateur sur la propagation de l'espèce..................................... 446
CHAP. XVII. De la Grèce et du nombre de ses habitans. 447
CHAP. XVIII. De l'état des peuples avant les Romains.. 450
CHAP. XIX. Dépopulation de l'univers.............. ibid.
CHAP. XX. Que les Romains furent dans la nécessité de faire des lois pour la propagation de l'espèce....... 452

Chap. XXI. Des lois des Romains sur la propagation de l'espèce.................................... 453
Chap. XXII. De l'exposition des enfans............. 470
Chap. XXIII. De l'état de l'univers après la destruction des Romains................................ 472
Chap. XXIV. Changemens arrivés en Europe par rapport au nombre des habitans...................... 473
Chap. XXV. Continuation du même sujet............ 475
Chap. XXVI. Conséquences....................... 476
Chap. XXVII. De la loi faite en France pour encourager la propagation de l'espèce..................... *ibid.*
Chap. XXVIII Comment on peut remédier à la dépopulation.. 477
Chap. XXIX. Des hôpitaux....................... 479

FIN DE LA TABLE.

www.ingramcontent.com/pod-product-compliance
Lightning Source LLC
Chambersburg PA
CBHW052336230426
43664CB00041B/1514